중국 고전 철학의 이해

중국 고전 철학의 이해

초판 1쇄 인쇄 2022년 2월 18일
초판 1쇄 발행 2022년 3월 2일

–

지은이 김수중
펴낸이 이방원
편 집 곽병완 · 김명희 · 안효희 · 정조연 · 정우경 · 송원빈
디자인 박혜옥 · 손경화 · 양혜진 **마케팅** 최성수 · 김 준

–

펴낸곳 세창출판사
신고번호 제1990–000013호 **주소** 03736 서울특별시 서대문구 경기대로 58 경기빌딩 602호
전화 02–723–8660 **팩스** 02–720–4579 **이메일** edit@sechangpub.co.kr **홈페이지** http://www.sechangpub.co.kr
블로그 blog.naver.com/scpc1992 **페이스북** fb.me/Sechangofficial **인스타그램** @sechang_official

ISBN 979–11–6684–079–1 93150

중국 고전 철학의 이해

김수중 지음

세창출판사

차례

제1부

고전시대 철학의 등장

1장. 중국철학의 특색과 지리적 배경

1. 한 발은 안에, 한 발은 밖에

세계에는 수많은 문화와 철학사상의 전통이 있다. 이제 전체 세계가 하나로 연결되고 소통하는 이 시대에, 서로 다른 사상과 철학을 이해하기 위해서는 어떠한 방법과 태도가 필요할까? 어떤 사람들은 철학사상을 이해할 때 그 사상가의 마음속으로 들어가 그의 입장과 일치될수록 깊이 있는 이해가 가능하다고 본다. 그 사상의 논리적 구조를 파악해야 한다는 것이다. 이에 비해 다른 사람들은 그 사상을 배태한 지리적·역사적 배경을 먼저 파악해야 그 사상을 정확히 이해할 수 있다고 주장한다. 환경이나 현실과 독립되어 성립하는 사상은 없다는 것이다. 앞의 경우가 '안으로부터의 접근'이라면 뒤의 경우는 '밖으로부터의 접근'이라 할 수 있겠다. 사실 우리는 이 두 가지의 어느 측면도 무시해서는 안 될 것이다.

예를 들자면, 불교를 이해할 때 우리는 근본 불교의 교리로서 사성제나 삼법인 등 석가의 사상을 배우게 된다. 그러나 불교를 낳은 인도의 자연과 사회를 파악하는 것은 불교를 이해하는 데 마찬가지로 필요하다. 고대로부터 사제들을 비롯한 지배층들은 시원한 나무 그늘이나 석굴 속에서 명상을 하는 것이 생활화되어 있었던 것이다.

따라서 어떤 철학사상에 접근할 때, '한 발은 안에, 한 발은 밖에 두고 보라'고 필자는 말한다. 만일 우리가 안에서만 본다면 우리는 주관적·관념적으로 흘러서 그 사상을 객관적으로 파악하지 못할 것이다. 또 만일 두 발을 모두 밖에 두고 본다면 우리는 그 사상의 배경만 이해할 뿐 내용에 대한 깊이 있는 접근은 하지 못할 것이다.

이와 같은 문제 의식을 가지고 우리는 동양철학의 형성 배경과 요인들을 생각해 볼 것이다. 말하자면 이번 장에서는 우선 동양철학에 대한 '밖으로부터의 접근'을 시도하는 셈이다. 어떠한 철학도 환경을 떠나 진공 중에서 형성된 것은 없다. 오히려 세계에 대한 인간의 사유 방식(Ways of thinking)은 인간의 생활 방식(Ways of living)과 긴밀히 연관되어 있다고 하지 않을 수 없다. 오늘날 발달된 과학기술은 인간으로 하여금 의식주와 관련하여 부분적으로 환경을 극복할 수 있게 만들어 주었다. 그러나 근대과학이 출현하기 이전의 전통사회에서는 인간이 자연과 기후의 영향을 받는 것이 피할 수 없는 일이었다.

2. 중국의 지리적 특징: 닫힌 세계

우리나라를 비롯한 동아시아 문화는 황하를 중심으로 한 중국 문명에 기본적으로 의존하고 있으므로, 여기서는 중국을 중심으로 분석해 보기로 한다.

중국은 지리적으로 닫혀 있었다. 북쪽으로는 고비사막과 타클라마칸사막, 서쪽으로는 히말라야·톈산·쿤룬산맥으로 막혀 있으며, 동남쪽은 바다에 접해 있다. 특히 '세계의 지붕'이라 일컬어지는 서쪽의 산맥들은 유럽과 아시아를 수천 년 동안 갈라놓았다. 중국을 중심으로 한 아시아 문화권은 다른 문화권으로부터 오랜 기간 동안 격리되어 고유한 문화를 형성하게 되었다.

상대적으로 보자면 유럽문명은 한마디로 '지중해의 선물'이라 할 수 있다. 지중해는 인류가 최초로 항해할 수 있었던 '바다'였다. 지중해에는 조수 간만의 차가 거의 없다. 때로 폭풍이나 폭우가 있지만 아시아의 태풍이나 카리브해의 허리케인 등에 비하면 무시해도 좋을 정도이다. 따라서 지중해 연안 지방들에서는 일찍이 무역이 발달하고 여러 지역 간의 문물 교류가 비교적 활발히 이루어질 수 있었다. 지중해를 중심으로 서구의 고대문명이 발생한 것은 결코 우연이 아닌 것이다.

이에 비하여 중국은 지리적으로 볼 때 광활한 대륙 안에 격리되어 있었다. 한문으로는 세계를 '천하(天下: 하늘 아래)' 혹은 '사해내(四海內: 동서남북의 바다로 둘러싸인 곳)'라고 표현하였다. 중국인의 생각에는 바다는 곧 세계의 끝이었던 것이다. 따라서 서양의 창조신화에서는 '물'

이 중심 역할을 하는 데 비해, 중국 고대에 형성된 오행 사상에서는 땅(土)을 중앙, 혹은 중심으로 본다.

위와 같은 지리적 조건은 중국의 철학과 문화가 '중용中庸'이나 '조화'를 중시하는 특징과 관련이 있을 것이다. 전통적으로 중국인들은 "중용이 곧 진리(道)"라고 믿어 왔다. 중국적 사유에서는 절대적인 선이나 악이 없으며, 단지 지나침(過)과 모자람(不及)이 있을 뿐이다.

또 중국 사상은 자연과 인간의 '조화'를 중시하고, 정신과 육체를 분리되지 않는 '하나'라고 보며, 각 개인을 독립적으로 보기보다는 너와 나의 '관계' 속에서 보는 시각이 발달했는데, 이 점도 위에서 언급한 환경과 관련이 있을 것이다. 요컨대 닫힌 세계에서는 주어진 여건들을 전체적으로 조화시켜서 구성요소마다 제 몫을 다하도록(各得其所) 하는 것이 최선인 것이다.

3. 농경문화: 대가족 제도와 소박실재론

무엇보다도 중국은 대륙국이다. 이는 희랍-로마가 해양국이었던 점과 대비된다. 중국인들은 광활한 대지에서 주로 농경에 종사해 왔다. 물론 초기 인류의 문화는 모두 농경문화였다. 하지만 이집트문명과 메소포타미아문명이 유럽문명에 흡수되고, 인도문명이 서양문명과 부단히 상호 영향을 끼쳐 온 것과 달리, 황하문명은 고대의 농경문화를 현대까지 장기간 유지해 온 유일한 문명이다.

농경에 종사하는 농부들은 특별한 기회가 생기지 않는 한 삶의 터전인 토지 주변에 살아야 한다. 그것은 지주인 사대부들에게도 마찬가지이다. 따라서 한 지역에 몇 대의 후손들이 모여 살면서 대가족제도를 형성하기 마련이다. 이러한 사회에서 무엇보다도 중요한 것은 가족질서이다. 여기서 조상숭배의 관념이라든가 효孝를 비롯한 가족윤리가 형성되었다.

따라서 중국의 농경문화는 희랍-로마의 해양문화나, 중동의 유목문화와는 매우 다르다. 가령 미술사를 보자면, 중국의 경우에는 현대에 이르기까지 전원적인 산수화가 주류를 형성한 반면 서양의 미술은 희랍시대부터 매우 도회지적이었음을 알 수 있다. 희랍의 경우, 그들은 지중해를 무대로 한 상업을 통하여 부를 축적하였다. 그들은 도회지에 살면서 상업을 하는 사람들이 많았으므로 수학적 계산이 중요하였고 그래서 추상적인 사유가 발달하였다. 도시국가 중심의 희랍 시민들은 가족주의적 관념보다는 개인 관념을 발달시켰다.

경제적으로 농업이 가장 중요하였기 때문에 중국인은 농업을 숭상하였다. 전통사회에서 흔히 쓰던 '사농공상士農工商'이라는 표현에서 볼 수 있듯이 농부는 생산자 계층에서 가장 우대를 받았다. 그래서 고대로부터 농업을 '본本'이라 하고 상업을 '말末'이라 한다. 중국의 전통사회에서는 언제나 근본이 되는 농업을 중시하고 말단이 되는 상업을 경시해 왔다. 사대부는 직접 토지를 경작하지는 않았지만 지주의 신분으로서 그들의 운명은 농업에 매여 있었다. 또 대부분의 사대부들은 농부들과 함께 전원에서 생활했기 때문에 사대부들의 우주관과 인생관은 농부의 것을 대변하고 있었다.

농부들의 생활은 자연에 크게 의존하기 때문에 그들은 자연을 숭상하고 이상화하였다. 또 농부들의 생활은 비교적 순박하고 단순하였으며 따라서 자연에 대한 직접 경험을 중시하고 이를 크게 의심하지 않았다. 그래서 중국철학에는 '인식론'이 별로 발달하지 않았으며 그들의 세계관은 소박실재론에 가깝다. 농부들은 계절에 따른 자연의 엄밀한 운행과 대자연의 조화를 찬탄하고, 자연을 인간의 스승으로 이상화하였다. 이런 맥락에서 맹자는 "진실(誠) 그 자체는 자연의 도이고, 진실하고자 생각하는 것이 인간의 도이다"라고 하였다.

4. 온화한 기후와 현세주의

중국과 한국 등 동아시아는 대체로 온화한 기후를 가지고 있다. 이 점은 같은 농경문화이지만 왜 인도와 중국의 문화가 다른지를 이해할 수 있게 해 준다. 인도의 기후는 매우 더워서 사람들이 고통을 받는다. 가령 뉴델리의 경우 6월의 '평균 기온'이 34℃에 육박한다(서울의 8월 평균 기온은 25.4℃). 여름에는 40℃를 넘는 날이 하루 이틀이 아니다. 불교의 사성제는 "모든 것은 괴롭고 무상하다"라는 명제로 시작한다. 인도에 명상문화가 발달한 사실, 대체로 인도의 종교와 사상이 중국에 비하여 염세적이라는 사실 등은 그 기후와 관련이 있을 것이다.

반면 비옥한 대지와 온화한 기후는 중국인이나 한국인으로 하여금 현세주의적 윤리관을 갖도록 만들었다. 우리 속담에는 "개똥밭에 굴러도 이승이 좋다"라는 말이 있다. 중국의 대표적 종교인 도교에서는 '이 세상에서 오래 사는 것(不老長生)'을 추구한다. 중국이나 한국인들은 현실을 '초월'하고자 하지 않았으며 따라서 '계시종교'가 성립하지 않았다. 초월적인 계시종교는 중동 사막 지방의 유목문화에서 발달하였다. 사막의 모래바람과 싸우며 계절에 따라 계속 초지를 옮겨 다녀야 하는 열악한 현실이 유목 지방 사람들로 하여금 '초월'을 추구하도록 만든 게 아닐까. 프로이트에 의하면 이집트나 유대교의 전통에서 발견되는 절대적인 '유일신' 개념은 무제한의 권위를 아무 거리낌 없이 휘두르는 '파라오'의 이미지에서 나온 것이다.

중국인들에게 있어서 대지大地의 이미지는 오히려 생명의 근원이며 어머니와 같은 존재로 각인되어 있다. 대지는 사람을 먹여 줄 뿐만 아니라 만물을 살리는 위대한 존재이다. 이렇게 철저하게 현실 긍정적인 입장에서 '원죄' 의식 같은 것은 나올 수 없다. 그 대신에 공동체의 유지에 필요한 윤리 의식이 발달한다. 따라서 서양문화가 '죄의식의 문화'라면 동양의 문화는 '수치심의 문화'라 표현되곤 한다. 중동 지방에서는 종교가 발달하였고, 동아시아 지방에서는 윤리 도덕이 발전되었다.

5. 동양과 서양: 사유 방식의 차이

조지프 니담(Joseph Needham: 1900-1995)에 의하면 중국적 세계관의 근본 특징은 그들의 유기체론에 있었으며 라이프니츠 등에서 발견되는 근대 서구에 나타난 유기체론은 중국에 기원을 두고 있을 것으로 파악한다. 고대인의 세계관과 사회관을 살펴보는 데 기본적이고도 중요한 것으로 여겨지는 『주역周易』과 『주례周禮』 등에는 우주와 인간사회에 관한 계제적階梯的·유기적 체계가 큰 특징으로 드러난다. 니담은 주역의 체계가 어떤 뜻에서는 지상의 관료제에 대응하는 하늘의 관료제이며, 또한 그것을 탄생시킨 인간 문명의 특정한 사회질서를 자연계에 반영시킨 것이라고 보고 있다.

한편 서양에서는 '실체(substance)' 개념을 중심으로 존재론이 전개된 데 비하여, 중국에서는 '상관성(correlation)' 개념을 중심으로 세계가 설명되어 왔다. 서구인들은 사물을 보면 '그것은 무엇인가?' 하고 묻는다. 그에 비하여 중국인들은 '그것은 다른 것들과 어떤 관련을 가지며, 나에게는 어떤 연관성이 있는가?' 하고 묻는다. 예를 들어 어떤 사람이 감기에 걸렸다고 하자. 서양의학에서는 그 현상(감기)을 일으킨 실체에 관심을 두고 그 본질을 '바이러스균'으로 파악하여 그에 대처할 항생제를 줄 것이다. 그러나 한의학에서는 설사 외부의 나쁜 기(邪氣)에 감염되어 병이 났다 하더라도 그와 맞선 나의 원기가 균형 있게 작용을 하지 못했기 때문에 감기라는 현상이 나왔다고 보고 원기를 북돋을 약을 줄 것이다. 동양에서 보자면 모든 사물은 상생이나 상극의 어떤 관련성의 그물망 속에 있다. 결국 서구의 전통적인 세계관은 '원자론'으로 정형화되었고, 중국의 세계관은 '음양오행론'으로 귀결되었다. 서구인이 질점을 중심으로 사물의 실체를 파악하고자 하는 데 비하여, 중국인은 타자들과의 관련성에 주안점을 두어 그 사물을 이해한다.

이상에서 고찰한 것을 도표로 요약하면 다음과 같다.

	동양(중국)	서양(희랍 · 로마)
지리	대륙, 닫힘	해양, 열림
경제	농경, 전원적	상업, 도회지적
인간관계	가족 중심	개인 중심
세계관	음양오행론	원자론
존재론	관계 개념	실체 개념
사유 방식	중용, 조화	변증법, 모순

* 이번 장은 『동양철학은 물질문명의 대안인가』(웅진출판사, 1998)에 실린 글이다.

2장. 하상주夏商周: 고전 삼대의 사회와 문화

1. 고전 삼대三代

앞의 1장에서 우리는 중국철학의 특색과 그 지리적 배경을 살펴보았다. 이제 이번 장에서는 중국 고전 사상의 역사적 배경을 일별하기로 한다.

전통적 경전이나 문헌에서 자주 언급되는 고대사회로 하夏, 은殷, 주周 세 나라가 있는데, 이를 '고전 삼대'라고 지칭한다. 먼저 하나라는 중원 지역에 기반을 둔 것으로 여겨지는데, 기록이 부족하여 '전설적인 시대'에 속한다. 은나라는 갑골문에 기록이 남아 있어 그 사회의 윤곽을 알 수 있으며, 따라서 이 시기부터 역사시대라 할 수 있다. 대륙의 동방에 기원을 둔 은나라는 스스로 '상商'이라고 불렀다. 그런데 이들을 극복하고 성립한 주나라 사람들은 그 중심 지역명에 따라 그들을 '은'이라고 불렀다. 거기에는 패전국을 멸시하는 의미가 들어 있기 때문에 현대의 역사학자들은 공식적으로 '상'이라는 호칭을 선호한다.

하, 상, 주 삼대의 지배 집단은 하나의 세력이 쇠퇴하면서 순차적으로 다른 세력이 일어난 것이 아니라 상당히 긴 기간 동안 병존해 있으면서 서로 대항 내지는 견제하던 세력으로서, 이러한 상호 간의 자극 아래서 정치력이 성장되었을 것으로 본다.[01]

은나라(商)는 본래 동쪽에 뿌리를 두고 있다. 그래서 동이족과도 상통하는 점이 많다. 그들이 사용한 갑골문자가 100여 년 전에 해독되면서 그 역사와 문화가 어느 정도 알려지게 되었다. 은상의 사회는 후대에 비하면 종교적 색채가 농후했다. 정치 지도자는 종교 지도자를 겸했는데, 이런 점은 고조선의 단군왕검과 마찬가지였다.[02]

그들은 산이나 강, 바람 등 자연신을 섬기고, 조상신도 섬겼다. 특히 그 선조들이 사후에는 하늘에 올라가 '제帝'(상제上帝: 하느님)의 좌우에서 자기들을 돕는다고 보았다. 최고신인 제帝는 상족의 수호신으로서 모든 인간사와 자연사를 주재한다고 믿어졌다. 따라서 국가적인 중대사부터 왕실의 사사로운 일에 이르기까지 모든 문제들에 대하여

01 윤내현, 『商周史』, 민음사, 1984, 30쪽 참조. 하나라가 망하고 그 유민들이 살던 곳이 기(杞)나라이고, 상나라가 망하고 그 유민들이 살던 곳이 송(宋)나라였다. 역사는 승자의 기록이기 때문에 패전한 사람들은 흔히 어리석은 사람들로 등장했다. 가령 기나라 사람들은 하늘이 무너질까 근심하였다고 하여 '기우(杞憂)'라는 말이 유래한다. 한비자에 나오는 '수주대토(守株待兎)', 맹자가 언급한 '알묘조장(揠苗助長)'의 고사성어에서 어리석은 사람으로 나오는 주인공은 모두 송나라 사람이다.

02 지팡이를 손에 들고 있는 지도자의 모습이 '尹'이다. 尹은 신을 섬기는 사람이며, 그가 가지고 있는 것은 신의 지팡이, 즉 신을 대신하는 물건이다. 군주를 의미하는 '君'자는 '尹+口'로 구성된다. 여기서 '口'는 축문이나 신의 말씀이다. 그러므로 '君'의 본래 의미는 신과 사람 사이의 종교적인 매개자였다. 시라카와 시즈카, 『공자전』, 장원철, 정영실 옮김, 펄북스, 2016, 74쪽 이하 참조.

점복占卜을 통해 신의 뜻을 파악하고자 하였다. 점복 행사를 주관하는 사람들을 정인貞人이라고 하였는데, 아마도 초기의 상나라 왕은 정인들의 우두머리로서 무사장巫師長의 역할을 하였을 것이며, 시대가 흐름에 따라 세속적인 왕권이 강화되고 신정적인 요소는 쇠퇴되었을 것이다.03

상나라 시대에는 피지배 하층민으로서 노예가 있었다. 노예는 주인의 재산으로서 생사권도 노예주 귀족에 속해 있었으며, 주인이 사망하면 그 무덤에 순장되기도 하였고 제사의 희생으로 사용되기도 하였다.

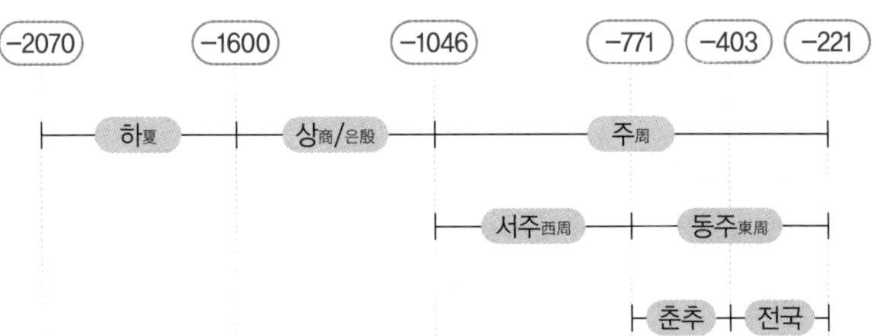

* 하, 상, 주 삼대의 연대표

2. 주나라 사회와 문화

고대국가는 아직 국경이 엄격하게 그어지지 않았으며, 소속

03 윤내현, 위의 책, 48쪽 참조.

된 성읍을 거점으로 하여 왕권의 세력 범위가 정해졌다. 지배층은 성城 안에 살아야 어느 정도 안전이 보장되었다. 성 중에서도 제후가 거주하는 곳이 국國이다. 국은 본래 주나라가 초기에 정복한 각 지역의 중심적 구읍舊邑의 자리에 주 왕실로부터 파견된 제후와 그 일족이 새롭게 성벽을 축조하여 건설한 곳이다.[04] 춘추시대 국의 내부 모습을 간단히 설명하면 이렇다. 내성 안에는 제후의 궁전이나 종묘 등 주요 시설이 마련되고, 내성과 외곽 사이의 넓은 지역에는 일반인들이 거주하는 취락이 있다. 국 안에 사는 지배 계급 사람들을 '국인國人'이라 하고, 성 밖에 거주하며 생산직에 종사하는 피지배층을 '야인野人'이라고 불렀다.[05] 물론 야인들도 성곽 밖에서 생산활동을 하고 밤에는 읍성 안에 주거하는 형태도 많았다.

1) 주나라의 종법宗法 제도

사회 계층	통치 영역
천자天子	천하天下
제후諸候: 천자로부터 분봉 받은 사람	국國
대부大夫: 제후로부터 채읍을 받은 사람 경卿: 대부 가운데 중앙관료로 임용된 자	가家
사士: 세습적인 채읍이 없는 관료	
서인庶人/노비奴婢	피지배층

04 이성구, 『중국고대의 주술적 사유와 제왕정치』, 일조각, 1989, 95쪽.

주나라 초기에는 새로 정복한 지역들에 왕실에서 파견한 제후들을 봉하여 지역 거점으로 삼을 필요가 있었다. 또 이 시기에는 교통이나 통신, 조직 등이 발달하지 못하여 중앙 왕실에서 나라 전체를 직접 다스릴 수 없었기 때문에 지역별로 영토를 분봉分封하여 제후를 세워 관리하였다. 제후들 중에는 주나라 왕실의 성씨(姬: 희)를 사용하는 동성同姓 제후도 있었지만, 성씨가 다른 이성 제후들도 있었다. 제후국의 군주는 '공公'이라고 불렀다.

그런데 제후들 또한 자기 지역 안에서 일정 영역을 분할하여 통치 협력자를 세운다. 이들을 '대부大夫'라 하며, 대부 중에서도 중앙에서 주요 직책을 수행하는 사람을 '경卿'이라 한다. 경이나 대부는 채읍을 물적 기반으로 하여 일족들에게 녹을 주어 일정 지역을 관할했는데 그것을 '가家'라고 한다. 마지막으로 국인 지배층 중에 '사士'가 있다. 사에도 몇 계층이 있지만 이들도 말단 지배층으로서, 생산노동에 종사하는 서인들과는 구분되었다.

그러면 지배층의 세습은 어떻게 이루어지는가? 원칙적으로 많은 자식들 중에서 한 사람에게만 자기 지위를 부여하고 나머지 자식들에게는 한 등급 아래의 지위를 물려주었다. 자기의 지위는 하나이고 자손들은 많으니 어쩔 수 없는 방식이었다. 여기서 원칙적으로 적장자에게 세습되는 계통을 대종大宗이라 하고, 기타의 후손들에게 세

05 지금 우리가 권력에서 벗어난 정치인들을 '야당(野黨)'이라고 부르는 것도 이와 같은 맥락에서 나왔을 것이다. 우리나라 8도의 지역 명칭도 성(城)과 관련이 있다. 가령 '경상도'는 경주성과 상주성을 중심으로 한 지역, '전라도'는 전주성과 나주성, '충청도'는 충주성과 청주성, '강원도'는 강릉성과 원주성을 중심으로 한 지역 등등으로 8도 명칭이 나온 것이다. 조선시대에 그 각각의 성에는 지방관이 주재하고 있었다.

습되는 계통을 소종小宗이라 한다. 이것이 주나라 혈연 봉건제의 기본 이었다.

지배층의 세습 형태		
적장자(嫡長子: 장남) 계승	→	大宗
서자(庶子: 기타 아들들), 한 단계 아래로 계승	→	小宗

2) 예禮와 형刑에 의한 통치

초기 주나라의 사회를 유지하기 위해서는 '예'와 '형'이라는 두 가지 시스템이 필요했다. 간단히 말하자면 지배층 상호 간에는 예로 다스리고, 피지배층은 가혹한 형벌로 다스리는 것이다. 혈연 봉건제 안에서 지배층은 혈연 내지는 인척 관계이므로 원칙적으로 형벌에서 제외된다. 이런 점을 『예기』에서는 "예는 서인에까지 내려가지 않고, 형은 대부에까지 올라가지 않는다(禮不下庶人 刑不上大夫)"라고 기록하고 있다.

지배 귀족 내부에는 군신상하君臣上下와 부자형제父子兄弟 등의 위계와 서열이 있게 되는데, 이에 따라 세부적인 절차와 규정을 정한 것이 '예'의 시스템이다. 예禮라는 글자는 옥 두 개가 들어 있는, 의식에 쓰이는 용기의 모습(豊)에 제단을 뜻하는 시示가 결합한 회의문자이다. 본래는 '사람이 신에게 접근하는 데 필요한 의식 절차'를 의미했으나 이후로 그 의미가 확대되어 서주 시대에는 신과 인간 사이의 관계뿐만 아니라 사람과 사람의 관계 질서를 규정 짓는 것으로 되었다.

피지배 민중들에 대해서는 '오형五刑'이라는 가혹한 형벌 시스템이 있었다. 그것은 묵형(墨刑: 이마에 자자하는 벌), 의형(劓刑: 코를 베는 벌), 비형(剕刑: 발뒤꿈치를 자르는 벌), 궁형(宮刑: 거세하는 벌), 대벽(大辟: 사형) 등이다.

3. 제자백가의 등장

1) 상나라의 '제帝'와 주나라의 '천天'

상나라를 극복하고 권력을 잡은 주나라는 역성혁명을 통해서 왕권을 차지했다.[06] 왕조가 바뀌면서 종교와 가치체계에도 큰 변화가 있었다. 먼저 최고신의 명칭이 달라졌다. 상 대의 제帝는 상 민족의 수호신이며 최고신이었다. 그러나 주나라 사람들은 자연과 인간사를 두루 주재하는 최고신을 천天이라고 불렀다. 두 개념 모두 우리말로 번역하면 '하느님'에 가까운데, 그 내포하는 의미는 시대의 변화만큼 다르다. 중국 고대 사상을 깊이 연구한 김충열 교수는 이 두 가지 개념의 차이를 다음과 같이 서술한다.

> '천天'이 자연주의적인 농경문화의 소산으로 개방된 '자연'이라는 의미를 갖는 데 비하여, '제帝'는 미신 종교적인 유목문화의 소산으로 권위적 '종교'라는 의미를 지닌다.

06 상나라 왕실의 성(姓)은 '자(子)'씨, 주나라 왕실은 '희(姬)'씨였다.

> 그러므로 '천'은 자연 현상과 그것의 운행 변화 및 순환 생성의 상징으로서 누구에게나 공평한 공능을 베풀지만, '제'는 종교적 권능을 가진 것이기 때문에 이것은 특수한 사람에게 계시하거나 또한 그 특수한 사람의 기구에 의해 차별된 명령을 내리는 존재이다.
> 이런 이유 때문에 '천' 개념은 보편적이고 사회적이고 윤리적이며 인간의 삶에서 도덕적 평화공존과 성실로 발전하지만, '제' 개념은 폐쇄적이고 직계적이며 신비적이고 위압적인 모습을 띠어 그것을 지키기 위해 자기 부족을 종교적으로 조직하고 자기 부족의 발전을 위하여 타 부족을 배타 또는 정복하는 문화 형태로 나타난다.[07]

나는 대체로 위의 서술에 동의한다. 상나라 사람들은 전쟁과 사냥뿐만 아니라 왕실의 대소사 등 모든 일에 대하여 점을 쳐서 갑골에 기록했다. 그것은 그들 수호신인 상제(帝)의 뜻을 알아보기 위함이었으니 그 사회는 종교적 성격이 강했다. 그에 비하여 주나라에서는 주역의 괘卦를 많이 사용했는데, 주역에는 자연의 운행과 마찬가지로 일정한 법칙과 규율이 있었다. 갑골에서 뼈에 금이 간 것을 해석하는 주술사는 주관성을 벗어나지 못하지만, 주역의 괘는 일정한 패턴과 규율이 정해져 있기 때문에 어느 정도 객관성이 있다는 점에서 합리적이다.

07 김충열, 『중국철학사』, 예문서원, 1994, 123쪽.

2) 천명 사상과 민본주의

유교 문화권에서는 천명天命을 받은 사람만이 왕 노릇을 할 수 있다는 관념이 일반화되어 있다. 이러한 개념의 뿌리는 은주 교체기 이후 주나라 사람들이 제시한 것이다. 은나라 마지막 왕인 주紂가 포악무도하여 민심을 잃었으니, 주나라를 세운 무왕武王이 그를 쳐내고 천자가 된 것은 하늘의 명을 받은 것이라 한다. 이러한 사상을 '정치적 천명 사상'이라고 한다. 이와 관련된 내용은 『시경』이나 『서경』 등에서 많이 언급된다.

> "하늘의 일을 사람이 대신한다. 하늘은 유덕한 자에게 천명을 주고 죄 있는 자를 토벌한다."[08]
>
> "하늘로부터 명이 있어서 우리 문왕에게 천명을 주셨다."[09]

서양의 '왕권신수설'과 상통하는 이런 주장이 주나라 초기에 대두된 것은 아마도 자기들의 역성혁명을 합리화하기 위한 목적도 있었을 것이다. 그러나 천명은 영원한 것이 아니고 만일 위정자가 덕 있게 행동하지 못하고 민심을 잃는다면 언제나 떠날 수 있다는 주장이 동시에 대두되었다. 하늘(天)은 유덕한 자를 선택하고 포악한 자를 버린다. 따라서 천명을 받은 자에게는 그것을 유지하기 위한 부단한 수덕修德이 요구된다. 이것을 '도덕적 천명 사상'이라고 한다.

08 "天工 人其代之 … 天命有德 … 天討有罪." 『書經』, 「皐陶謨」편.
09 "有命自天 命此文王." 『詩經』, 「大雅」·「文王」편.

"천명은 항상되지 않다."[10]

"백성들이 원하는 것을 하늘은 반드시 따른다."[11]

"하늘은 우리 백성을 통해 보고, 우리 백성을 통해 듣는다."[12]

위에서 보자면 도덕적 천명 사상은 후대에 맹자가 강조한 '민본주의'로 연결된다. 하늘은 백성들의 마음, 곧 민심을 기준으로 지도자를 파악한다. 따라서 민심을 잃는다면 정치 지도자의 자격도 상실하기 때문에 위정자는 부단히 덕을 닦고 수양하지 않으면 안 된다. 유교문화의 한 특징인 '수양', '수신' 사상의 뿌리는 여기서 나왔다.

3) 주공周公: 유가적 사유의 정초

고대의 종교와 신화 중심의 세계관에서 중국 전통의 윤리와 유가 사상이 발생하는 과정은 다음과 같이 요약할 수 있다. 즉, 하나라 이전까지 지배적이었던 샤머니즘 문화가 제사 중심의 문화로 발전하였고 상나라 시대 최고로 성행하던 제사 문화는 주나라에 와서는 예악 문화로 발전하였다.[13]

그런데 주초에 전통예악을 기초로, 새로운 사회제도를 마련한 것이 주공의 『주례周禮』이다. 이 저작은 사회의 여러 관직을 포함하여 수많은 시스템을 규정한 것으로 이후 동양적 사회체제의 기초가 되

10 "天命靡常." 『詩經』, 「大雅」·「文王」편.

11 "民之所欲 天必從之." 『書經』, 「泰誓」편.

12 "天視自我民視 天廳自我民聽." 『書經』, 「泰誓」편, 『孟子』, 「萬章」편.

13 陳來, 『古代宗敎與倫理—儒家思想的根源』, 北京, 三聯書店, 1996, 10쪽.

었다.[14] 은상 시대까지가 종교적 제사 중심의 사회였다면 이제 주나라부터는 전장典章 제도를 중심으로 하는 사회, '인간'에 더욱 중심을 두는 문화로 발전한 것이다. 이러한 변화에서 주요한 역할을 담당한 대표적 인물이 주공이었다.

상나라와 주나라의 세계관에는 다음과 같은 근본적인 차이가 있었다. 즉 상나라 사람들의 '제帝'나 '천天'에 대한 신앙 속에는 윤리적 내용이 들어 있지 않았으며, 결과적으로 그들은 '윤리 종교'의 수준에 아직 도달하지 못했다. 그러나 주나라 사람들이 생각한 '천天'이나 '천명天命' 개념 속에는 도덕적 내용이 확실히 포함되어 있었으며, 그 도덕 내용은 '경덕敬德'이나 '보민保民' 등을 주요한 특징으로 하고 있었다.

주공이 살던 주초에는 아직도 새로운 왕권이 굳건히 자리 잡지 못하고 있었다. 어린 성왕을 보필하면서 일부 반란을 진압하고 이후 주공이 왕과 제후들에게 교훈을 남긴 문헌이 『서경』의 「강고康誥」편이다. 그 내용에는 위에서 말한 '경덕'이나 '보민' 사상이 절실하게 묘사되어 있다. 또한 한번 천명을 받았다고 해도 그것이 결코 영원하지 않으며, 하늘이 준 그 천명을 유지하기 위해서 군주는 부단히 덕을 닦고 수신修身해야 한다는 점이 강조되어 있다.

다시 요약하자면, 상주 교체기에는 세계관에 두 가지 혁신적인 변화가 있었는데, 이러한 변혁은 이후 유교적 사유의 중요한 뿌리가 되었다. 그 하나는 종교 중심의 문화에서 인간 중심의 문화로 바뀌면서 예악과 전상을 중시하게 된 점이고, 이러한 전통은 유가 사상

14 가령, 조선의 사회체제를 설계한 정도전의 『조선경국전(朝鮮經國典)』도 기본 골격은 『주례(周禮)』에 바탕을 두고 있다.

의 한 축으로 이어지게 되었다. 두 번째 변화는 역성혁명을 거치면서 도덕적 천명 사상이 발생하였으며, 그 내용이 되는 경덕, 보민, 수신 사상은 이후 유교 사상의 주요한 특징을 이루게 되었다. 놀라운 것은 이와 같은 두 가지 변화의 흐름 속에 가장 두드러진 인물이 주공이었다는 점이다. "공자는 주공에 대하여 극히 존경심을 가지고 있었고, 순자는 주공을 첫 번째 대유大儒로 여겼는데 두 사람 모두 유교 사상의 근원을 뚜렷이 파악하고 있었다. 서주의 예악 사상은 유가 발생의 토양이 되었던 것이다."[15]

4) 생산력의 발전과 사회 변화

상商, 서주西周	춘추전국(東周)
청동기시대	철기시대
다신多神	일신一神 개념 발달
신정神政의 결합	인본주의 맹아
점복占卜, 제사祭祀 중심 문화	역易, 예악禮樂을 중시, 제자백가 출현

중국에서는 상나라 초기부터 청동기가 제작되었다. 그것은 주로 제사에 사용하는 그릇(祭器), 병기兵器, 농기구 등 다양하게 사용되었다. 그러나 청동기는 귀한 물건이어서 주로 귀족들이 사용하였다. 이에 비하여 춘추 중기 이후 보급되어 전국시대부터 일반화된 철기

15 陳來, 위의 책, 16쪽.

는 사회에 큰 변화를 가져왔다. 우선 땅을 파는 쟁기의 보습이나 괭이, 호미 등 농기구의 발달로 인하여 농업 생산력이 배가되었다.

특히 도구의 발달로 도로가 정비되고 교통이 발달하기 시작했다. 이에 따라 신화나 전설 등을 넘어서 사람들은 세계와 인간에 대하여 좀 더 보편적인 이해를 갖게 되었으며, 이에 따라 철학 사상이 등장하게 되었던 것이다. 사회와 정치에 대해서도 다양한 주장들이 나오고 세계에 대한 여러 해석들이 등장했다. 한편 철기 사용의 일반화에 따라 전쟁 무기들의 발달로 정복 전쟁이 참혹할 정도로 활발하게 되었다.

그러나 다른 측면에서 보자면 이 시기는 중앙의 전제 정권이 무너진 사회, 조금 혼란스럽지만 자유로운 사회였다. 서주 중기 이후 주 왕권이 약화되고, 시간이 지남에 따라 주 왕실과 제후들 간의 혈연적 연대도 쇠퇴하여 지역의 제후국들은 점차 독립적 주권을 갖게 되었다. 약소국에 대한 약육강식의 현상도 더욱 치열해져 서주 초에 1,500개 이상이었던 제후국의 숫자는 춘추 초기에 170여 국이 되었다.[16] 강대국의 겸병 현상은 갈수록 치열해져 사회개혁과 부국강병을 위한 지식인들의 참여가 절실히 요구되었다. 이러한 배경에서 제자백가가 출현하게 된 것이다.[17]

16 이성구, 『중국고대의 주술적 사유와 제왕정치』, 일조각, 1989, 94쪽.

17 야스퍼스(Karl Jaspers: 1883~1969)는 기원전 800년에서 200년 사이를 '기축시대(基軸時代, Axial Age)'라고 명명하였다. 이 시기에는 세계의 주요 문명이 나란히 발달했다. 새로운 번영이 구가되면서 상인 계급이 출현했고, 왕과 사제, 신전과 왕궁으로부터 시장으로 권력이 이동하고 있었다. 이렇게 도시와 성읍에서 변화가 가속화됨에 따라 구제도가 무너지고 사회에는 혼란과 자유가 찾아왔다. 각 지역은 이러한 문제를 해명하기 위해 독특한 사상과 가치체계를 개발했다. 중국의 도교와 유교, 인도의 힌두교와 불교, 그리스의 철학적 합리주의가 그것이다.

참고 자료

태양숭배와 동양문화

지중해 지방을 답사하다가 고대 문물의 문양에 만卍 자 모양이 많이 나타나는 것을 보고 깜짝 놀란 적이 있다. 그런데 나중에 돌아와 조사해 보니 이 기호는 태양숭배와 관련하여 세계 곳곳에서 발견되는 것이었다. 이 문양은 인도-아리안 계통에서 특히 많이 사용했다. 만卍 자 문양은 고대 아리아인들에게 태양신 디아누스를 나타내는 상징이었으며 그리스에서도 태양신 헬리오스, 최고신 제우스의 상징이었다. 卍은 뻗쳐 나가는 태양의 빛과 회전 등을 나타냈으니 지금 어린이들이 태양을 그리는 모습과도 통하지 않는가. 4세기 이후 기독교의 상징이 된 십+자 문양도 본래 태양을 나타냈다. 바빌로니아, 아즈텍, 마야의 고대신앙에서 十자 기호는 태양신의 상징이었다.

태양신 숭배는 중국이나 우리나라의 고대사회에서도 예외가 아니었다. 십삼경의 하나인 『의례儀禮』에는 "천자는 아침에 동문 밖으로 나가 태양을 향해 절한다"[18]라는 말이 있다. 제사장이자 정치적 지도자인 왕이 신하들을 이끌고 아침에 태양을 알현했다(拜日)는 기록은 은나라 때의 갑골문에 벌써 보인다. 이러한 의식의 거행 장소가 곧 '조정朝廷'이었으며, 이는 후대에 '왕이 머물며 정치하는 곳'이라는

18 "(天子)出拜日於東門之外." 『儀禮』, 「覲禮」편.
"(天子)玄端而朝日於東門之外." 『禮記』, 「玉藻」편.

의미로 발전했다. 중국의 자금성이나 우리나라의 경복궁 등 궁전 앞에는 반드시 주요 관리가 모일 수 있는 넓은 뜰이 있다. 이것이 원래의 '조정'이었다. 또한 자금성이나 경복궁 등 궁전의 벽은 모두 붉은색으로 되어 있다. 중국인들은 붉은색을 가장 신성한 색으로 여기며, 많은 경우 황제가 주로 사용한다. 그들은 또 붉은색이 귀신이나 액을 막아 준다고 믿는데 이러한 습관의 유래도 고대의 태양숭배와 관련이 있을 것이다.

주나라 이후 인문정신의 발전으로 태양숭배 전통은 하늘에 대한 숭배로 이어졌다. 황제는 '하늘의 아들(天子)'로서 권위를 가지고 하늘을 대리하여 인간사회를 다스렸다. 춘추전국시대에 이르면 백성의 마음(民心)이 하늘의 마음(天心)이라는 민본주의 사상이 발생했다. 그러나 고대 태양숭배의 흔적은 문화 속에 여전히 전해 왔던 것이다.

(김수중 교수의 철학산책, 한겨레신문, 2004. 09. 06.)

3장. 공자孔子: 전통의 계승과 혁신

1. 생애와 시대

1) 공자의 출생과 생애

예의를 중시하는 유교 전통에서 볼 때 그 비조鼻祖인 공자(B.C.551~B.C.479)는 지체 높은 집안에서 태어났을 것으로 생각하는 사람이 많을 것이다. 그러나 사실은 그 반대이며, 공자는 한미한 집안에서 매우 기구하게 태어났다. 공자에 관한 기록에서 『논어』 다음으로 중요한 자료인 『사기史記』는 이렇게 서술하고 있다.

"공자는 노나라 창평 지방의 추읍에서 태어났다. 그의 선조는 송나라 사람이었는데 이름이 공방숙이다. 방숙이 백하를 낳고 백하가 숙량흘을 낳았는데, 숙량흘이 안씨 집의 딸과 야합하여 공자를 낳았다. 니구산에서 기도하여 공자를 낳은 것이다."[01]

위 기록에 의하면 공자의 조상은 원래 은나라 유민이 모여 살던 송나라 사람이다. 그런데 윗글의 뒷부분에 공자의 아버지 "숙량흘이 안씨 집의 딸과 '야합'하여 공자를 낳았다"라는 부분이 문제가 된다. 공자 같은 성인이 정상적인 가정에서 태어난 것이 아니고 '야합'에 의해 출생했다는 기록은 사람들을 당혹케 한다. 여러 정황으로 보았을 때, 당시 공자의 아버지 숙량흘은 60대였고 그의 세 번째 부인이자 공자 어머니인 안징재는 10대였기 때문에 '일반적인 결혼'이 아니어서 '야합'이라고 표현했다는 것이다. 이와 같은 주장을 보완해 주는 자료로 『공자가어孔子家語』의 다음과 같은 부분을 들 수 있다.

"숙량흘이 노나라의 시씨에게 장가들어 딸만 아홉을 낳았다. 그 첩이 맹피를 낳았는데, 맹피는 발에 장애가 있었다. 이에 안씨 집안의 징재에게 구혼하였는데, 그녀가 아버지의 명에 따라 혼인하였다."[02]

즉 그 부친 숙량흘이 첫 부인에게서 딸만 아홉을 얻었고, 또 그

01 "孔子生魯昌平鄉陬邑. 其先宋人也, 曰孔防叔. 防叔生伯夏, 伯夏生叔梁紇. 紇與顔氏女野合而生孔子, 禱於尼丘得孔子."「孔子世家」.

02 "梁紇娶魯之施氏 生九女. 其妾生孟皮 孟皮病足. 乃求婚於顔氏徵在, 從父命爲婚."『孔子家語』.

첩에게서 얻은 맹피는 아들이었지만 장애인이었기 때문에, 당시 일반적인 혼인 개념을 넘어 젊은 여자와 새로이 만나서 출생한 아들이 공자라는 것이다.

이러한 기록에서 알 수 있듯이 공자는 한미한 집안에서 기구하게 출생한 듯 보인다.[03] 공자는 3세라는 어린 나이에 부친을 여의고 홀어머니 아래서 자랐으며 17세에는 어머니마저 세상을 떠났다. 사마천은 공자의 어린 시절을 이렇게 말한다.

> "공자는 가난하고 천하였다. 장성하여 계씨 집안의 위리(委吏: 창고 관리자)가 되었는데 그의 계산은 공평하였고, 또 직리(職吏: 목축 관리)를 담당할 때는 가축이 번성하였다. 이로 인하여 그는 사공司空이 되었다. 그 후 얼마 되지 않아 노나라를 떠났다. 제나라에서 배척받고 송나라와 위나라에서 쫓겨나고, 진나라와 채나라 사이에서 곤궁에 빠지자 노나라로 돌아왔다. 공자는 키가 9척 6촌이었으니, 사람들이 그를 '키다리'라고 부르고 기이하게 여겼다. 노나라가 다시 잘 대해 주니 그래서 노나라로 돌아온 것이다."[04]

03 중국 고대신화와 고문자에 관한 전문가인 시라카와 시즈카(白川靜)는 공자가 '무녀에게서 태어난 사생아'였을 것이라고 본다. 저자는 공자의 어머니 안징재가 정식 결혼을 하지 않았고(야합) 니산에 기도하여 공자를 낳은 것, 공자가 그의 아버지 이름도 몰랐고 그 무덤이 있는 곳을 알지 못했던 점(『예기』, 「단궁」편에 기사가 있음), 사마천이 기록한 공자의 혈통이 근거가 없다는 점, 등등 여러 가지로 방증을 시도한다. 시라카와 시즈카 저, 『공자전』, 장원철, 정영실 옮김, 펄북스, 2016, 24~31쪽 참조.

04 "孔子貧且賤. 及長, 嘗爲季氏史, 料量平. 嘗爲司職吏而畜蕃息. 由是爲司空. 已而去魯, 斥乎齊, 逐乎宋 · 衛, 困於陳蔡之閒, 於是反魯. 孔子長九尺有六寸, 人皆謂之'長人'而異之. 魯復善待, 由是反魯." 「孔子世家」.

공자 스스로 말하기를, "나는 젊었을 때 살림이 어려웠다. 그래서 여러 가지 하찮은 일에 능숙한 편이다"[05]라고 하였다. 아마도 홀어머니 아래서 가난한 생활 때문에 생계를 위하여 힘든 일들을 마다할 수 없었을 것이다. 그래도 그는 '사士' 계층 출신이고, 집안에는 의례儀禮에 관한 도구나 자료가 많이 전해져 왔던 듯하다. 공자가 어려서 놀 때 제기를 늘어놓고 예를 치르는 모습을 하였다는 사마천의 기록[06]은 설득력이 있다. 그는 배우기를 극히 좋아하여(好學) 집안에 전해 오던 예법이나 제례 등을 익혔을 것이다.

그래서 나이 30쯤 되었을 때는 자로, 증점, 염백우, 염구, 중궁 등의 제자를 가르치기 시작했다. 또 51세에는 노나라 중도재中都宰가 되었으며, 52세에는 노나라의 대사구大司寇가 되었다고 사마천은 기록한다. 그러나 그가 바라던 도덕정치를 위한 기회는 오지 않았으며, 55세경에 노나라를 떠나 위나라로 갔다가, 이후 14년가량 천하를 두루 돌아다녔다. 68세경에 노나라 계강자가 공자를 부르자 노나라로 돌아왔다. 이후 유약, 증삼, 자하, 자장 등의 제자를 비롯하여 제자 교육에 전력하다가 73세로 세상을 떠났다.

2) 공자 당시 노나라의 정치적 상황

논어에 보면 삼가三家 또는 삼환三桓이라는 말이 등장한다. 이는 공자 당시 노魯나라의 권력을 좌지우지하던 세 귀족 가문을 일컫

05 "吾少也賤, 故多能鄙事." 『論語』, 「子罕」편.
06 "孔子為兒嬉戲, 常陳俎豆, 設禮容." 『史記』, 「孔子世家」.

는 말이다. 이들 세 가문, 맹손씨孟孫氏, 숙손씨叔孫氏, 계손씨季孫氏는 그 시조가 삼형제였는데 신분상으로 세 가문의 종주宗主는 대부大夫였다. 따라서 노나라 군주의 신하임이 분명했다. 그러나 당시 노나라의 군주였던 정공定公이나 애공哀公은 형식적으로는 나라의 최고 권력자였지만 실권은 이 세 가문에 다 내어 주고 얼마 남지 않은 형식적 권력에만 의존하고 있었다. 특히 계손씨가 노나라의 반 정도를 차지하고, 나머지 반절을 맹손씨와 숙손씨의 세력이 나누어 지배하는 형편이었다.

2. 유가의 기원과 공자의 혁신

1) 샤머니즘(巫史) 전통과 유가 사상의 기원

동서를 막론하고 고대사회는 종교문화의 비중이 절대적이었다. 우리나라 고조선의 신화를 보면, 단군왕검은 제사장이면서 동시에 정치 지도자였다. 중국의 경우 은나라 시대까지 종교 의식이나 문화가 사회에서 가장 큰 비중을 차지했다. 그런데 앞 장에서 살펴본 것처럼 은주 교체기 이후로 주나라 시대에는 인본주의적 요소가 확대되면서 이성적 사유와 철학이 발전하게 되었다. 유가儒家의 기원은 은주 시대에 의례를 주관하던 무사巫史들로부터 비롯되었다는 점이 오늘날 일반적인 견해이다.[07]

고대의 성직자였던 무巫, 축祝, 사史의 역사는 중국 고대의 정신사를 그대로 이야기해 준다. 무는 『설문해자』에서 '춤으로 신을 강림케 하는 것'이라고 하였다. 은주 시대에는 축과 사가 이를 대신했다. 축은 축사祝詞에 따른 기도를 주로 하는 사람이었다. 사는 본래 왕실의 제사를 담당하는 직책이었으며, 그는 제사의 집행자인 동시에 제의祭儀가 유래되는 신들의 이야기를 전승, 기록하는 사람이기도 했다.08

유가 전통에서 중시하는 예악禮樂은 본래 고대사회의 샤머니즘에 기원을 두고 있다. 예의 원초적 형태는 신에게 복을 비는 제사에서 신이나 천天에 접근하는 절차나 의식이었다. 샤먼이 접신 행위를 할 때 그는 악기를 연주하고 화려한 복식을 입으며 춤을 추든가 연극을 하여 몰입하게 된다. 여기서 그 의식儀式은 예禮로, 그리고 예술 행위는 악樂으로 진화하였다.09

물론 이러한 진화 내지 발전은 오랜 역사를 통해 이루어졌다. 임태승은 이를 원시예악, 전장典章예악, 유가예악 등 세 가지 단계로 구분하여 설명하였다. ① 원시예악은 샤먼의 활동과 연계된 원시시대 및 하상대夏商代까지의 예악 형태이다. ② 전장예악은 서주 시기의 종법제와 맞물려 형성된 예악 형태이다. 마지막으로 ③ 유가예악은 유가의 이론이 정립된 이후 인의도덕仁義道德과 결합된 예악 형태이다.10

07 참조: 李澤厚, 『中國古代思想史論』, 北京, 人民出版社, 1994, 9~10쪽;
葉舒憲, 『中國神話哲學』, 北京, 中國社會科學出版社, 1993, 3~4쪽;
葛兆光, 『中國思想史』(第一券), 上海, 復旦大學出版社, 2001, 88쪽.

08 시라카와 시즈카 저, 위의 책, 109~112쪽 참조.

09 임태승, 『유가사유의 기원』, 학고방, 2004, 154쪽 참조.

10 임태승, 위의 책, 161쪽.

2) 공자의 혁신: 예禮와 인의仁義

공자는 어려서부터 집안에 전해져 오던 제사 그릇들(俎豆)을 진열하면서 놀았다는 기록이 있다.[11] 원래 주공을 시조로 하는 노나라는 예악의 문화가 가장 잘 전해 오던 지역이었다. 이런 맥락에서 공자가 예 혹은 예악에 밝고 그것을 중시한 것은 쉽게 이해할 수 있다. 그런데 공자는 예악의 전통을 단순히 답습하지 않고 그것을 인문주의적으로 재해석하고 혁신하였다.

우선 공자는 전통적인 예를 지극히 중시하였다. 예는 모든 사회 생활에 필수적인 것이라고 그는 말한다.

> "공손하되 예가 없으면 고생스럽고, 신중하되 예가 없으면 두려웁고, 용감하되 예가 없으면 사회를 혼란케 하고, 강직하되 예가 없으면 고지식하다."[12]

> "노나라 제후 정공이 물었다: 임금이 신하를 부리고 신하가 임금을 섬길 때 어찌해야 합니까?
> 공자가 대답했다: 임금은 예에 따라 신하를 부리고 신하는 충심을 가지고 임금을 섬겨야 합니다."[13]

11 위의 주 6번 참조.

12 "恭而無禮則勞, 愼而無禮則葸, 勇而無禮則亂, 直而無禮則絞." 『論語』, 「泰伯」편.

13 "定公問: 君使臣, 臣事君, 如之何? 孔子對曰:君使臣以禮, 臣事君以忠." 『論語』, 「八佾」편.

그런데 '예'를 지키는 것도 필요하지만 그보다 더욱 중요한 것은 '예를 실천하는 마음'이라고 공자는 강조한다. 여기에 공자의 인문주의적 혁신이 있다. 아무리 좋은 제도도 시대가 지나면 형식화되고 외화外化되어 본래의 정신을 벗어나기 쉽다. 공자는 전통적인 예를 중시하면서도 다른 한편 거기에 새로운 의미를 부여하였다. 즉 예라는 형식은 그것을 지키는 마음(仁義)이 없이는 무의미하다는 것이다. 공자에 있어서 예와 인의는 형식과 내용, 즉 표리表裏 관계에 있다.

"군자는 의를 바탕으로 삼고, 예를 따라 행한다."[14]

여기서 의義는 사회적으로 마땅한 것, 우리가 의무로 여기는 도덕심을 뜻한다. 비록 겉으로는 예가 행동에 의해 표현될지라도, 주요한 것은 그것을 지키는 도덕적인 마음, 곧 도덕심인 것이다. 이것은 공자 시대에 이미 예가 많이 형식화되어 본래의 진정성이 크게 후퇴한 점을 반영한다. 공자는 이러한 형식화된 예를 직접적으로 비판했다.

"예는 사치한 것보다는 차리리 검소함이 낫고, 장례에서는 그 과정보다는 차라리 슬퍼하는 마음이 더 중요하다."[15]

14 "君子義以爲質 禮以行之." 『論語』, 「衛靈公」편.
15 "禮 與其奢也 寧儉, 喪 與其易也 寧戚." 『論語』, 「八佾」편.

3) 인仁과 충서忠恕

사회적인 예와 내면의 도덕성 모두가 필요하지만, 근본적으로는 그것을 실천할 수 있는 인품(仁), 곧 군자의 덕성이 가장 본질적이다. 그러면 인仁이란 무엇인가? 그것은 좁은 의미에서는 이기심을 버리고 남을 배려하고 사랑하는 것이다. 송대의 주자는 "인이라는 것은 사랑의 이치이다"[16]라고 했다. 좀 더 넓은 의미에서 인은 '사람다움', '인격성', '고귀한 사람(君子)의 품성' 등을 뜻한다. 그래서 『중용』에서는 "인仁은 사람다움(人)이고, 의義는 마땅함(宜)이다"[17]라고 하였다. 이제 인이라는 덕이 갖는 몇 가지 요점을 들어 보자.

① 인은 (남에 대한) 배려, 이기심의 극복, 역지사지易地思之이다.

"안연이 인에 대해 물으니 공자가 말했다: 자기의 사사로움을 이겨서 예로 돌아가는 것이 인이니, 하루라도 (각자의 사람들이) 자기의 사사로움을 이겨서 예로 돌아간다면 천하 모든 사람들이 인하게 될 것이다."[18]

② 인한 사람은 내실內實과 정직을 우선하고, 외양보다 내용을 중시한다.

16 "仁者 愛之理." 朱熹, 『論語集註』, 「學而」편.
17 "仁者, 人也, 親親爲大; 義者, 宜也, 尊賢爲大." 『中庸』, 19장.
18 "顔淵問仁, 子曰 克己復禮爲仁. 一日克己復禮 天下歸仁焉." 「顔淵」편.

"말을 교묘하게 하고 얼굴을 곱게 꾸미는 사람은 어진(仁) 사람이 드물다."[19]

"강직하고 굳세고 과묵하고 어눌함이 인에 가깝다."[20]

③ 인에는 인내, 꿋꿋함, 안빈낙도의 태도가 요구된다.

"불인한 사람은 곤궁한 데 오래 처하지 못하며, 즐거움도 오래 누리지 못하니, 어진 사람은 인을 편안히 여기고 지혜로운 사람은 인을 이롭게 여긴다."[21]

이상에서 보자면, 공자가 『논어』에서 자주 언급하는 '인'이라는 덕은 몇 마디 말로 정의할 수 없을 만큼 다양하다. 그러나 위에서 말한 것처럼 넓은 의미에서 사람에게 요구되는 모든 요소들, 혹은 덕의 총체를 지칭한다고 할 수 있을 것이다. 그것은 이상적인 인간상에서만 실현될 수 있다. 공자는 인간으로서 이상적인 인간을 '군자'라 보았고 그 대립 개념을 '소인'이라 불렀다. 말하자면 품위 있는 인간, 가장 바람직한 인간을 군자라 한다면, 군자가 가진 사람다움의 덕성을 인이라고 생각한 것이다.

한편 『논어』에서 제시되는 '충서忠恕'는 인이라는 덕목을 실천

19 "子曰 巧言令色 鮮矣仁." 「學而」편.
20 "子曰 剛毅木訥 近仁." 「子路」편.
21 "子曰 不仁者 不可以久處約, 不可以長處樂. 仁者 安仁, 知者 利仁." 「里仁」편.

할 구체적인 방법이다. 다른 사람을 배려한다는 것은 무엇인가? 내가 잠시 내 입장을 떠나 그 사람의 입장에서 사태를 판단하는 것이니, 우리가 흔히 사용하는 '역지사지易地思之'이다. 글자의 구성으로 보자면 '충忠'은 '中+心'이니 '속마음', '진심' 등을 의미한다. '서恕'는 '如+心'이니 '(그와) 같은 입장의 마음', 곧 동정하고 이해하는 마음이다. 그래서 '충서'는 사람이 자기 입장, 곧 이기적인 관점을 넘어서 보편적 도덕심으로 나가는 길이 될 수 있다. 그런 점에서 공자는 이것을 매우 중요하게 교육한 듯하다. 『논어』에 다음과 같은 문답이 있다.

> "공자가 증자에게 말했다: 삼아, 내 도는 하나의 원리로 일관되어 있다!
> 증자가 대답했다: 예.
> 공자가 나가자 다른 제자들이 증자에게 물었다: 무슨 말씀입니까?
> 증자가 대답했다: 선생님의 도는 오직 충서忠恕일 뿐이다."[22]

이 문답에서 보자면 공자의 도덕적 원리는 충서, 곧 나의 사사로운 관점을 버리고 보편적 관점에서 헤아리는 것이었음을 알 수 있다. 지금 살펴보아도 이것은 도덕의 황금률이다. 『논어』의 다른 곳에서도 비슷한 취지의 발언을 확인할 수 있다.

22 子曰: "參乎! 吾道一以貫之." 曾子曰: "唯." 子出. 門人問曰: "何謂也?" 曾子曰: "夫子之道, 忠恕而已矣."

"중궁이 인仁에 대하여 묻자, 공자는 대답했다: 자기가 욕구하지 않는 바를 남에게 베풀지 말라."[23]

"무릇 어진 사람은 자기가 서고자 하면 남을 세우고, 자기가 이루고자 하면 남을 이루어 준다. 능히 자기 가까운 데서 취하여 미루어 넓혀 나가는 것이니, 인仁을 실천하는 방법이라 할 것이다."[24]

도덕으로서 '인의仁義'는 좀 추상적이고 어찌 보면 너무 광범한 개념이라서 막연하게 느껴질 수도 있다. 그래서 공자는 역지사지, 나의 이기적 관점을 버리고 보편적, 객관적인 관점에서 헤아리는 방법인 '충서'를 도덕실천의 방법으로 가르친 것이다.

3. 사회정치 사상

1) 정치에 대한 공자의 기본 입장

공자의 사회관, 혹은 정치 사상은 두 가지 관점에서 기본 노선을 파악할 수 있다.

우선 공자는 당시 일부 지식인들이 취하는 은자적 태도를 비

23 "仲弓問仁 子曰 … 己所不欲 勿施於人." 『論語』, 「顔淵」편.
24 "夫仁者 己欲立而立人, 己欲達而達人. 能近取譬, 可謂仁之方也已." 『論語』, 「雍也」편.

판하였다. 춘추시대는 전통적 사회제도가 무너지고 사회는 혼란에 빠져 있었다. 그래서 일부 지식인들은 자기 몸 하나를 깨끗이 유지하고자 '은자의 길'을 택하였다. 이들을 대변하는 사상이 나중에 노자와 장자의 도가 사상으로 발전하였던 것이다. 그러나 이렇게 은둔하는 사람들에 대하여 공자는 무책임하다고 비판하였다.

> "(사람이) 새나 짐승과 함께 무리 지어 살 수 없나니, 내가 이 사람의 무리들이 아니라면 누구와 함께하겠는가? 천하에 도가 있다면 내가 사람들과 더불어 바꾸려고 하지 않을 것이다."[25]

다른 한편, 예禮 중심의 구제도를 타파하고 새로운 성문법에 의한 강력한 국가와 지도자를 추구하는 사람들이 나타났다. 공자의 선배로 정나라 자산子産과 제나라 관중管仲이 대표적이다. 공자는 이들의 업적을 인정하면서도 그러한 법가적 입장을 대안이 되기에는 미흡하다고 보았다.

> "공자가 말했다: 백성을 이끌되 강제적인 법으로써 하고 사회를 통제하되 형벌로써 한다면, 백성은 법망을 벗어나고자 하며 그래도 수치로 여기지 않을 것이다.
> 백성을 이끌되 도덕으로써 하고 사회를 가지런히 하되 예로써 한다면, 백성이 수치를 알고 또한 감화感化됨이 있을 것이다."[26]

25 "鳥獸 不可與同群 吾非斯人之徒與而誰與 天下有道 丘不與易也." 『論語』, 「微子」편.
26 "子曰 道之以政, 齊之以刑, 民免而無恥. 道之以德, 齊之以禮, 有恥且格." 『論語』, 「爲政」편.

다시 종합하자면, 공자는 한편으로 당시 현실정치를 포기한 은자들을 무책임하다고 비판하였고, 다른 한편 법의 강제력만으로 정치를 하는 것도 미흡하다고 보아 도덕정치, 혹은 예치禮治를 대안으로 주장하였던 것이다.

2) 주공周公과 노나라의 특수성

공자는 문왕文王이나 주공周公의 업적을 흠모하고 따르고자 하였다. 공자는 주나라 초기의 찬란한 문화를 노나라에 다시 건설해야 한다는 사명감을 가지고 있었다. 그는 이렇게 말한 적이 있다. "오래되었구나, 내가 꿈에 주공을 다시 보지 못한 것이!"[27] 특히 그는 주공을 지극히 존경하고 추종했다. 여기에는 역사적으로 노나라와 주공의 연관성이 있었다.

주공은 주나라를 창건한 무왕武王의 동생으로 무왕이 죽자 무왕의 어린 아들 성왕成王을 정성껏 보좌하였다. 주공은 그 공을 인정받아 곡부曲阜에 노나라 초대 제후로 봉해지고 '노공魯公'이라 일컬어졌다. 그러나 그는 봉지封地로 가지 않고 그의 장남 백금伯禽을 대리로 부임시킨 후 자신은 도읍지에 체류하면서 계속 무왕이 남긴 과업을 수행하여 주나라 초기 권력을 강화했다. 7년 동안 섭정한 후 스스로 자신의 지위에서 물러날 때쯤에는 주의 정치·사회제도가 중국 북부 전역에 걸쳐 확고히 수립되었으며, 그가 확립한 행정조직은 후대 중국

27 "久矣, 吾不復夢見周公." 『論語』, 「述而」편.

왕조들의 모범이 되었다. 전통적으로 국가조직을 제시한 『주례周禮』가 바로 그의 저작이라고 전해져 왔다. 이러한 관계로 주나라의 예악이나 문화가 노나라에 가장 풍부하게 전해져 오고 있었으며, 공자는 그것을 계승하여 찬란한 주초의 문화를 재건하고자 하는 사명감을 가지고 있었다.

3) 정명正名 사상

당시 노나라에서는 삼환三桓이라고 하는 신흥 세도가들이 노의 권력을 전횡하고 있었다. 더욱이 노의 군주 소공昭公이 이들을 치려다가 도리어 패하고 제齊로 망명을 했고 7년의 망명 생활 끝에 그가 객사하자 임금 없는 노나라의 실권은 계손씨를 중심으로 한 삼환씨三桓氏들의 수중에 들어가고 말았다. 그들은 실제로는 노나라 제후와 거의 같은 역할을 하고 있었다. 공자는 이것을 사회질서의 붕괴로 보았다.

이런 맥락에서 공자는 당시의 혼란한 사회를 바로잡기 위해서 '정명'을 내세운다. 그에 의하면 모든 사람은 신분과 명분에 따라 행위해야 한다.

> "제나라 경공이 정치에 대해 물으니 공자가 대답했다: 임금이 임금답고, 신하가 신하답고, 아비는 아비답고, 자식은 자식다워야 합니다."[28]

28 "齊景公 問政於孔子. 孔子對曰: 君君臣臣, 父父子子." 「顔淵」편.

"이름이 바르지 못하면 말이 순조롭지 못하고 말이 순조롭지 못하면 사회적 일들이 제대로 이루어지지 않고, 일이 이루어지지 않으면 예악이 일어나지 않고, 예악이 일어나지 않으면 형벌이 알맞지 못하고, 형벌이 알맞지 못하면 백성들이 손발을 둘 곳이 없게 된다."[29]

당시 위衛나라에서는 영공靈公이 죽고 그의 손자 출공出公이 왕위를 계승하려 하자 다른 나라에서 망명 생활을 하던 영공의 아들이 자신의 왕위 계승권을 주장하여 부자간의 다툼이 벌어지고 있었다. 두 번째 인용문은 바로 위나라를 언급하면서 공자가 말한 것이다. 이런 상황에서 공자가 대의명분을 바로 세워야 한다고 주장한 것은 시의적절하다고 하겠다. 공자는 사회적 신분에 맞는 명칭과 그에 일치하는 사회적 역할을 요구하고 있다. 공자의 정명 사상은 이후 순자荀子대에 가서 더욱 전문적으로 연구되었다.

4. 전통의 계승과 합리적 태도

공자는 고대 종교 중심의 시대에서 인간 중심의 시대로 넘어가는 과도기에 계몽적인 위치를 차지하는 인물이다. 따라서 그의 입장에서 우리는 종교적 요소들과 합리적 사상의 두 가지 측면을 볼 수

29 "名不正卽言不順 言不順卽事不成 事不成卽禮樂不興 禮樂不興卽刑罰不中 刑罰不中卽民無所措手足." 「子路」편.

있다.

> "왕손가王孫賈가 공자에게 물었다: 안방 귀신에 잘 보이려 하기 보다는 부엌 귀신에 잘 보여야 한다고들 말하는데, 무슨 뜻입니까?
> 공자가 대답했다: 그렇지 않다. 하늘에 죄를 지으면 빌 곳이 없다."[30]

> "안연顔淵이 죽자 공자는 이렇게 한탄했다: 아아! 하늘이 나를 버리시는가! 하느님이 나를 버리시는가!"[31]

> "공자는 (노년에 절망하여) 말했다: 하늘을 원망하지 않고 남을 탓하지 않는다! 나는 아래로 배워서 위로 통탈하고자 하였으니, 나를 알아주는 것은 하늘일진저!"[32]

이상의 인용문에서 보자면 공자는 하늘, 혹은 하느님에 대한 전통적인 신앙을 부정하지 않았다. 궁극적인 신에 대한 종교적 요소를 인정한 것이다. 그러나 다른 한편 그는 신이나 귀신에 대하여 합리적 태도를 보인다.

30 "王孫賈問曰: 與其媚於奧, 寧媚於竈, 何謂也? 子曰: 不然; 獲罪於天, 無所禱也." 「八佾」편.
31 "顔淵死. 子曰: 噫! 天喪予! 天喪予!" 『論語』, 「先進」편.
32 "子曰: 不怨天, 不尤人; 下學而上達. 知我者其天乎!" 『論語』, 「憲問」편.

"조상께 제사를 드릴 때는 조상이 앞에 계신 듯이 정성을 다해야 하고,
신령께 제사를 드릴 때는 신령이 앞에 계신 듯이 정성을 다해야 한다."[33]

"공자는 말했다: 백성이 해야 할 의무에 우선 힘쓰고, 귀신을 공경하되 멀리한다면 지혜롭다고 할 수 있다."[34]

"자로가 귀신 섬기는 일을 묻자, 공자는 말했다: 사람도 제대로 섬기지 못하거늘, 어떻게 귀신을 섬길 수 있겠느냐?
자로가 다시 물었다: 감히 여쭙건대 죽음이란 무엇입니까?
공자가 대답했다: 삶도 제대로 이해하지 못하거늘, 어찌 죽음을 알 수 있겠느냐?"[35]

여기서 보자면 제사나 귀신에 대한 전통적인 신앙에 대하여 공자는 분명하게 합리적 태도를 취하는 것을 볼 수 있다. 여기에 공자의 혁신적 면모가 드러난다. "공자는 무축巫祝의 전통을 이어받았지만, 그 가운데에 허망한 것은 철저하게 제거하고자 했다."[36]

공자는 출생부터가 기구하였고 가난한 생활 속에서 성장하

33 "祭如在, 祭神如神在." 「八佾」편.
34 "子曰: 務民之義, 敬鬼神而遠之, 可謂知矣." 「雍也」편.
35 "季路問事鬼神, 子曰: 未能事人, 焉能事鬼? 曰: 敢問死? 曰: 未知生, 焉知死?" 「先進」편.
36 시라카와 시즈카 저, 위의 책, 107쪽.

였다. 그러나 어려운 환경 속에서 그를 위대하게 만들어 준 것은 그의 호학好學 정신이었다. 그는 자기 자신을 이렇게 묘사한 적이 있다. "발분하여 먹는 것도 잊고, 도를 즐겨 근심도 잊으며, 늙음이 장차 오는 것도 알지 못했다."[37] 다행히 그의 집안이나 노나라에는 주나라의 유물이 많이 남아 있었다. 공자는 전통적 유산을 습득하면서도 그것을 단지 답습한 것이 아니라 새로운 시대에 맞게 주체적으로 계승하였다. 그는 학문에 있어서 주체적 사유의 필요성을 다음과 같이 말했다. "경험적인 배움만 있고 주체적인 사유가 없다면 아무 소득이 없고, 주관적 사유만 있고 배움이 없다면 위태롭다."[38] 그는 밖으로 널리 배우되 안으로 주체적으로 판단할 수 있어야 바람직한 군자가 될 수 있다고 본 것이다. 공자는 진정한 철학자였다.

37 "發憤忘食, 樂以忘憂, 不知老之將至云爾." 「述而」편.
38 "學而不思則罔, 思而不學則殆." 「爲政」편.

참고 자료

역지사지易地思之: 전통 윤리의 황금률

1990년대 초에 유행한 김건모의 '핑계'라는 노래에는 "입장 바꿔 생각해 봐"라는 가사가 들어 있다. 우리나라에서 흔히 사용되는 이 말은 유학의 '역지사지易地思之'라는 개념에 유래한다.

인간은 본질적으로 평등하다. 그래서 맹자는 말하기를 "요순 같은 성인들도 보통 사람과 조금도 다르지 않다"라고 하였다. 그러나 인간의 평등성은 선험적, 법적 차원에서만 성립한다. 이것은 민주주의가 잘 실현되어 있는 나라에서도 마찬가지이다. 현실에 있어서 인간은 생김새뿐만 아니라 능력이나 환경이 모두 다르다. 따라서 현실의 어떠한 두 사람도 같지 않다. 순자는 "가지런하기만 한 것은 가지런함이 아니다(維齊非齊)"라고 말하였다.

그렇다면 현실 인간은 어떤 방법으로 공정성을 실현할 수 있는가? 인간관계에 가장 깊은 관심을 가졌던 유학에서는 '타인에 대한 배려'에서 그 해결책을 찾는다. "내가 그 사람의 입장이 되어서 헤아려 준다(易地思之)"라는 것이다.

유가의 사상가들은 역지사지할 수 있는 이성의 능력이 사람에게 보편적으로 있다고 믿는다. 이런 관점을 먼저 제기한 것이 공자의 '충서忠恕'라는 원리이다. 충서에는 두 가지 측면이 있으니, 소극적인 측면으로는 "내가 원하지 않는다면 나도 그런 일을 남에게 베풀지 않는다"라는 것이고, 적극적인 측면으로는 "내가 서고자 하는 위치에 남을 세워 주고, 내가 달성하고자 하는 일을 남에게 달성케 한다"(논어)라는 것이다.

맹자는 같은 '인간'이라면 본성이 서로 같기 때문에 사람들의 입장을 서로 바꾸어 놓아도 판단이 일치할 것으로 본다. 따라서 나의 경험을 미루어 헤아려 남들에게까지 적용하여 실천하면 된다는 것이다. 후대 성리학자들은 이런 내용을 '추기급인(推己及人: 나를 미루어 남을 헤아린다)'이라 표현하였다.

(김수중 교수의 철학산책, 한겨레신문, 2004. 02. 23.)

4장. 묵자墨子: 노동자 대중의 철학

"민중에게는 세 가지 근심이 있다: 배고픈 자가 먹지 못하고, 추운 자가 옷을 입지 못하고, 노동을 하는 자가 쉬지 못하는 것이다. 이 세 가지가 민중의 커다란 근심이다."01

공자가 춘추 말기에 살았다면, 묵자(B.C.479?~B.C.394?)는 전국시대 초기에 살았던 인물이다. 춘추시대가 도래하면서 주나라 초기에 세워진 종법 제도와 귀족정치는 붕괴되어 갔고 그들을 돕던 사(士: 관리)들도 점차 직업을 잃고 흩어졌다. 그들은 생산에 종사하지 않고 오로지 기예와 재능으로 생계를 유지하는 사람들이었다. 그러나 귀족정치가 붕괴되면서 이들의 일부가 민간에 유랑하자, 권력이나 돈이

01 "民有三患: 飢者不食, 寒者不衣, 勞者不息. 三者, 民之巨患也."『墨子』,「非樂」上편.

있는 사람들은 다시 그들을 고용할 수 있었다.

이러한 사람들 중에 크게 두 부류가 있었는데 ① 지식과 예악의 전문가, ② 전쟁 전문가로, 후대 용어로는 문사文士와 무사武士이다. 그 당시의 용어로는 유사儒士, 협사俠士라 칭했다. 전자에 속하는 사람이 공자와 유가였고, 후자에 속하는 사람들이 묵자와 그 집단이었을 것이다.[02]

묵자는 '협사나 노동자의 관점'에서 '차별이나 전쟁이 없는 사회'를 추구하였다. 그는 예악을 중시한 유가에 반대하고, 겸애(兼愛: 차별 없는 사랑)와 비공(非攻: 반전 평화)을 주장하였다. 그는 도덕(義)이 경제(利)와 분리될 수 없다고 보았고, 모든 사람이 서로를 이롭게 하는(交相利) 공동체를 추구하였다. 그는 자신의 주장을 평이하면서도 논리적인 서술을 통해 전개했다. 현대적 관점으로 보자면 중국 고대 사상사에서 유일하게 발견되는 '소생산 노동자의 사상'을 제시한 것이다.[03]

1. 묵적墨翟과 그 집단의 성격

묵자의 성은 묵墨, 이름은 적翟이다. 묵자의 생애와 활동은 많이 알려져 있지 않지만, 묵자의 후학들이 저술하여 편집한 『묵자墨子』에 일화들이 남아 있다. 그 외에 다른 제자백가의 문헌들에도 묵자에 관한 간단한 서술들이 있다.

02 馮友蘭 저, 『중국철학사』(상), 박성규 옮김, 까치(출판사), 1999, 680쪽 이하 참조.
03 李澤厚 저, 『중국고대사상사론』, 정병석 옮김, 한길사, 137쪽 이하 참조.

묵자는 극히 열성적인 구세가求世家였다. 그가 살았던 전국시대에는 약육강식의 침략 전쟁이 끊이질 않았다. 그런데 지배층이 주도하는 전쟁은 일반 백성들에게는 엄청난 참화를 가져올 뿐이었다. 묵자는 이러한 환경에서 전쟁에 반대하고 지배층의 사치를 억제하여 세상을 구제하기 위해서 열정적으로 활동하였다. 맹자는 이렇게 평하고 있다. "묵자는 겸애를 주장하였으니, 이마와 발꿈치가 닳아 없어지도록 세상을 이롭게 하는 것이라면 실천했다."[04] 묵자와 그를 따르던 집단은 반전反戰, 방어防禦 운동에 이론과 실천으로 앞장섰으며, 침략 전쟁을 방어하기 위한 여러 병술들을 개발하고 기구들을 제작하기도 했다.

『회남자』는 말한다. "묵자에 복종하고 따르는 자가 180인이나 되지만, 묵자는 그들 모두를 불 속에 뛰어들게 할 수도 있고 칼날을 밟게 할 수도 있었다. 그들은 죽는 한이 있어도 배반하지 않았다. 모두가 교화되었기 때문이다."[05] 그들은 마치 비밀결사와 같이 단합된 조직을 가지고 있었으며, 그 우두머리를 '거자'(鉅子 혹은 巨子)라고 칭하고 따르는 무리를 '묵자'(墨者: 묵적의 무리)라고 했다.

『여씨춘추』에 묵자 집단의 성격을 말해 주는 아래와 같은 이야기가 있다.

> "묵자 집단의 거자 가운데 복돈이라는 인물이 있었다. 진秦에서 살았는데 그의 아들이 살인을 했다.

04 "墨子兼愛 摩頂放踵 利天下爲之." 『孟子』.
05 "墨子服役者百八十人 皆可使赴火蹈刃 死不還踵 化之所致也." 『淮南子』, 「泰族訓」편.

진혜왕이 그에게 이렇게 말했다: 선생은 나이도 많고 또 다른 아들도 없으시니, 과인이 이미 관리에게 죽이지 말도록 했습니다. 선생은 이러한 과인의 뜻을 따르시기 바랍니다.

복돈이 대답했다: 묵자 집단의 법은 살인자는 죽이고 남을 다치게 한 자는 형벌에 처하도록 되어 있으니, 사람을 살상하는 행위를 금지하기 위한 것입니다. 무릇 사람을 살상하는 행위를 금하는 것은 천하의 대의大義입니다. 왕께서 설령 사면하셔서 관리로 하여금 죽이지 말도록 하시더라도 저로서는 부득불 묵자 집단의 법을 시행치 않을 수 없습니다.

복돈은 이렇게 대답하며, 혜왕의 권고를 듣지 않고 결국 자기 아들을 죽였다. 사람들은 사사로운 감정을 가지고 있지만 그것을 억누르고 대의를 행하였으니 거자는 공평했다고 하겠다."[06]

이러한 일화에서 묵자 집단의 성격을 알 수 있다. 그들은 강력한 규율로 단합된 조직이었으며, 사사로운 생활은 제한되었다. 그들은 혈연적 친소에 구애받지 않고 공공의 선을 추구했다.

06 "墨者有鉅子腹䵍, 居秦. 其子殺人, 秦惠王曰, 先生之年長矣, 非有它子也, 寡人已令吏弗誅矣, 先生之以此聽寡人也. 腹䵍對曰, 墨者之法曰, 殺人者死, 傷人者刑, 此所以禁殺傷人也. 夫禁殺傷人者, 天下之大義也. 王雖爲之賜, 而令吏弗誅, 腹䵍不可不行墨者之法. 不許惠王, 而遂殺之子, 人之所私也, 忍所私以行大義, 鉅子可謂公矣."「去私」편.

2. 묵자의 근본 사상

1) 겸상애兼相愛 교상리交相利

묵자가 생각할 때, 당시 민중의 삶을 피폐하게 만드는 전쟁은 제후들이 자기 영토를 넓히고 백성의 수를 늘리고자 하는 욕망에서 나온 것들이다. 따라서 전쟁에서 승리한다 한들 지배층만 부유해지고 일반 노동자 민중에게는 희생만 요구될 뿐 아무 도움이 안 된다. 수많은 사람들이 죽고 상해를 입을 뿐만 아니라, 재물의 손괴, 생산의 차질, 인간성의 파괴 등등 그 폐해는 엄청난 것이다. 묵자는 이 모든 것이 이기적인 차별(別)에서 나온다고 본다. 가家를 서로 구별하고 국國을 서로 구별하고 우리 가, 우리 국만 사랑하는 데에 그 원인이 있다는 것이다.

그래서 묵자는 반전 평화(非攻)를 주장하고 실제로 이것을 실천하기 위해서 여러 가지 노력을 했다. 일단 전쟁이 일어날 듯 하면 외교를 총동원하여 그것을 중지시키고자 했다. 위험을 무릅쓰고 전쟁 당사국들을 찾아가 그 전쟁을 그만두도록 설득하는 것이다. 또 작은 나라 등의 방어력이 약할 때는 직접 자기 집단이 가서 방어를 담당해 주고 일정한 대가를 받는 일도 했다. 이에 따라 여러 가지 방어기술과 전법이 개발되었다. 또 전쟁과 관련된 여러 기구들을 발명하고 개발하다 보니 공학과 기술을 크게 발전시켰다. 후대에 가서는 심지어 논리학과 논쟁술, 그리고 기하학, 물리학, 광학 등 과학기술까지도 개발하였다.

『묵자』의 문체는 『논어』와 전혀 다르다. 『논어』는 함축적이고 심오한 표현들이 많지만 『묵자』는 철저히 쉬운 구어체로 풀어서 말하며 논리적으로 서술한다. 그 대부분의 내용들이 삼단논법 형식이나 귀류법의 형식을 택하고 있는 점이 놀랍다.

그들의 세계관은 경험세계와 세속적 대중의 견해를 중시할 뿐, 사변적이거나 형이상학적 내용은 배제하였다. 그들은 귀신이나 하느님이 우리에게 상이나 벌을 내려 준다는 것을 믿는다. 남에게 나쁜 짓을 하면 벌을 받을 것이고 선행을 베풀면 상을 받을 것이다. 운명론이나 숙명론은 잘못된 것이며 그래서 유가에서 말하는 천명天命 사상도 배격한다.

그들은 현실을 중시하고 상식과 경험에 바탕하여 판단을 하였다. 가령 부모에게 효가 되는 일은 부모를 이롭게 하는 것이며, 사회적으로 의롭다 하는 것은 사회에 이익이 되는 것이다. 곧 '의(義: 도덕성)는 이익(利)에 달려 있다'는 공리주의 명제를 그들은 수용한다. 그들은 생산 노동자, 혹은 민중의 눈높이에서 철학을 한 것이다. 그들의 근본 주장을 요약하자면, "서로 차별 없이 사랑하고, 서로 이익을 주는 관계로 살아가자(兼相愛 交相利)"라는 것이다. 묵자의 「겸애」편 일부를 직접 읽어 보자.

> "어진 통치자의 임무는 반드시 천하의 이익을 일으키고 천하의 해악을 제거하는 것에 힘쓰는 데 있다. 그렇다면 지금 현재 천하의 해악 가운데 무엇이 가장 큰가? 대국이 소국을 공략하고, 대가大家가 소가小家를 어지럽히고, 강자가 약자를 겁

박하고, 다수가 소수에게 폭력을 가하고, 교활한 자가 우직한 자를 기만하고, 귀한 자가 천인에게 오만하게 대하는 것, 이것들이 바로 천하의 해악이다. 또 임금이 은혜롭지 못하고 신하가 충성스럽지 못하고, 아버지가 자애롭지 못하고 자식이 효성스럽지 못한 것, 이것들이 또한 천하의 해악이다. 그리고 요즈음 천인들이 무기와 독약, 물, 불 등등을 가지고 서로 해치고 죽이는 것, 이것도 또한 천하의 해악이다.

그러면 이러한 갖가지 해악이 발생하는 근원을 한번 추적해 보자. 이 모든 해악이 도대체 어디로부터 발생했겠는가? 남을 사랑하고 남을 이롭게 하는 데서 발생했겠는가? 틀림없이 '그렇지 않다'고 할 것이며, 반드시 '남을 미워하고 남을 해치는 데서 발생했다'고 할 것이다. 분명히 말하건대 이 세상에서 '남을 미워하고 남을 해치는 것'이 겸애(兼)의 입장인가 아니면 차별(別)의 입장인가? 틀림없이 '차별의 입장'이다. 그런즉 서로 차별하는 것 때문에 이 세상에 참으로 크나큰 해악이 생기는 것 아닌가? 따라서 차별은 잘못이라고 말하는 것이다."[07]

07 "子墨子言曰: 仁人之事者, 必務求興天下之利, 除天下之害. 然當今之時, 天下之害孰爲大? 曰: 若大國之攻小國也, 大家之亂小家也, 强之劫弱, 衆之暴寡, 詐之謀愚, 貴之敖賤, 此天下之害也. 又與爲人君者之不惠也, 臣者之不忠也, 父者之不慈也, 子者之不孝也, 此又天下之害也. 又與今人之賤人, 執其兵刃毒藥水火, 以交相虧賊, 此又天下之害也. 姑嘗本原若衆害之所自生, 此胡自生? 此自愛人利人生與? 卽必曰非然也, 必曰從惡人賊人生. 分名乎天下惡人而賊人者, 兼與? 別與? 卽必曰別也. 然卽之交別者, 果生天下之大害者與? 是故別非也."「兼愛」下편.

2) 사회실천의 구호들: 십론十論

묵자는 실천적 철학자이며, 사회개혁 운동가였다. 따라서 그의 저술 내용은 현실 생활과 사회에 필요한 주장들을 분명하게 드러내고 있다. 그가 외친 사회적 구호들을 그 후학들은 다음과 같은 열 개의 주장으로 요약했다. 이는 현대 사회운동을 하는 사람들을 연상케 한다.

① 겸애兼愛: 모든 사람을 차별 없이 사랑하라
② 비공非攻: 상대방을 공격하는 침략 전쟁을 반대한다
③ 절용節用: 급하지 않은 비용을 아껴라
④ 절장節葬: 장례의 절차와 비용을 줄이자
⑤ 비악非樂: 사치스러운 음악을 반대한다
⑥ 비명非命: 숙명론을 비판한다
⑦ 명귀明鬼: 귀신의 존재를 밝힌다
⑧ 천지天志: 하늘의 뜻을 믿고 따르자
⑨ 상현尙賢: 훌륭한 사람을 높이고 받들자
⑩ 상동尙同: 윗사람과 의견을 같이하라

현재 전해져 오는 『묵자』에서 위의 구호들은 그대로 편명으로 사용되며, 책의 핵심적 내용을 형성한다. 먼저 ①, ②는 묵자 윤리 사상의 주요 명제이며 가장 시급히 요구되는 사항이다. 사회 불행의 근본 원인은 차별과 전쟁이며, 그래서 묵자는 먼저 차별 없는 사랑과 반전 평화를 주장하고 있다.

다음으로 경제 분야에서 묵자는 ③, ④, ⑤를 요구한다. 사회에서, 특히 지배층은 사치와 낭비를 줄이고(節用), 허례허식적인 장례 절차를 간소화하고(節葬), 음악을 절제해야(非樂) 한다.

⑥, ⑦, ⑧은 묵가의 종교관, 혹은 동양 전통의 용어로 말하자면 천인관天人觀의 주장이다. 묵자는 유가의 천명론이 숙명론적 요소가 있다 하여 이에 대해 반대한다. 인간은 주체적인 존재이며 운명론 등을 믿어서는 안 된다. 그 대신 신상필벌 등 우리 생활에 대응해서 나타나는 귀신의 이야기들을 믿고 '서로 사랑하라'는 하느님의 뜻(天志)을 받들 때 우리는 더욱 올바른 생활을 할 수 있다고 묵자는 주장한다.

끝으로 ⑨, ⑩은 묵자의 정치관과 사회관을 보여 준다. 우리는 각자 자기 입장만 주장하지 말고 뛰어난 사람을 받들고(尙賢), 사회에서 윗사람을 일사불란하게 따라야 한다(尙同). 그렇게 하는 것이 사회 공동체에 최대의 이익이 될 것이기 때문이다.

3) 공리주의

유가의 윤리에서는 행위의 동기와 의도가 선악을 판단할 요점이 된다. 그 동기와 행위가 마땅한 것(義)이었는가? 이것이 중요하다. 주자의 백록동 서원에 게시되었던 동중서의 다음 명제가 유가의 태도를 나타내 준다. "그 의로움(義)을 바로 하되 그 이익은 꾀하지 않으며, 그 도를 밝히되 그 공은 헤아리지 않는다."[08] 이러한 태도는 공자나 맹자에서부터 분명했던 동기주의이다.

그러나 묵자는 행위의 결과와 이익을 도덕이나 윤리의 기준으로 삼는다. 묵자는 직접 이렇게 말한다. "도덕은 이익과 분리되지 않는다."[09] 묵가의 다른 주장들도 공리주의적 가치관과 연관되어 있다. 가령 '겸애'나 '비공'의 주장도 이익의 관점에서 합리화된다. 즉 차별 없는 사랑이나 반전 평화를 추구하는 이유는 그렇게 하지 않을 때 사회적으로 엄청난 손실을 가져오기 때문인 것이다.

공리주의의 철학에 관한 체계적인 서술은 근대의 벤담(Bentham, 1748~1832)에 의해서 정리되었다. 어떤 행위가 그 사회에 쾌락의 양을 늘리거나 고통의 양을 줄여 준다면 그 행위는 옳은 것이고, 그 사회에 쾌락의 양을 줄여 주거나 고통의 양을 늘려 준다면 그른 것이다. 간단히 말해서 '최대 다수의 최대 행복', 이것이 벤담이 말하는 '공리주의' 준칙이다. 그런데 놀랍게도 『묵자』에 거의 같은 취지의 말이 있다. "어진 통치자의 임무는 전력을 다해 기필코 천하의 이익을 일으키고 천하의 해악을 제거하는 데 있다."[10]

검소함의 숭상(尙儉), 절약(節用), 장례의 간소화(節葬), 음악 반대(非樂) 등의 명제들도 내용에서 보자면 인민의 이익(民利)을 기준으로 주장되는 것이다. 이것은 일반 대중의 관점에서 윤리 기준을 설명할 때 가장 이해하기 쉬운 방법이다. 자본주의 사회가 등장함에 따라서 벤담이 '공리주의'로 도덕과 사회 입법의 원리를 설명한 것과 상통하는 점이 있다.

08 "正其誼, 不謀其利; 明其道, 不計其功."
09 "義, 利也." 『墨子』, 「經下」편.
10 "仁人之事者 必務求 興天下之利 除天下之害." 「兼愛」 下편.

3. 사회와 권력의 기원

이제 묵자의 사회관을 살펴보자. 먼저 그는 능력 본위의 사회를 실현해야 한다고 본다. 이 주제를 그는 「상현(尙賢: 어진 사람을 존중함)」편에서 집중적으로 다루고 있다.

> "지금의 왕공이나 대인들은 국國이나 가家에서 정치를 함에 있어 누구나 국이나 가를 부유하게 하고 인민 백성의 수효를 많게 하고 치안이 잘 다스려지길 원한다. 그런데 현실에서는 부유하게 하지 못해 가난하고 백성의 수효가 많지 않아 적으며 사회에 치안이 이루어지지 못하고 어지러우니, 이것은 그 본래 바라던 바를 잃고 그 싫어하는 바의 결과가 된 것이다. 그 이유는 무엇인가?
>
> 이에 대하여 묵자가 말하였다: 이것은 왕공대인들이 국이나 가에서 정치함에 있어서 '어진 사람을 숭상하고 유능한 사람이 일하게 하는(尙賢事能)' 정치를 못해서이다. 그러므로 국이나 가에 현명하고 훌륭한 사람들이 많으면 정치가 잘되고 그런 사람들이 적으면 정치가 천박해진다. 그러므로 정치하는 대인들의 임무는 현명한 사람을 많이 채용하는 데 있을 뿐이다."[11]

11 "子墨子言曰: 今者王公大人, 爲政於國家者, 皆欲國家之富, 人民之衆, 刑政之治, 然而不得富而得貧, 不得衆而得寡, 不得治而得亂, 則是本失其所欲, 得其所惡, 是其故何也? 子墨子言曰: 是在王公大人爲政於國家者, 不能以尙賢事能爲政也, 是故國有賢良之士衆, 則國家之治厚, 賢良之士寡, 則國家之治薄. 故大人之務, 將在於衆賢而已." 「尙賢」 上편.

이어서 그는 왕공대인 같은 지도자는 자기 친척이라든가 사적으로 관계된 사람을 우선 등용해서는 안 되며, 의로운 사람이 아니면 등용해서는 안 된다고 말한다. 또 현인이나 유능한 사람을 등용하여 높은 지위를 주고 녹을 후하게 주어야 정치가 잘될 수 있다고 말한다. 현대사회에도 그대로 적용될 수 있는 인재관이다.

사회의 직책에 어진 사람과 능력자를 세운 다음으로 필요한 것은 일반 사람들이 누구나 그 지도자를 따라야 한다는 것이다. 사람들이 만일 자기 의견만 고집한다면 사회에 혼란만 있을 것이다. 이런 맥락에서 묵자는 사회조직을 강조하며 '상동(尙同: 하나됨을 존중함)'을 내세운다.

> "옛날에 사람이 처음 생기고 아직 사회 통치가 없었을 때, 각 사람의 말이 저마다 주장을 달리했다. 그래서 한 사람이 있으면 하나의 주장, 두 사람이 있으면 두 개의 주장, 열 사람이 있으면 열 개의 주장이 있었다. 그래서 그 사람의 숫자가 많을수록 이른바 시비 기준의 주장도 그만큼 많아졌다. 그리하여 사람들은 자신의 기준은 옳다고 여기고 남의 기준은 그르다고 했으니, 그러므로 서로가 서로를 그르다고 여겼다. 그리하여 안으로는 부모 형제가 원망과 미움을 품고 뿔뿔이 떠나고 갈라져 서로 화합하지 못하고, 천하의 백성들은 저마다 물, 불, 독약 따위로 서로 해를 입히고, 마침내 능력이 있어도 서로 돕지 않고, 썩도록 남는 재물이 있어도 서로 나누지 않으며, 훌륭한 도를 아는 사람도 이를 숨기고 남에게 가르쳐

주지 않았으니, 천하의 혼란은 마치 짐승의 세상 같았다.

무릇 천하 혼란의 원인을 밝혀 본다면, 그것은 정치적 지도자(政長)가 없기 때문이었다. 그래서 천하의 현자라 할 만한 사람을 뽑아서 천자天子로 옹립했다. 천자가 옹립되어도 그 힘만 가지고는 부족하기 때문에 다시 천하의 현자라 할 만한 사람들을 뽑아 관직을 주어 삼공을 삼았다. 천자가 삼공을 세웠지만 천하는 워낙 넓기 때문에 먼 곳 백성들의 시비와 이해의 판별은 구체적으로 알기 어려웠다. 그래서 여러 나라를 나누고 제후와 국군國君을 두어 다스리게 했다. 이렇게 제후와 국군을 세웠지만 아직도 그 능력이 부족하여 그 나라의 현명한 사람이라고 할 만한 사람을 선택하여 관리(正長)로 세운 것이다.

관리들이 갖추어지면 천자는 백성들에게 이렇게 정령을 내렸다: 무릇 착한 행위나 악한 행위나 들어 알게 되면 모두 위의 관리에게 보고하라. 윗사람이 옳다고 여기는 것을 반드시 모두 옳다고 여기고 윗사람이 그르다고 여기면 반드시 그르다고 여겨라. 윗사람에 잘못이 있으면 이를 간諫하고, 아랫사람에게 선행이 있으면 이를 천거토록 하라."[12]

12 "子墨子言曰: 古者民始生, 未有刑政之時, 蓋其語, 人異義. 是以一人則一義, 二人則二義, 十人則十義. 其人玆衆, 其所謂義者亦玆衆. 是以人是其義, 以非人之義, 故交相非也. 是以內者父子兄弟作怨惡, 離散不能相和合. 天下之百姓, 皆以水火毒藥相虧害, 至有餘力, 不能以相勞, 腐朽餘財, 不以相分, 隱匿良道, 不以相敎, 天下之亂, 若禽獸然.
夫明乎天下之所以亂者, 生於無政長. 是故選天下之賢可者, 立以爲天子. 天子立, 以其力爲未足, 又選天下之賢可者, 置立之以爲三公. 天子三公旣以立, 以天下爲博大, 遠國異土之民, 是非利害之辯, 不可一二而明知, 故畫分萬國, 立諸侯國君. 諸侯國君旣已立, 以其力爲未足, 又選擇其國之賢可者, 置立之以爲正長. 正長旣已具, 天子發政於天下之百姓, 言曰: 聞善而不善, 皆以告其上. 上之所是, 必皆是之, 所非, 必皆非之. 上有過則規諫之, 下有善則傍薦之." 『墨子』, 「尙同」 上편.

관리들을 통해 위아래의 여론이 하나되는 것이 사회혼란을 막는 방법이라고 묵자는 확신한다. 유능하고 현명한 사람을 뽑아 지도자로 삼는 것, 그리고 위아래로 여론을 통일하는 것을 강조하는 묵자의 주장은 서구 근대의 사회론을 연상하게 한다.

4. 윤리 도덕의 배경이 되는 종교관

묵자는 일반 대중의 눈높이에서 합리적인 세계관을 추구하였다. 그러나 그는 하느님과 귀신이 우리를 도덕적으로 살도록 뒷받침하고 있다 하여 그 존재를 적극적으로 옹호했다. 「천지天志」, 「명귀明鬼」의 편에서 그의 종교관을 살펴본다.

1) 하늘의 의지(天志)

전통적으로 '천天'이라는 문자는 여러 가지 의미를 가지고 있었다. 풍우란은 거기에 물질지천物質之天, 주재지천主宰之天, 운명지천運命之天, 자연지천自然之天, 의리지천義理之天 등 다섯 가지 의미가 있다고 하였다. 묵자가 말하는 '천'은 인격적인 의지를 가진 '주재지천'이며, 따라서 '하늘' 혹은 '하느님'으로 해석될 수 있다. 그러면 하늘의 의지는 무엇인가? 묵자는 말한다.

"그러면 하늘은 무엇을 좋아하고 무엇을 싫어하는가? 하늘은

의義를 좋아하고 불의不義를 싫어한다. 그래서 천하의 백성을 이끌어 의를 실천하게 한다면 바로 하늘이 좋아하는 바를 하는 것이다. 내가 하늘이 좋아하는 바를 한다면 하늘 역시 내가 좋아하는 바를 해 줄 것이다. 그러면 나는 무엇을 좋아하며 무엇을 싫어하는가? 나는 복을 좋아하고 재앙을 싫어한다. 그런데 만약 내가 하늘이 좋아하는 바를 하지 않고 하늘이 싫어하는 바를 한다면 이는 천하의 백성을 이끌어 재앙 가운데 빠뜨리는 것이 된다.

그러면 무엇으로 하늘이 의를 좋아하고 불의를 싫어한다는 것을 알 수 있는가? 나는 이렇게 생각한다. 천하에 의가 있으면 살고 의가 없으면 죽으며, 의가 있으면 부유해지고 의가 없으면 빈곤해지며, 의가 있으면 다스려지고 의가 없으면 어지러워진다. 따라서 하늘은 사람이 사는 것을 좋아하고 죽는 것은 싫어하며, 부유해지는 것을 좋아하고 빈곤해지는 것은 싫어하며, 다스려지는 것을 좋아하고 어지러워지는 것은 싫어하니, 이것이 내가 하늘이 의를 좋아하고 불의를 싫어한다는 것을 아는 이유이다."[13]

그래서 의를 바라고 불의를 미워하는 하늘의 뜻을 따르는 자

13 "然則天亦何欲何惡? 天欲義而惡不義. 然則率天下之百姓以從事於義, 則我乃爲天之所欲也. 我爲天之所欲, 天亦爲我所欲. 然則我何欲何惡? 我欲福祿, 而惡禍祟. 若我不爲天之斯欲, 而爲天之所不欲, 然則我率天下之百姓, 以從事於禍祟中也. 然則何以知天之欲義而惡不義? 曰: 天下有義則生, 無義則死, 有義則富, 無義則貧, 有義則治, 無義則亂. 然則天欲其生而惡其死, 欲其富而惡其貧, 欲其治而惡其亂, 此我所以知天欲義而惡不義也." 「天志」 上편.

는 상을 받고 어기는 자는 벌을 받는다고 묵자는 말한다. 그 역사적인 예를 그는 이렇게 말한다. "옛날 삼대三代의 성왕들인 우禹, 탕湯, 문文, 무武는 천의 뜻에 순종하여 상을 받았으며, 포악한 왕 걸桀, 주紂, 유幽, 려厲는 하늘의 뜻을 어기어 벌을 받았다."[14]

2) 귀신의 존재와 작용(明鬼)

묵자는 귀신은 존재하며 인간의 행위에 신상필벌 한다고 주장했다. 또 이러한 사실을 사람들이 믿어야 사회질서를 지키고 도덕적으로 살게 될 것이라고 한다.

> "옛날 삼대의 성왕이 돌아가시자 천하 사람들은 의義를 상실하고 제후들이 힘의 정치를 하게 되었다. … 사람들의 폭행이 난무하고 도적이 사회를 어지럽혀, 무기와 독약과 수화水火의 흉기를 가지고 죄 없는 사람들을 길가에서 협박하여 거마와 의복을 빼앗아 자기 이익을 꾀하는 일이 시작되었다. 그래서 천하가 혼란스럽게 되었으니 그 원인은 무엇인가? 그것은 모두가 귀신의 존재 여부를 의심하고 귀신이 어진 사람에게 상을 주고 포악한 자에게 벌을 내리는 것을 몰랐기 때문이다. 지금 만일 천하 사람들로 하여금 귀신이 어진 사람에게 상을 주고 포악한 자에게 벌을 준다는 것을 믿게 한다면 천하가 어

14 "昔三代聖王, 禹湯文武, 此順天意而得賞也. 昔三代之暴王, 桀紂幽厲, 此反天意而得罰者也."「天志」上편.

찌 어지러워지겠는가?"[15]

즉 귀신도 하늘과 마찬가지의 역할을 할 수 있으니, 선한 사람에게 상 주고 악한 사람에게 벌 주는 신상필벌을 하여 사람들로 하여금 권선징악 하는 작용을 담당한다는 것이다. 당시에도 귀신을 의심하는 사람들이 있어서 묵자는 세 가지 측면에서 귀신의 존재를 증명하고자 하였다.

우선 첫째로, 예로부터 사람들이 귀신을 보았다는 경험이 매우 많다는 것이다. 둘째로는 옛 성왕들이 귀신의 존재를 대부분 믿었다는 사실이다. 그리고 셋째는 선왕들의 역사 기록에 귀신의 존재에 대한 내용이 매우 많이 남아 있다는 점이다.[16] 이런 근거들로 보았을 때 귀신의 존재는 의심할 수 없으며, 더욱이 사회에서 그 존재를 믿을 때 사회에서 도덕을 실천하고 정의를 실현하는 힘을 얻을 수 있다고 그는 보았다.

묵자 철학은 매우 현실적이고 실제적이며, 형이상학이나 사변적인 것을 배제하는 특징을 가지고 있다. 그러나 유독 하늘(하느님)과 귀신의 존재에 있어서는 유신론적 태도를 강하게 보인다. 그런데 위의 인용문들에서 볼 수 있는 것처럼, 이러한 태도는 경건한 신앙심에서 발생했다기보다는 그러한 믿음이 사회에 가져오는 효능에 주안

15 "逮至昔三代聖王旣沒, 天下失義, 諸侯力正 … 民之爲淫暴寇亂盜賊, 以兵刃毒藥水火, 退無罪人乎道路率徑, 奪人車馬衣裘以自利者並作, 由此始, 是以天下亂. 此其故何以然也? 則皆以疑惑鬼神之有與無之別, 不明乎鬼神之能賞賢而罰暴也. 今若使天下之人, 偕若信鬼神之能賞賢而罰暴也, 則夫天下豈亂哉?" 「明鬼」 下편.

16 「明鬼」 下편 참조.

점이 있었다. 즉 인간의 행위에 신상필벌 하는 하느님과 귀신이 있으며, 그래서 우리의 모든 행위가 인과응보에 따른다는 확신은 사회질서의 유지와 공공이익을 위해 반드시 필요한 믿음이라고 본 것이다.

이는 말하자면 도덕이 성립하기 위해서는 귀신과 하느님의 존재를 인정해야 한다는 관점이다. 그런데 이런 소박한 관점을 세련된 사변으로 설명하자면 칸트의 『실천이성비판』의 입장과 비슷해진다. 칸트에 의하면 '영혼의 불멸', '신의 존재', '의지의 자유'는 이론적으로 입증될 수 없지만 도덕이 성립하기 위해서는 반드시 요청된다고 한다. 이런 것들은 인식의 대상이 아니라 실천적 믿음의 대상이다. '의지의 자유'가 전제되지 않는다면 도덕적 책임을 철저히 할 수 없을 것이다. 그리고 영혼불멸이나 내세가 없다면 우리가 꼭 도덕적으로 살 필요가 어디 있겠는가? 사람들은 제멋대로 죄악을 저지르고도 두려워하지 않을 수도 있다. 이런 점에서 위의 세 가지는 도덕의 성립을 위해서 반드시 '요청(postulation)'된다고 칸트는 주장했다.[17]

칸트가 세련된 논리로 종교적 믿음을 요청했다면, 묵자는 상식의 세계에서 그것이 사회적으로 필요하기 때문에 귀신의 존재와 하느님의 뜻을 믿어야 한다고 주장했다. 칸트가 사변 속에서 치밀한 주장을 했다면, 묵자는 일반 대중의 눈높이에서 도덕 실천의 뒷받침이 되는 종교적 믿음을 제시했던 것이다.

17 칸트에 의하면, 도덕적 **'최고선'**은 **영혼불멸**의 전제 아래서만 실천적으로 가능하다. 또 최고선이 가능하기 위해서 반드시 필요한 것으로 **'하나님의 실존'**을 요청해야 한다.
임마누엘 칸트 저, 『실천이성비판』, 최재희 옮김, 박영사, 1976, 243~249쪽 참조.

5장. 양주楊朱: 내 생명이 가장 귀중하다

1. 춘추전국시대의 은둔隱遁 사상

춘추전국시대는 부단히 전쟁이 발생하는 혼란의 시대였다. 이러한 시대에 사람들이 대처하는 방법으로 크게 두 가지를 생각해 볼 수 있다. 하나는 전쟁을 억제하고 평화로운 사회를 이룩하기 위해 온갖 노력을 다하는 적극적인 길이며, 다른 하나는 혼란한 사회를 피해 은거하며 명철보신을 택하는 길이다. 전자의 대표자가 묵자와 그 집단이라 한다면, 후자의 대표자는 당시의 은자隱者들이었다. 양주(B.C.440~B.C.360)는 바로 이러한 은자들의 입장을 대변하는 사상가였다.

공자가 천하를 유랑할 때 은자들과 마주한 이야기가 논어에 몇 차례 나온다.

① “자로子路가 석문石門에서 하룻밤을 묵었다.

성문을 지키던 신문晨門이 자로에게 물었다: 어디서 오시오?

자로가 답했다: 공자 선생님 문하에서 옵니다.

신문이 말했다: 아, 안 될 줄 알면서도 행하는 사람 말이군요.”[01]

② “밭을 갈고 있던 걸익桀溺에게 자로가 길을 물으니 걸익이 말했다: 그대는 누구요?

자로가 대답했다: 중유(자로)라 합니다.

걸익이 말했다: 그러면 노나라 공자의 문도인가?

자로가 대답했다: 그렇습니다.

걸익이 말했다: 도도한 흐름이 천하에 가득한데 누가 그것을 바꿀 수 있겠는가? 그대는 (나쁜 정치인을) 피하는 사람(공자)을 따르기보다는 차라리 세상을 피하는 사람을 따르는 것이 나을 것이요!”[02]

은자들은 능력과 덕이 있으면서도 혼란한 세속에 나아가지 않고 초야에서 살아가는 사람들이다. ①에서 석문지기는 세상을 개선해 보려는 공자를 “안 될 줄 알면서도 노력하는 사람”으로 비판하고 있다. ②에서 은자 걸익은 “지금은 천하가 온통 혼란에 빠져 그 흐름을 아무도 바꿀 수 없다”라고 주장하며 나쁜 임금을 피하여 유랑하는

01 “子路宿於石門. 晨門曰: 奚自? 子路曰: 自孔氏. 曰: 是知其不可而爲之者與?” 『論語』, 「微子」편.

02 “問於桀溺, 桀溺曰子爲誰. 曰爲仲由. 曰是魯孔丘之徒與? 對曰然. 曰滔滔者 天下皆是也 而誰以易之. 且而與其從辟人之士也, 其若從辟世之士哉.” 『論語』, 「微子」편.

것보다는 사회를 피하여 사는 것이 지혜라고 말하고 있다.

공자는 당시의 이른바 '일민'(逸民: 사회를 피해 사는 은둔자)을 다음과 같이 나누고 있다. "현명한 사람은 (어지러운) 세상을 피하고, 그다음은 (혼란한) 지역을 피하고, 그다음은 (무례한) 안색을 피하고, 그다음은 (무도한) 말을 피한다."[03] 여러 형태의 일민들에 대하여 공자가 전적으로 부정적인 평가만 한 것은 아니다. 그러나 혼란한 사회나 무도한 정치인을 피하는 것으로 문제가 해결되는 것은 아니다. 위의 걸익과 나눈 대화를 자로에게서 들은 공자는 다음과 같이 탄식한다. "사람이 새나 짐승과 더불어 살 수는 없으니, 내가 사람의 사회와 더불지 않으면 누구와 함께하겠는가?"[04] 그런데 사회가 더욱 전쟁과 혼란에 휩싸이면서 일민이나 은자들의 입장을 적극적으로 대변하는 사상가가 등장했으니 그가 양주였다.

2. 양주의 근본 사상

불행하게도 양주 본인의 저술은 전해져 오지 않으며, 그의 생애도 알려져 있지 않다. 그런데 그의 사상은 전국시대에 제법 폭넓게 알려져 있던 것으로 보이며, 그래서 제자백가의 여러 문헌에 그가 주장했다는 단편적 내용들이 언급되고 있다. 한편 후대에 나온 『열자

03 "子曰 賢者辟世, 其次辟地, 其次辟色, 其次辟言." 『論語』, 「憲問」편.

04 "夫子憮然曰 鳥獸 不可與同群 吾非斯人之徒與而誰與 天下有道 丘不與易也." 『論語』, 「微子」편.

列子』라는 문헌에는 「양주楊朱」라는 독립된 편이 전해 온다. 그런데 이 문헌은 전국시대 열어구列禦寇의 이름을 차용하여 위진시대에 저술된 것으로 판명되어 신빙성이 크게 떨어진다. 『열자』, 「양주」편에서는 양주를 일종의 쾌락주의자로 묘사하는데 이것은 위진남북조시대의 사조를 반영한 것이다. 우리는 선진시대의 문헌에 단편적으로 인용되는 자료들을 통해서 양주의 주장을 어느 정도 파악할 수 있다.

> ① 맹자는 말한다: "양주는 '위아爲我'의 입장을 취하니, 자기 몸의 터럭 하나를 뽑아 천하를 이롭게 하는 것도 하지 않는다."[05]

> ② 『여씨춘추呂氏春秋』는 말한다: "양주 선생은 자기를 귀히 여긴다."[06]

> ③ 한비자는 말한다: "지금 여기 어떤 사람이 있으니, 그는 '위험한 성에는 들어가지 않으며, 군대 있는 곳에는 머물지 않으며, 천하라는 큰 이익을 준다 해도 자기 정강이의 터럭 하나와 바꾸지 않는다'고 주장한다. 세상의 군주들이 반드시 그를 따르고 예우하며, 그의 지혜를 귀하게 여기고 그 행실을 높이 보며, 그를 '재물을 가벼이 보고 생명을 귀히 여기는 선비'라고 여긴다."[07]

05 "楊朱取爲我, 拔一毛而利天下不爲." 『孟子』, 「盡心」 上편.

06 "陽子貴己." 『呂氏春秋』, 「不二」편. 여기서 陽子는 楊朱이다.

07 "今有人於此, 義不入危城, 不處軍旅, 不以天下大利易其脛一毛, 世主必從而禮之, 貴其智而高其行, 以爲輕物重生之士也." 『韓非子』, 「顯學」편.

④ "자기 생명을 온전히 하고 참됨을 보존하며, 외물 때문에 자기 몸을 손상하지 않는다"라는 주장은 양주가 수립한 것인데, 맹자가 비난했다.[08]

①에서 맹자는 양주를 '개인만을 위하는 이기주의자(爲我)'라고 보아 자기 몸에 조금이라도 손해가 되는 것은 천하를 이롭게 한다 해도 행하지 않았다고 전한다. ②『여씨춘추』에서는 양주가 '자기를 가장 귀하게 여겼다(貴己)'고 말한다. ③에서 보자면 양주의 무리들은 위험한 성이나 도시에는 가지 않고, 군대를 멀리하며 자기 몸의 터럭 하나도 극히 귀하게 여겼다고 전한다. 그들은 세상의 재물이나 명예를 가볍게 보고 생명을 최우선의 가치(輕物重生)로 보는 선비들이었다. 비슷한 취지로 ④에서는 "내 생명을 온전히 하고 참 나를 보존하여(全生保眞)" 재물이나 명예 등 외부의 어떤 것으로도 몸을 손상하지 않게 한다고 주장한다. 이상의 주장들을 요약한다면 첫째 위아爲我와 귀기貴己, 둘째 경물중생과 전생보진, 이렇게 두 가지가 될 것이며, 그 취지를 하나로 요약한다면 "내 생명이 가장 귀중하다"라는 생명우선주의가 될 듯하다. 여러 편에서 양주를 언급하고 있는 『여씨춘추』에서는 또한 이렇게 말한다.

"지금 나의 생명은 나를 위해 있는 것이니, 그것이 나를 이롭게 하는 것 역시 가장 크다. 귀천으로 논한다면, '天子'라는 작

08 "全性保眞, 不以物累形, 楊子之所立也, 而孟子非之." 『淮南子』, 「氾論訓」편. 여기서 性은 生과 같다.

위도 이와 비교할 수 없으며, 경중으로 논한다면 천하를 다 준다 해도 이와 바꿀 수 없다. 안전과 위태의 측면에서 논한다면, 그 생명은 한번 잃어버리면 영원히 다시 얻을 수 없다. 이상의 세 가지는 도를 깨달은 사람이라면 가장 신중히 여기는 바이다."[09]

여기서 보자면 양주학파는 '생명을 최고의 가치'로 여기는 사람들이며, 맹자가 극단적 개인주의로 비판한 것은 논란의 초점에서 조금 벗어났다고 할 수 있다. 그들의 관심은 생명과 자아를 보전하기 위하여 상호 불간섭적 태도를 취하는 것에 있었다. 이러한 '불간섭주의'는 이후 도가 계열의 사상가들에게 보편적으로 계승되었다.

3. 사상사적 배경

1) 양주와 묵자의 병칭

묵자학파는 반전 평화를 주장하고 이를 실천하기 위해 '이마에서 발꿈치까지 닳아 없어지도록' 적극적으로 뛰었다. 그런데 양주학파는 이와 반대로 난세를 피해서 사회로부터 은둔하여 사회적 명예와 지위, 재물 등에 대한 기대를 모두 버리고 자기의 생명을 온전히

09 "今吾生之爲我有, 而利我亦大矣. 論其貴賤, 爵爲天子, 不足以比焉, 論其輕重, 富有天下, 不可以易之, 論其安危, 一曙失之, 終身不復得. 此三者, 有道者之所愼也." 『呂氏春秋』, 「重己」편.

지키며 살아가는 것을 추구했다. 그런데 선진 문헌에서 이 두 학파는 '양주와 묵적(楊墨)'으로 병칭되어 등장하는 경우가 많다. 『장자』에는 '양주楊朱'라는 이름은 나오지 않지만 '양묵楊墨'이라고 두 사상가를 병칭하는 예가 3회 나온다. 『맹자』는 양주와 묵자를 자주 인용하며 비판하는데, 대부분의 경우 두 사람을 병행하여 언급하고 있다. 이로써 보자면 묵자보다 한 세대 후에 등장하는 양주의 주장은 묵자를 의식하며 그에 대한 반명제로 제기된 듯하다. 『회남자』는 말한다.

> "무릇 악기를 가지고 노래하며 북 치고 춤추는 것을 악樂이라 하고, 돌아가며 인사하고 겸양하는 예절(禮)을 닦고 장례를 후하게 치르고 오랫동안 상喪을 지내며 치상하는 것은 공자가 주장한 것이지만, 묵자墨子가 비판하였다. 서로 사랑하고(兼愛), 어진 이를 높이며(尙賢), 귀신을 받들고(右鬼), 운명론을 반대(非命)하는 것은 묵자가 주장한 것이나 양주(楊子)가 비판하였다. 생명을 온전히(全生)하고 참된 것을 보존하고(保眞), 외물外物 때문에 자기 몸을 손상하지 않는 것(不以物累形)은 양주가 주장한 것이나 맹자가 비판하였다."[10]

위의 언급은 사상사의 흐름을 잘 요약하고 있다. 전통적인 제도와 예악을 존중하여 바람직한 사회를 재건하고자 한 것은 공자의

10 "夫弦歌鼓舞 以爲樂 盤旋揖讓以修禮 厚葬久喪以送死 孔子之所立也 而墨子非之 兼愛上賢 右鬼非命 墨子之所立也 而陽子非之 全性保眞 不以物累形 楊子之所立也 而孟子非之."「氾論訓」편.

주장인데 묵자가 비판하였다. 이어서 겸애와 상현과 종교적 신앙에 바탕을 둔 윤리를 주장한 것은 묵자인데 양주가 반대하였다. 이후에 등장하는 맹자는 묵자와 양주라는 두 사상가의 극단적인 주장들을 지양하면서 보편적인 윤리를 제시하고자 시도했던 것이다.

2) 양주와 도가 사상

맹자는 말한다. "양주와 묵적의 주장이 세상에 가득하니, (천하의 여론이) 양주에게 돌아가지 않으면 묵자에게 돌아간다."[11] 전국시대 열국 겸병의 현상으로 인하여 묵자와 양주의 주장이 대표적으로 유행했다고 맹자는 말하고 있다. 그 밖에 앞서 인용한 선진시대 문헌들에서 보건대 맹자의 이러한 언급이 과장만은 아닐 것이다. 그런데 맹자시대 성행했던 양주의 학설이 이후에는 급격히 쇠퇴하여 사라진다. 예를 들면 『장자』의 마지막에 있는 「천하」편에는 '최초의 중국철학사'라 부를 만큼 많은 제자백가의 주장들이 요약되어 있는데 '양주'는 전혀 언급되지 않는다. 또 전국 말에 나온 순자의 「비십이자非十二子」편은 백가의 주장을 두루 언급하며 비판하는데, 여기에도 '양주'는 빠져 있다. 이에 대하여 풍우란은 다음과 같은 설명을 달고 있다.

> 어째서 맹자 이후 양주의 "언설"이 소멸한 듯이 보이는가? 어찌 맹자의 "반대(距)"가 정말로 완전 성공했기 때문이었겠는

11 "楊朱 · 墨翟之言盈天下; 天下之言, 不歸楊則歸墨." 『孟子』, 「滕文公」 下편.

> 가? 양주 이후에 노장(老莊)의 무리가 흥기했다 하겠는데, 노장은 모두 양주의 실마리(緖)를 계승했고, 또 그들의 사상 가운데는 양주가 밝히지 못한 바를 탁월하게 밝혔기 때문에 드디어 양주라는 이름은 노장에 가려지고 말았던 것이다. 따라서 양주의 언설은 소멸한 듯이 보이나 사실은 소멸하지 않았다.[12]

양주의 주장이 이후 등장하는 노자, 장자 사상의 기초가 된다는 점은 우리가 어렵지 않게 짐작할 수 있다. 그런데 전국시대의 시대적 상황을 반영하는 양주의 주장은 아직 너무 소박했다. 이에 비하여 노자와 장자는 '도道'라는 일반원리 아래서 인간의 삶과 자연의 이치를 아울러 설명하는 체계를 제시했다. 따라서 이러한 발전된 도가 사상에 의해서 초기에 실마리를 제공한 양주는 가려지고 말았던 것이다.

결국 양주의 '위아론'은 노자의 무아無我, 장자의 망아忘我 개념에 실마리를 제공하였고, 은자들과 양주가 취했던 상호 불간섭주의적 태도는 노장의 무위자연無爲自然 개념으로 발전해 갔다고 할 수 있을 것이다.

12 풍우란 저, 『중국철학사』 상편, 박성규 옮김, 까치출판사, 1999, 223쪽.

4. '위아론'의 두 가지 길

1) 개인 생명과 자연의 도: 『장자』

양주가 남긴 '전생보진全生保眞', 즉 내 생명을 보전하여 온전히 하는 문제에 장자는 큰 관심이 있었다. 『장자』, 「양생주養生主」편은 이렇게 시작된다.

> "우리의 삶은 한계가 있고 앎은 한계가 없다. 한계가 있는 삶으로 한계가 없는 앎을 추구하는 것은 위태하다. 그런데도 앎으로 계속 추구하고자 하면 더욱 위태하다. 선행을 해도 명예를 가까이 말고, 악행을 해도 형벌에 가까워지면 안 된다. 중용에 따름(緣督)을 원리로 하면 내 몸을 보전할 수 있고 삶을 온전히 할 수 있다."[13]

귀중한 생명을 지키기 위하여 양주처럼 세상 사회를 피하고 은거하는 것은 해결책이 되지 못한다. 우리의 삶과 죽음은 대자연의 변화(道)의 일부이며, 따라서 상황에 따라 중용의 길을 택할 뿐 삶에 집착하거나 인간의 지식으로서 이 문제를 해결하려고 해도 안 된다. 『장자』, 「산목山木」편에는 더욱 자세한 에피소드가 등장한다.

13 "吾生也有涯, 而知也无涯. 以有涯隨无涯, 殆已. 已而爲知者, 殆而已矣. 爲善无近名, 爲惡无近刑. 緣督以爲經, 可以保身, 可以全生." 「養生主」편.

"장자가 산길을 가다가 가지와 잎이 무성한 커다란 나무를 발견하였다. 그런데 벌목꾼이 그 옆에 있었지만 베려고 하지 않았다.
장자가 그 이유를 묻자, 그는 대답하였다: 쓸데가 없기 때문입니다.
장자가 (제자들에게) 말했다: 이 나무는 쓸모가 없어서 천수를 다할 수 있게 되었네.
장자는 산에서 내려와 친구의 집에 머물게 되었다. 친구는 기뻐하며 동자를 시켜 거위를 잡아 요리하게 했다.
동자가 물었다: 한 놈은 잘 울고, 한 놈은 울지 못하는데, 어느 놈을 잡을까요?
장자가 답했다: 울지 못하는 놈을 잡아라.
다음 날 제자가 장자에게 물었다: 어제 산중의 나무는 쓸모가 없어서 천수를 다하게 되었지만, 지금 이 집의 거위는 쓸모가 없어서 죽임을 당했습니다. 선생님은 어떻게 하시겠습니까?
장자는 웃으면서 말했다: 나는 쓸모 있음과 쓸모없음의 사이에 머물겠다. 그런데 쓸모 있음과 쓸모없음의 사이는 (도와) 비슷하기는 하지만 도가 아니기 때문에 화를 면치 못한다. 만약 도와 덕(道德)을 타고 자유자재로 노닌다면 그렇지 않을 것이다. 명예도 없고 허물도 없으며, 때로는 귀한 용이 되었다가 때로는 천한 뱀이 되어, 상황(時)과 더불어 변화해 갈 뿐 그 무엇에도 집착하지(專) 않네. 오르기도 하고 내리기도 하면서 (천지)조화를 기준으로 삼아 만물의 근원에서 노닐며, 사물을 사물로 부릴 뿐 사물에 매이지 않으니 어찌 화가 생기겠는가?"[14]

여기서 보자면 장자는 양주가 남긴 문제를 심각하게 물려받지만, 해결책은 다름을 알 수 있다. 양주는 험난한 사회와 위험을 피하여 명철보신하는 은둔의 길을 택한다. 그러나 장자의 관점에서는 모든 것이 자연의 변화(道)의 일부이기 때문에 어떤 것에 집착하거나 그것을 오로지할 필요가 없다. 그저 대자연의 도를 체득하고 상황(時)에 따라 노닐 수 있다면 아예 화를 근심할 필요가 없는 것이다. 같은 문제에 관하여 장자의 해결 방법은 한 수 위임을 알 수 있다. 개별적인 모든 자연 현상에 대하여 "사물을 사물로 부릴 뿐 사물에 매이지 않는 것(物物而不物於物, 「山木」편)", 이것이 장자의 입장이다.

2) 감각적 쾌락과 절제론: 『열자』, 「양주」편

『여씨춘추』는 양주 사상을 비교적 충실히 전하는 편들이 많다. 「귀생貴生」편에는 양주의 후학으로 보이는 자화자子華子의 말로써 우리의 삶을 네 단계로 설명하고 있다.

"① 온전한 삶(全生)이 첫 번째이고, ② 결핍된 삶(虧生)이 그다

14 "莊子行於山中, 見大木, 枝葉盛茂, 伐木者止其旁而不取也. 問其故, 曰: 無所可用. 莊子曰: 此木以不材得終其天年. 夫子出於山, 舍於故人之家. 故人喜, 命豎子殺雁而烹之. 豎子請曰: 其一能鳴, 其一不能鳴, 請奚殺? 主人曰: 殺不能鳴者. 明日, 弟子問於莊子曰: 昨日山中之木, 以不材得終其天年; 今主人之雁, 以不材死. 先生將何處? 莊子笑曰: 周將處乎材與不材之間. 似之而非也; 故未免乎累. 若夫乘道德而浮遊, 則不然. 无譽无訾, 一龍一蛇. 與時俱化, 而无肯專爲. 一上一下, 以和爲量. 浮遊乎萬物之祖, 物物而不物於物, 則胡可得而累邪?" 「山木」편.

음이며, ③ 죽음이 그다음이고, ④ 핍박받는 삶이 최하가 된다. 그러므로 이른바 생명을 존중한다는 것은 온전한 삶을 의미한다. ① 온전한 삶이란 육욕六欲이 모두 마땅함을 얻은 것이다. ② 결핍된 삶이란 육욕이 부분적으로 마땅함을 얻은 것이다. 결핍된 삶은 그 존중되어야 하는 점이 얇아진 것이며 결핍이 심하고 존중됨이 적은 것이다. ③ 죽음이란 지각력을 잃어버리고 태어나기 이전으로 되돌아간 것이다. ④ 핍박받는 삶은 육욕이 모두 마땅함을 얻지 못하고 아주 싫어하는 것만 얻은 것이니, 굴종이 이것이고 욕됨이 이것이다. … 그래서 핍박받는 삶은 죽음보다 못한 것이다."[15] (번호는 네 단계를 분명히 구분하기 위해 필자가 넣은 것임)

여기서 보자면 양주가 말한 생명주의는 이성보다는 감각적 기준, 그리고 염세적 인생관이 중요시됨을 알 수 있다. 재미있는 점은 생명을 예찬하는 「귀생貴生」편에서 생명과 반대되는 죽음을 가장 싫어하는 단계로 보아야 할 듯한데, 그보다 아래 ④의 단계로 '핍박받는 삶'을 설정한 것이다. 핍박받는 괴로움의 반대는 쾌락의 추구이다. 이런 점에서 양주의 입장은 현세의 '감각적 쾌락주의'로 나아갈 가능성이 있었다. 『열자』에서는 말한다.

15 "子華子曰, 全生爲上, 虧生次之, 死次之, 迫生爲下. 故所謂尊生者, 全生之謂. 所謂全生者, 六欲皆得其宜也. 所謂虧生者, 六欲分得其宜也. 虧生則於其尊之者薄矣. 其虧彌甚者也, 其尊彌薄. 所謂死者, 無有所以知, 復其未生也. 所謂迫生者, 六欲莫得其宜也, 皆獲其所甚惡者, 服是也, 辱是也. … 故曰迫生不若死." 「貴生」편.

"백 년은 사람 목숨의 한계이다. 백 년을 사는 사람은 천 명에 하나도 드물다. 여기 지금 한 사람을 생각해 보자. 그가 어려서 부모 품에 안기어 있을 때와 늙어서 힘이 없는 때를 합하면 거의 일생의 반이 될 것이다. 또 밤에 잠으로 인하여 활동이 멈추어진 시간과 낮에 깨어서도 헛되이 버리는 시간이 다시 그 반이 될 것이다. 또 아프고 병들어 슬퍼하고 괴로워하며 근심하고 두려워하는 시간이 다시 그 반은 될 것이다. 이렇게 십수 년을 헤아려 보면 즐겁게 자득하여 조금도 걱정이 없는 시간이란 한순간에 지나지 않을 것이다. 그런즉 사람의 삶이란 무엇인가? 무엇이 즐거움인가? 아름답고 좋은 것을 즐겨야 하고 음악과 여색을 즐겨야 한다."[16]

"만물이 서로 다른 것은 살아 있을 때요, 만물이 서로 같은 것은 죽어 있을 때다. 살아서는 현우賢愚, 귀천貴賤이 있으니 서로 다른 것이요, 죽어서는 어느 것이나 썩어 냄새 나고 소멸되니 모두 같아지는 것이다. … 십 년 만에 죽어도 역시 죽음이요, 백 년 만에 죽어도 역시 죽음이다. 어진 사람과 성인聖人도 역시 죽고, 흉악한 자와 어리석은 자도 죽는다. 살아서는 요순이라 해도 죽어서는 썩은 뼈에 불과하며, 살아서는 걸주라 해도 죽어서는 썩은 뼈에 불과하다. 모두 썩은 뼈 한 가지인데

16 "楊朱曰: 百年壽之大齊; 得百年者, 千無一焉. 設有一者, 孩抱以逮昏老, 幾居其半矣. 夜眠之所弭, 晝覺之所遺又同居其半矣. 痛疾哀苦, 亡失憂懼, 又幾居其半矣. 量十數年之中, 逌然而自得, 亡介焉之慮者, 亦亡一時之中爾. 則人之生也奚爲哉? 奚樂哉? 爲美厚爾, 爲聲色爾." 『列子』, 「楊朱」편.

누가 그 다른 점을 알겠는가? 단지 살아 있음을 당하여 즐거워할 뿐, 죽은 뒤를 생각할 겨를이 어디 있는가?"[17]

앞의 인용에서는 사람이 살아서 활동할 시간이 너무 짧으며, 더욱이 아프고 병들어 슬퍼하고 괴로워하며 근심하고 두려워하는 시간이 반은 차지하기 때문에 살아 있을 때 최대한 즐겨야 한다고 주장한다. 뒤의 인용에서는 살아서는 현우, 귀천의 차이가 사람마다 있지만 죽으면 모두가 똑같아지며 썩어서 소멸해 버리기 때문에 살아서 즐거움을 맘껏 누릴 뿐 사후를 생각할 겨를이 없다고 주장한다. 『열자』는 염세적인 인생관에 바탕하여 감각적 쾌락주의의 권유로 결론을 내리고 있는 것이다.

양주가 말한 '위아爲我'의 의미는 혼란하고 위태로운 전국시대에서 전생보진全生保眞, 즉 내 생명을 온전히 하고 참 나를 보존하며, 경물중생輕物重生, 즉 세상의 재물이나 명예를 가볍게 보고 생명을 최우선의 가치로 여기는 것이라고 우리는 앞서 파악하였다.

그런데 『열자』, 「양주」편은 위진시대에 편찬된 것으로 알려져 있다. 이 시대는 중국사에서 분열의 시대이며 대혼란의 시대이기도 하다. 중앙 권력이 없는 무질서한 사회에서 개인주의가 보편화하고 기괴하고 낭만적인 것을 추구하는 지식인이 많았다. 『열자』, 「양주」편은 이러한 시대 배경을 반영하고 있다.

17 "楊朱曰: 萬物所異者生也, 所同者死也; 生則有賢愚貴賤, 是所異也; 死則有臭腐消滅, 是所同也. … 十年亦死, 百年亦死, 仁聖亦死凶愚亦死. 生則堯舜, 死則腐骨; 生則桀紂, 死則腐骨. 腐骨一矣, 孰知其異? 且趣當生, 奚遑死後?" 『列子』, 「楊朱」편.

'쾌락주의'는 동양이나 서양이나 비슷한 길을 걷는다. 처음에는 '현세에 살아 있는 동안 최대한 즐겨야 한다'는 소박한 쾌락주의가 등장한다. 그러나 이러한 주장은 '쾌락주의의 역설(paradox of hedonism)'에 부딪친다. "관능적 쾌락의 무절제한 추구는 필경 그 목적을 얻지 못하고 도리어 막대한 고통 앞에 굴복하게 된다"라는 심리학적 원리 때문이다.[18] 그래서 쾌락주의는 곧 절욕론이나 정신적 쾌락주의로 전환하게 된다. 서양철학사에서 말하자면 초기 단계가 키레네Cyrene학파이고, 이어서 정신적 평안(ataraxia)을 추구한 쾌락주의가 에피쿠로스Epikuros학파이다. 감성적인 태도로 인하여 양주학파도 부분적으로 감각적 쾌락을 추구한 측면이 있을 수도 있다. 그러나 이후 노장과 『여씨춘추』에서는 오히려 무욕론, 절욕론으로 발전했던 것이다.

18 김태길, 『윤리학』, 박영사, 1981, 94쪽.

6장. 맹자孟子: 유가의 윤리학과 인간론을 세우다

1. 맹자의 생애와 사명 의식

1) 어린 시절과 학술 활동

맹자(B.C.372~B.C.289)는 유교의 여러 이론들을 정립한 사상가이다. 지금도 우리가 생활에서 흔히 사용하는 용어들—예를 들면 성선론, 인의예지, 대장부, 호연지기, 민본주의—등등 유교의 주요 개념들은 그가 이론적으로 정립한 것들이다. 물론 유학의 기본 개념들은 공자가 먼저 말하였지만, 그는 마치 격언처럼 함축적으로 표현했다. 이에 비하여 맹자는 제자와 토론하면서 개념들을 날카롭게 분석하여 유교 사상의 여러 이론들을 정립하였던 것이다. 그는 심지어 '너무 논변을 좋아한다(好辯)'는 말까지 들었다.[01] 하지만 논변을 통한 자세한 분석과 설명은 유교의 이론을 발전시키는 데 중요한 역할을 하였다.

맹자의 성은 맹孟이고 이름은 가軻이다. 그는 추鄒나라에서 태어났는데 공자의 고향인 곡부曲阜에서 가까운 지역이었다. 그는 공자와 마찬가지로 일찍 부친을 여의고 홀어머니 밑에서 성장했다. 그의 어머니가 아들의 교육을 위해서 세 번 이사했다는 이야기가 '맹모삼천孟母三遷'이라는 고사로 전한다. 또 멀리 공부하러 간 맹자가 갑자기 집에 돌아왔을 때 모친이 베틀에서 짜던 베를 칼로 잘라 버리며 학문을 중도에 그만두면 아무 쓸모가 없다는 것을 나무랐다는 고사를 '단기지교斷機之敎'라 말한다. 이 두 가지 고사성어는 널리 알려져 있지만, 모두 한나라 때 나온 『열녀전列女傳』에 근거를 두고 있다. 어쨌든 그의 어머니는 아들의 교육을 위해 크게 고심했던 것으로 보인다. 공교롭게도 우리나라의 대표적인 유학자 퇴계와 율곡도 어린 나이에 부친을 여의고 홀어머니 밑에서 공부했다는 공통점을 가지고 있다. 『사기』에 의하면 맹자는 공자의 손자이자 『중용中庸』의 저자인 자사子思의 제자에게서 수업을 받았다.

나이 40쯤 되었을 때는 제자들도 모이고 상당히 유명해졌다. 당시는 제후국들이 경쟁적으로 멸국 겸병에 치중하던 시기라서 훌륭한 지식인들을 초빙하고 대접하는 분위기였다. 맹자도 양梁, 제齊, 송宋, 설薛, 등藤나라 등의 여러 나라에 걸쳐 유세활동을 하였다. 그러나 제후들은 그가 우활하다고 여겼다. 당시 군주들은 주로 부국강병과 합종연횡 등의 정책에 관심이 있었지만, 맹자는 인의仁義를 중심으로

01 公都子曰: 外人皆稱夫子好辯, 敢問何也? 孟子曰: 予豈好辯哉? 予不得已也. 『孟子』, 「滕文公」 下편.

한 도덕정치를 주장하였기 때문이다. 나이 70 전후에는 고향에 돌아와 제자들을 교육하고 그들과 함께 저술에 힘썼다.

2) 맹자의 사명 의식

사마천은 맹자가 자사子思의 문인으로부터 수업을 받았다고 했는데, 이것은 사실일 가능성이 많다. 오늘날 전하는 『맹자』에는 자사가 지은 『중용』과 똑같은 구절이나 유사한 문장이 많이 나오며, 맹자의 핵심 사상 중 하나가 '중용' 사상이기 때문이다. 맹자는 요순 이래의 도道가 문무 주공을 거쳐 공자에게 이어졌으므로 여러 학파 중에서 공자만이 도를 정통으로 계승하고 있다고 확신하며 다음과 같이 말한다.

> (공자 이후로) 성왕(聖人)이 다시 나오지 않으니, 제후들이 방자하게 왕을 참칭하고, 재야의 처사들은 제멋대로 이론들을 주장한다. 특히 양주와 묵자의 말이 천하에 가득하여 천하의 언론이 양주 아니면 묵자로 돌아가고 있다. 그런데 양주는 '위아(爲我: 내가 가장 중요하다)'를 내세우니 임금과 사회질서를 무시한 것이고, 묵자는 '겸애(兼愛: 누구나 똑같이 사랑하라)'를 주장하는데 이는 아버지와 가족관계를 무시하는 것이다. 아버지를 무시하고 임금을 무시한다면 이것은 짐승과 다름없다. … 양주와 묵자의 주장이 세상에서 사라지지 않고 공자가 가르친 도道가 세상에 드러나지 않으면 거짓 이론들이 백성들을 속이고

> 인의仁義의 도를 막을 것이다. 인의의 도가 막히면, 이것은 금수를 끌어다 사람을 잡아먹게 하고 사람들이 서로 잡아먹는 지경에 빠지게 하는 것이다. 나는 이러한 일이 두려워 앞선 성인들의 도를 수호하고, 양주나 묵자와 같은 이단을 막고 여러 거짓 주장들을 추방하여 잘못된 이론들이 다시 나오지 않게 만들려 한다. 사람들 마음속에 잘못된 이론들이 싹트면 사회적인 일들을 해치게 되고 그러면 정치를 해치게 될 것이다. 성인이 다시 나와도 내 말을 바꾸지는 않을 것이다.[02]

여기서 우리는 맹자의 당당한 포부와 역사적 사명 의식을 잘 파악할 수 있다. 자신이 공자를 비롯한 성인들의 정통적인 도를 수호하기 위하여 여러 이단사설異端邪說들을 물리쳐야 하는 사명을 가지고 있다고 믿으며 "성인이 다시 나와도 내 말을 바꾸지는 않을 것이다"라고 말하고 있다.

위에서 본 것처럼 맹자는 진리(道)에 대한 확신에 차 있었다. 그는 또한 당당하고 떳떳한 태도로 살아갈 것을 말했다. 그래서 그가 사용한 개념 중에는 '대大'자가 많이 들어간다. "넓은 세상에 살면서 올바른 자리에 서서 천하의 대도大道를 실천하며, 포부를 이루었을 때는 백성들과 더불어 그 도를 함께하고 자기 뜻을 얻지 못하였을 때는

02 "聖王不作, 諸侯放恣, 處士橫議, 楊朱 墨翟之言盈天下. 天下之言不歸楊, 則歸墨. 楊氏爲我, 是無君也, 墨氏兼愛, 是無父也. 無父無君, 是禽獸也. … 楊墨之道不息, 孔子之道不著, 是邪說誣民, 充塞仁義也. 仁義充塞, 則率獸食人, 人將相食. 吾爲此懼, 閑先聖之道, 距楊墨, 放淫辭, 邪說者不得作. 作於其心, 害於其事, 作於其事, 害 於其政. 聖人復起, 不易吾言矣." 「滕文公」 下편.

홀로 그 도를 실천하여, 부귀도 그의 마음을 흔들지 못하고 빈천도 그의 마음을 변하게 하지 못하고 위협도 그를 굴복시키지 못하니, 이런 사람을 대장부大丈夫라 한다."[03] 또한 작은 이해관계에 얽매이지 않고 언제나 마땅한 도리(義)에 따라 사는 사람이 '대인(大人)'이다. "대인이란 어린아이와 같은 순수한 마음을 잃지 않은 사람이다."[04] 여기서 말하는 '대장부', '대인'이 그가 추구한 이상적 인간상이었다.

2. 올바른 삶의 길: 윤리학

1) 윤리의 기준은 '이익(利)'이 아니라 '도덕적 마땅함(義)'이다

이제 맹자의 윤리 이론을 살펴보자. 『맹자』의 첫 문장은 이렇게 시작된다.

"맹자가 양나라 혜왕을 만났을 때 혜왕이 말했다: 노 선생께서 천 리를 멀다 않고 여기 오셨으니, 또한 우리나라에 큰 이익이 되겠지요?

맹자가 대답했다: 왕께서는 하필 이익을 말씀하십니까? 반드시 인의仁義를 앞세워야 합니다. 왕께서 '어떻게 하면 우리 나

03 "居天下之廣居, 立天下之正位, 行天下之大道, 得志, 與民由之, 不得志, 獨行其道. 富貴不能淫, 貧賤不能移, 威武不能屈, 此之謂大丈夫." 「滕文公」 下편.

04 "大人者, 不失其赤子之心者也." 『孟子』, 「離婁」 下편.

라에 이익이 될까?' 하시면, 대부들은 '어떻게 하면 우리 가家에 이익이 될까?' 하며, 사·서인들은 '어떻게 하면 나에게 이익이 될까?' 하여서, 윗사람이나 아랫사람이 이익만 다투게 되니, 그러면 나라 전체가 위태로워집니다. … 왕께서 반드시 인의를 앞세워야 하는데, 하필 이익을 말씀하십니까?"[05]

이때 양나라(위나라) 혜왕은 맹자보다 훨씬 연장자였지만, 맹자는 당당히 바른 말을 직언하고 있다. 맹자의 취지는 임금이 반드시 그 사회에 필요한 공의公義를 먼저 염두에 두어야지 이해관계를 앞세우면 안 된다는 것이다. 이익도 중요하며 사회에 꼭 필요하다. 그러나 어떤 행위가 그 상황에 마땅한지 당위적인 기준을 먼저 따라야지 이해관계를 앞세우면 사회는 혼란에 빠진다는 것이다. 『논어』에서 공자도 말했다. "이익되는 것을 보거든 그것이 의로운 것인지 먼저 생각하라."[06] "이익을 좇아 행하면 원망이 많다."[07] 말하자면 윤리적으로 올바름을 따질 때는 '도덕적 마땅함(義 혹은 仁義)'을 기준으로 해야만 한다는 것이다.

05 "孟子見梁惠王. 王曰, "叟! 不遠千里而來, 亦將有以利吾國乎?" 孟子對曰, "王! 何必曰利? 亦有仁義而已矣. 王曰, '何以利吾國?' 大夫曰, '何以利吾家?' 士庶人曰, '何以利吾身?' 上下交征利而國危矣. … 王亦曰仁義而已矣, 何必曰利?" 「梁惠王」上편.

06 "見利思義." 「憲問」편.

07 "放於利而行, 多怨." 「里仁」편.

2) 사랑의 실천에는 순서가 있다

양주와 묵자는 편벽된 주장으로 인하여 맹자의 비판을 받았다. 그런데 그들 각각의 주장에는 부분적으로 일리가 있다. 단지 양주는 사적 영역에, 묵자는 공적 영역에 지나치게 치우친 주장이기 때문에 비판되는 것이다. 이 세상에서 "내가 중요하고 귀중하다"는 명제는 그 자체로 틀린 말이 아니다. 또 "모든 사람을 보편적으로 사랑하자"는 명제는 오히려 우리 모두가 궁극적으로 추구해야 할 이상이다. 사실 우리는 누구나 사적인 것과 공적인 것 사이에서 갈등하면서 살아가고 있다. 그러면 맹자는 이런 문제를 어떻게 해결하는가? 결론부터 말하자면, 맹자는 '사랑의 실천에는 순서가 있다'는 원리에 따라 이 문제를 풀어 나간다.

> "군자는 금수초목의 생물에 대해서는 '아껴 주지만 인격적 사랑을 하지는 않으며', 이웃 백성들에 대해서는 '인격적 사랑을 하지만 가족적 사랑을 주지는 않는다.' 가족을 친애하고서 백성을 사랑하며, 백성을 사랑하고서 모든 생물까지 아껴 준다."(필자가 약간 의역함)[08]

우리는 모든 사람과 사물들까지 사랑하는 것을 삶의 목표로 해야 할 것이다. 그러나 그 실천에 있어서는 완급이 있으며 순서가

08 "君子之於物也 愛之而不仁, 於民也 仁之而不親. 親親而仁民, 仁民而愛物." 『孟子』, 「盡心」上편.

있다. 맹자는 여기서 "가족사랑(親親) → 이웃사랑(仁民) → 사물사랑(愛物)"의 순서를 제시하고 있다.[09] 원칙적으로 말하자면, 자기 가족도 사랑하지 못하면서 남들을 사랑한다는 것은 우리의 도덕적 이성에 어긋난다. 이렇게 보자면 양주가 말하는 '자기사랑'은 출발점이 되고, 묵자가 말하는 '보편적 사랑'은 우리가 실천해 나가야 할 목표가 되는 셈이다. 사랑의 실천에는 순서가 있다는 원리를 제시함으로써 맹자는 문제를 해결하고자 한다. 맹자의 이러한 입장을 '방법적 차별애'라고 부르기도 한다.

3) 사람은 누구나 보편적인 도덕 판단능력을 가지고 있다

인간사회는 복잡다단하고 사람마다 성격이 다른 것처럼 보인다. 그러나 맹자는 인간에게 누구나 '보편적인 도덕 판단능력'이 있다고 한다. 가령 우임금이나, 후직, 안회가 각각 다른 시대를 달리 살았지만, 그들의 입장을 서로 바꾸어 놓더라도 서로 똑같이 행동했을 것이라고 맹자는 말한다.

> "우왕과 후직은 평화로운 세상을 만나 일에 바빠서 세 번이나 자기 집 문 앞을 지나면서도 집에 들어가지 못했는데, 공자는 그들을 현자로 여겼다. 안회는 난세를 당하여 누항에 거주하며 한 그릇의 밥과 한 표주박의 물로 만족하였으며, 남들은

09 후대의 유학자들은 형제 등 혈기로 모인 관계를 '동기(同氣)', 인간이라는 유적 관계를 '동류(同類)', 금수초목 등 모든 생물을 '동생(同生)'이라고 불렀다.

그 상황을 견디기 힘들어했지만 안회는 그것을 즐김을 고치지 않았으니 공자는 그를 현명하다고 여겼다. 이에 대하여 맹자가 말했다. 우왕과 후직, 그리고 안회는 그들의 도道가 하나이다. … 우왕, 후직, 안회는 서로 입장을 바꾸어 놓더라도 똑같이 그렇게 했을 것이다."[10]

말하자면 인간의 도덕 판단에는 보편성이 있다고 본 것이다. 앞서 공자는 내 마음을 헤아려 남을 배려할 수 있는 원리로 '충서忠恕'를 말하였는데, 맹자의 위의 주장은 이러한 전통을 이은 것이라 할 수 있다. 우리는 서로 보편적인 판단능력을 가지고 있으며, 이로써 미루어 남을 배려하고 나아가 보편적인 도덕 판단에 이를 수 있다.

특히 맹자는 같은 '범주(類)'에 있어서는 본성이 서로 같다[11]고 보기 때문에 똑같이 사람의 범주(人類)에 속한다면 서로 입장을 바꾸어 놓아도 판단이 일치할 것으로 본다. 여기서 우리가 흔히 사용하는 '입장 바꿔 생각한다(易地思之)'라는 말이 나왔다.

10 "禹 稷當平世, 三過其門而不入, 孔子賢之. 顔子當難世, 居於陋巷, 一簞食, 一瓢飮, 人不堪其憂, 顔子不改其樂, 孔子賢之. 孟子曰, 禹 稷 顔回同道. … 禹 稷 顔子易地則皆然."「離婁」下편.

11 "故凡同類者 擧相似也."『孟子』,「告子」上편.

3. 인간의 본질: 성선설

1) 성선설을 주장하는 배경과 목적

유가는 근본적으로 현실을 중시하며, 인간의지를 중시한다. 율곡 선생의 『자경문』은 이렇게 시작한다. "먼저 그 뜻을 크게 가져서 성인을 본보기로 삼는다. 조금이라도 성인에 미치지 못하면 나의 일은 끝난 것이 아니다."[12] 인생을 긍정하고, 아무리 어려운 환경에서도 의지와 희망을 가지고 살아 보라고 유가는 외친다. 그래서 맹자가 제일 싫어하는 말이 '자포자기'이다.

> "스스로 해치는 자와는 함께 말할 수 없으며, 스스로 버리는 자와는 함께 일할 수 없다. 말하는 것이 모두 예의禮義에서 벗어나는 경우 '스스로 해친다(自暴)'고 하며, '나는 인의仁義를 따를 능력이 없다고 하는 경우 '스스로 버린다(自棄)'고 한다."[13]

오늘날 일상어로 자주 쓰이는 '자포자기'라는 말이 여기서 나왔다. '자포'는 스스로 예의를 어기는 것이고, '자기'는 의지가 약해서 도덕적인 삶을 스스로 포기하는 것이다. 맹자는 이와 반대로 '사람은 누구나 요순과 같은 성인이 될 수 있다'고 주장한다. 그래서 그 가능

12 "先須大其志, 以聖人爲準則. 一毫不及聖人,則吾事未了."

13 "自暴者, 不可與有言也, 自棄者, 不可與有爲也. 言非禮義, 謂之自暴也, 吾身不能居仁由義, 謂之自棄也."「離婁」上편.

근거로서 '인간의 본성에 도덕의 가능성이 선천적으로 있다'는 것을 증거하고자 노력했던 것이다.

2) 모든 사람들의 심성에는 공통점이 있다

그런데 '성선설'을 주장하려면, 먼저 논리적으로 "인간의 본성을 일의적으로 규정할 수 있는가?" 하는 문제에 답해야 한다. 왜냐면 사람마다 심성의 선악이 다르다고 주장하는 자들이 있기 때문이다. 여기서 맹자는 "동류자(同類者: 같은 류에 속하는 것)들은 반드시 공통성이 있다"라고 말한다. 즉 동일한 범주에 속하는 존재들은 반드시 보편적인 성질을 공유한다는 논리를 제기한다.

"무릇 같은 류(同類)의 것들은 모두가 서로 비슷한데, 오직 '사람'의 경우에 있어서만 의심할 수 있겠는가? 성인은 나와 동류다. 옛날 용자龍子가 말하기를 "발의 크기를 모르고 짚신을 삼아도 그것이 삼태기처럼 크지 않을 것을 나는 안다"라고 했다. 짚신의 크기가 비슷한 것은 천하 사람들의 발이 같기 때문이다. 사람들 입이 좋아하는 맛에 있어서도 공통점이 있으니, 역아易牙라는 요리사는 우리들 입맛이 좋아하는 것을 미리 알아낸 사람이다. 만약 입맛의 성품이 사람마다 달라서, 마치 짐승과 사람의 류가 다른 것만큼 차이가 난다면, 모든 사람들의 입맛이 어찌 역아를 따라 좋아하겠는가? 맛에 있어서는 천하 사람들이 모두 역아의 요리에 기대하니, 이것은 온

> 천하 사람들의 입맛이 서로 비슷하기 때문에 그런 것이다. … 그러므로 사람마다 입은 맛에 있어서 동일한 기호嗜好를 가졌고, 귀는 음악에 있어서 공통으로 좋아하는 청각을 가졌고, 눈는 미색에 있어서 동일한 아름다움이 있다. 우리 마음의 경우에 있어서만 유독 공통점이 없겠는가? 모든 사람의 마음에 공통된 것은 무엇인가? 바로 이理와 의義이다. 성인은 앞서 우리 마음의 동일한 것을 터득했을 뿐이다. 그러므로 이와 의가 내 마음을 기쁘게 하는 것은 마치 고기 요리가 내 입을 즐겁게 하는 것과 같다."[14]

맹자는 예를 들면서 우리 마음에 공통성이 있음을 증명하고자 한다. 맛에 있어서 누구나 유명한 요리사의 음식을 좋아하듯이, 동일한 유類에는 반드시 서로 비슷한 공통점(相似)이 있다. 인간의 마음이 공통적으로 좋아하는 것은 무엇인가? 그것은 이치(理)에 맞는 것과 도덕적 마땅함(義)이다. 이를 통해서 맹자는 우리 인간성에 있어서 공통점이 있음을 역설한 것이다. 달리 말해 인간은 누구나 '이성적인 존재'이며 '도덕 의식'을 보편적으로 가지고 있다는 것이다.

14 "故凡同類者, 擧相似也. 何獨至於人而疑之? 聖人與我同類者. 故龍子曰: 不知足而爲屨, 我知其不爲蕢也. 屨之相似, 天下之足同也. 口之於味, 有同嗜也. 易牙先得我口之所嗜者也. 如使口之於味也, 其性與人殊, 若犬馬之與我不同類也, 則天下何嗜皆從易牙之於味也? 至於味, 天下期於易牙, 是天下之口相似也. … 故曰: 口之於味也, 有同嗜焉. 耳之於聲也, 有同聽焉. 目之於色也, 有同美焉. 至於心獨無所同然乎? 心之所同然者, 何也? 謂理也, 義也. 聖人先得我心之所同然耳. 故理義之悅我心, 猶芻豢之悅我口."「告子」上편.

3) 인간의 두 가지 측면

이제 구체적으로 인간에 대해 고찰해 보자면, 인간에게는 두 가지 측면이 있다.

> "공도자가 맹자에게 물었다: 다 같은 사람인데 어떤 사람은 대인大人이 되고 어떤 사람은 소인小人이 되니 그 까닭은 무엇입니까?
> 맹자가 답했다: 자기의 대체(大體: 마음)를 따르면 대인이 되고 소체(小體: 이목 등의 감각)를 따르면 소인이 된다.
> 공도자가 물었다: 다 같은 사람이건만 어떤 사람은 대체를 따르고 어떤 사람은 소체를 따르니 그 까닭은 무엇입니까?
> 맹자가 답했다: 눈과 귀의 감각기관은 생각함이 없이 외물에 잘 가리워지기 때문에 외물과 서로 접촉하면 거기에 이끌릴 따름이다. 그런데 마음(心)의 기관은 생각함이 있으니, 생각하면 합당함을 얻고 생각하지 않으면 그러지 못한다. 이것은 우리가 태어날 때부터 하늘이 우리에게 부여해 준 것이니, 먼저 그 큰 것(大者: 대체)을 확립해 놓으면 작은 것(小者: 소체)이 빼앗지 못한다. 이렇게 하면 곧 대인이 된다."[15]

15 "公都子問曰: 鈞是人也, 或爲大人, 或爲小人, 何也? 孟子曰: 從其大體爲大人, 從其小體爲小人. 曰: 鈞是人也, 或從其大體, 或從其小體, 何也? 曰: 耳目之官, 不思而蔽於物, 物交物則引之而已矣. 心之官則思, 思則得之, 不思則不得也. 此天之所與我者, 先立乎其大者, 則其小者不能奪也. 此爲大人而已矣."「告子」上편.

위의 내용을 요약해 보자면 사람에게는 다음과 같은 두 가지 측면이 있다.

① 이목지관(耳目之官, 小體): 감각적, 관능적, 육체적 측면

② 심지관(心之官, 大體): 이성적, 도덕적, 정신적 측면

그러면 위에서 말한 소체, 대체 중에서 어느 것이 인간의 본성, 인간의 본질인가? 인간의 본성(性: 본질, 특질)은 무엇인가? 이에 관하여 맹자와 제일 많은 토론을 벌인 고자告子는 인간의 자연적 성품을 우선하기 때문에 ①의 관점에서 "생물적 성질들이 인간 본성이다(生之爲性)", "식욕과 성욕이 인간 본성이다(食色 性也)"라고 주장한다. 이에 대하여 맹자는 고자처럼 "식욕과 성욕이 인간 본성"이라고 본다면 "그렇다면 개의 본성이 소의 본성과 같고, 소의 본성이 사람의 본성과 같단 말인가?"[16] 하고 반문한다.

논리학의 '개념론'에는 우리가 어떤 개념을 정의(define)할 때, 외연이 너무 커도 안 되고 너무 작아도 안 된다는 원칙이 있다. 가령 '대학생'이라는 명사를 정의하면서 '경희대 학생이다'라고 한다면 너무 좁게 정의한 것이다. 또 '대학생'을 '학생이다'라고 정의한다면 너무 넓게 정의한 것이다.

만일 고자처럼 '식색食色이 인간의 본성이다'라고 규정한다면, 그런 성질은 개나 소나 사람이나 같이 공유하기 때문에 '개, 소, 사람

16 "然則 犬之性猶牛之性, 牛之性猶人之性歟?", 「告子」 上편.

의 본성이 같다'는 잘못된 귀결이 나온다는 것이다. 이것이 맹자의 반론인데, 맹자는 결국 '인간만이 갖는 인간의 특질'을 인성人性으로 본 것이다. 따라서 인간의 본성으로서 맹자는 ②의 측면을 우선하게 된다.

4) 성선의 직관적인 증거: 사단설四端說

맹자는 우리 본성이 선함을 직관적으로 확인할 수 있다고 본다. 그러한 예를 든 것이 유명한 사단설이다.

> "사람은 누구나 남의 고통을 보고 참지 못하는 마음(不忍人之心)이 있다. … 가령 지금 우물에 빠지려는 아기를 본다면, 누구나 다 깜짝 놀라고 측은한 마음이 들어서 구해 줄 것이다. 그것은 속으로 아기의 부모와 어떤 교제를 맺기 위한 때문도 아니요, 마을 친구들의 칭찬을 들으려는 때문도 아니요, 그냥 두면 사람들의 비난하는 소리를 듣는 것이 싫은 때문도 아니다. 이 예에서 살펴보건대, 측은지심이 없으면 사람이 아니요, 수오지심이 없어도 사람이 아니고, 사양지심이 없어도 사람이 아니고, 시비지심이 없어도 사람이 아니다. 측은지심은 인仁의 실마리요, 수오지심은 의義의 실마리요, 사양지심은 예禮의 실마리요, 시비지심은 지智의 실마리이다. 사람에게 이 사단(四端: 네 가지 실마리)이 있는 것은 마치 몸에 사지가 있는 것과 같다. … 무릇 나에게 있는 이러한 사단을 확충할 줄 안다

> 면, 마치 불길이 타오르기 시작하고 샘물이 솟아 나오기 시작하는 것과 같아서, 만일 더욱 확충한다면 족히 온 세상을 도울 수 있으려니와, 진실로 확충할 수 없다면 제 부모조차 섬길 수 없을 것이다."[17]

앞 부분에 나오는 '불인인지심不忍人之心'이라는 용어는 우리가 생활에서 비근하게 사용하지만 그 의미를 정확히 해석하기는 쉽지 않다. 좀 의역하자면 그것은 "남의 고통이나 어려움을 보고 (돕지 않고) 그냥 참고 넘어가지 못하는 마음", 곧 동정심을 뜻한다. 맹자는 남에 대한 동정심은 우리 마음에 선천적으로 그 실마리가 있어서 그것을 확충하면 인의예지의 덕목이 될 수 있다고 본다. 그런데 맹자가 위에서 말한 사단설에서 다음 두 가지에 주목할 필요가 있다.

① 우물에 빠지려는 아이를 구해 줄 때 우리는 아무런 목적 없이 즉 '무조건적으로', 자발적으로 측은지심이 생겨서 돕게 된다는 점이다. 그것을 강조하기 위해서 맹자는 '아기의 부모와 교제를 위해서도 아니요, 친구들의 칭찬을 듣기 위한 목적도 아니요, 남의 비난하는 소리를 듣는 것이 싫어서도 아니다'고 자세히 설명하고 있다. 즉 도덕적인 직관은 아무런 조건이나 목적 없이 자발적으로 생긴다는 것

17 "人皆有不忍人之心. … 今人乍見孺子將入於井, 皆有怵惕惻隱之心. 非所以內交於孺子之父母也, 非所以要譽於鄉黨朋友也, 非惡其聲而然也. 由是觀之, 無惻隱之心, 非人也. 無羞惡之心, 非人也. 無辭讓之心, 非人也. 無是非之心, 非人也. 惻隱之心, 仁之端也. 羞惡之心, 義之端也. 辭讓之心, 禮之端也. 是非之心, 智之端也. 人之有是四端, 猶其有四體也. … 凡有四端於我者, 知皆擴而充之矣. 若火之始然, 泉之始達. 苟能充之, 足以保四海; 苟不充之, 不足以事父母." 『孟子』, 「公孫丑」 上편.

이다.[18]

② 우리 마음에 선천적으로 네 가지 '도덕적 실마리'가 존재하지만, 인의예지 자체가 주어진 것은 아니다. 따라서 그 실마리를 잘 가꾸어 확충하면 성인聖人이 될 수 있고 천하를 도울 수 있지만, 만일 그것을 자각하지 못하고 확충하지 못한다면 제 부모 섬기는 기본 윤리를 실천하기에도 부족할 것이다. 우리 심성에는 도덕의 선한 싹이 가능성으로 존재하는 것이지 심성 그대로 선은 아니라는 것이다.

4. 정치경제 사상

1) 도덕정치

맹자가 살았던 전국시대의 제후들은 대부분 부국강병을 통한 패권쟁탈을 추구하고 있었다. 그러나 맹자는 힘에 의한 패도정치를 반대하고, 요순 이래의 현군들이 실시한 왕도정치, 즉 도덕정치를 주장했다.

"무력으로 어진 정치를 가장하는 것이 패도이니, 패자는 반드시 큰 나라를 차지하려 한다. 도덕으로 어진 정치를 실시하는

18 이 부분은 칸트의 '정언명법(定言命法: Der kategorische Imperativ)'을 연상시킨다. 우리의 대부분의 행위는 조건적이며 어떤 목적을 가지고 있다. 그러나 도덕적 명제는 조건 없는 서술문으로, 즉 정언명법으로 표현되어야 한다. 즉 도덕은 단순한 의무감에서 나오는 것이며, 조건이나 목적을 염두에 두어서는 안 된다.

것이 왕도이니, 왕도는 굳이 큰 영토를 요구하지 않는다. 탕임금은 사방 칠십 리로서 왕도정치를 했고 문왕은 사방 백 리로서 왕도정치를 했다. 무력에 의한 복종은 마음의 복종이 아니며, 단지 힘이 부족하였을 뿐이다. 덕에 의한 복종은 속마음에서 우러나오는 진정한 복종이니. 마치 70명의 제자들이 공자에게 복종한 것과 같다."[19]

맹자는 패도정치를 왕도정치와 대비시킨다. 왕도는 요순 이래의 현군들에 의한 도덕정치를 가리킨다. 참된 정치는 이와 같이 백성들이 자발적으로 복종하는 정치이다. 그것은 왕이 마치 부모처럼 백성들을 품어 보호해 주는 보민保民 정치이다. 이러한 정치를 맹자는 '인정仁政'이라 부른다. 앞서 도덕의 기초를 맹자는 불인지심不忍之心이라고 보았는데, 마찬가지로 정치에 있어서도 '불인인지정不忍人之政'을 실시해야 한다고 본다. 그것은 백성들의 어려움을 보고 참아 그냥 넘기지 못하는 애민愛民 정치이다. 만일 이와 같은 마음으로 정치를 한다면 천하 다스리는 것은 마치 손바닥 위에서 굴리듯이 쉬운 일이다.[20]

2) 민본주의와 방벌放伐 사상

주나라는 역성혁명을 통해서 성립한 정권으로 그들은 정치적

19 "以力假仁者覇, 覇必有大國, 以德行仁者王, 王不待大. 湯以七十里, 文王以百里. 以力服人者, 非心服也, 力不贍也, 以德服人者, 中心悅而誠服也, 如七十子之服孔子也."「公孫丑」上편.

20 "人皆有不忍人之心. 先王有不忍人之心, 斯有不忍人之政矣. 以不忍人之心, 行不忍人之政, 治天下可運於掌上."「公孫丑」上편.

천명 사상을 통해서 새로운 권력의 등장을 합리화했다. 즉 하늘은 포악한 권력자에게 벌을 주고 유덕한 사람에게 천명을 주어 "하늘을 대신하여 다스리도록" 한다는 것이다. 그런데 이러한 역성혁명은 사회적으로 중요한 두 가지 결과를 수반했다. 그 하나는 '수덕修德' 사상의 강화이다. 하늘이 준 천명은 영원하지 않으며, 새로운 권력이 도덕성을 잃어버리면 언제나 그 천명이 떠날 수 있기 때문에 군주를 비롯한 권력자들은 부단히 덕을 닦는 것이 필요하다. 이런 맥락에서 유가 사상에 '수신修身' 개념이 중요한 위치를 갖게 되었다. 그런데 위정자가 포악한 사람인지 유덕한 사람인지는 무엇으로 알 수 있는가? 그것은 민심에 의해서 결정된다. "하늘은 우리 백성을 통해 보고, 우리 백성을 통해 듣기" 때문이다.[21] 여기서 역성혁명이 가져온 두 번째 결과가 나온다. 민심이 천심이며, 하늘은 민심을 통해서 권력의 유덕 여부를 결정한다는 것이다.

맹자는 역사에 매우 해박하였고, 역사가 주는 의미를 깊이 통찰한 사상가였다. 민본民本 관념과 관련해서 맹자의 표현을 보자.

> "하나라의 걸왕, 은나라의 주왕이 천하를 잃은 것은 그 백성(民)을 잃은 것이니, 백성을 잃는다는 것은 민심을 잃은 것을 말한다."[22]

> "백성이 가장 귀하고, 국가(사직)가 다음이며, 군주는 오히려

21 "天視自我民視, 天聽自我民聽."『孟子』,「滕文公」上편;『書經』,「大誓」편.
22 "桀紂之失天下也 失其民也. 失其民者 失其心也."「離婁」上편.

가볍다."[23]

결국 나라를 구성하는 요소 가운데 백성(民)이 가장 주요하며, 권력을 유지하려면 반드시 민심을 얻어야 한다. 간단히 말하자면 "민심이 천심"이다.

맹자의 관점에서 역성혁명을 달리 표현하면 '포악한 군주를 백성들이 몰아낸 것'으로 이것이 '방벌放伐' 사상이다. 맹자는 말한다.

> ① "제선왕이 맹자에게 물었다: 은나라 탕임금이 걸桀을 내쫓고 주나라 무왕이 주紂를 정벌했다 하는데 실제로 그런 일이 있었습니까?
> 맹자가 대답했다: 기록에 남아 있습니다.
> 선왕이 다시 물었다: 신하가 그 군주를 시해하는 것이 가능합니까?
> 맹자가 대답했다: 인仁을 해치는 자를 적賊이라 하고, 의義를 해치는 자를 잔殘이라고 합니다. 이렇게 포악하고 잔인한 사람은 일개 '필부'에 불과합니다. 일개 필부 주紂를 죽였다는 말은 들었어도 그 임금을 시해했다는 말은 듣지 못했습니다."[24]

> ② "임금에게 큰 잘못이 있으면 간언하고, 반복해도 듣지 않

23 "民爲貴, 社稷次之, 君爲輕." 「盡心」 下편.

24 "齊宣王問曰, 湯放桀, 武王伐紂, 有諸? 孟子對曰, 於傳有之. 曰, 臣弑其君, 可乎? 曰, 賊仁者謂之'賊', 賊義者謂之'殘'. 殘賊之人謂之'一夫'. 聞誅一夫紂矣, 未聞弑君也." 「梁惠王」 下편.

으면 그 자리의 사람을 바꿉니다."[25]

①에서 맹자는 곤경에 처한 입장을 교묘하게 벗어나고 있다. 왕 앞에서 '신하가 군주를 시해해도 된다'고 말할 수는 없을 것이다. 그래서 포악한 군주는 이미 군주의 자격을 잃어 일개 필부에 불과하며 그런 사람은 죽일 수 있다, 즉 정벌할 수 있다고 말하고 있다.

②에서 맹자는 동성同姓의 신하(卿)라면 반복해서 간언해도 듣지 않는 군주를 바꿀 수 있다고 말한다. 맹자는 역성혁명을 시인하고 왕을 추방하거나 죽이는 방벌放伐도 가능하다고 본 것이다. 앞에서 맹자는 "백성이 가장 귀하고, 사직이 다음이며, 군주는 오히려 가볍다"라고 말하였으니 실로 놀라운 주장이 아닐 수 없다.

3) 경제 사상

맹자가 제시한 도덕정치, 곧 왕도정치는 경제적 기초 위에 성립한다. "왕은 백성들로 하여금 기본 생활과 장례와 제사 등에 부족함이 없게 해 주어야 한다. 이것이 왕도정치의 시작이다."[26] 그래서 맹자는 "훌륭한 군주라면 백성들의 생업을 만들어 주어서, 위로는 부모 섬기기에 넉넉하고 아래로는 처자를 먹여 살리기에 충분하여, 풍년에는 일생을 배불리 먹고, 흉년에도 굶어 죽는 것을 면하게"[27] 해 주

25 "君有大過則諫, 反覆之而不聽, 則易位." 『孟子』, 「萬章」 下편.
26 "使民養生喪死無憾也. 養生喪死無憾, 王道之始也." 「梁惠王」 上편.
27 "明君制民之產, 必使仰足以事父母, 俯足以畜妻子, 樂歲終身飽, 凶年免於死亡." 「梁惠王」 上편.

어야 한다고 말한다.

> "일반 백성들의 경우에는 항산(恒産: 안정된 생계 수단)이 없으면 항심(恒心: 한결같은 본심)도 없다. 항심이 없으면 방탕, 편벽, 사악, 사치 등 못할 것이 없게 된다. 그들이 죄에 빠진 연후에 형벌로 다스린다면 백성을 그물을 쳐서 잡는 것과 같다."[28]

무엇보다 일반 백성들의 기본적인 의식주 생활이 가능해야 한다. 특히 도덕정치, 즉 왕도를 실현하려면 경제안정이 반드시 전제가 되어야 한다고 맹자는 주장한다.

그런데 백성들의 경제가 안정되려면 빈부격차가 심해서는 안 된다. 농경을 주로 하여 살아온 중국에서는 고대부터 근대까지 '토지'의 소유 형태가 문제가 되었다. 그래서 고대부터 정전井田, 한전限田, 균전均田 등 '평균주의' 이념이 항상 거론되었고 맹자는 정전제로서 이 문제를 해결할 수 있다고 보았다.

> "교외에서는 9분의 1의 세제로 하여 노동력을 바치게 하고(助法), 성 안에서는 소득의 10분의 1의 세제로 하여 각자가 직접 바치게 한다. … 사방 각 1리의 토지를 1개 정전으로 삼으면 1개 정전은 900무가 된다. 그 한복판 100무는 공전公田으로 하고, 그 주위는 8가구가 각각 100무씩 소유하며, 공전은 8가구

28 "若民, 則無恒産, 因無恒心. 苟無恒心, 放辟邪侈, 無不爲已. 及陷於罪, 然後從而刑之, 是罔民也."「梁惠王」上편.

가 공동으로 경작한다. 공전의 일을 마친 뒤에야 사전의 일을 할 수 있게 하여 군자와 야인을 구별한다."[29]

5. 호연지기浩然之氣

송대의 학자들이나 조선시대의 선비들은 바람직한 지식인의 조건으로서 두 가지를 들었다. 그것은 안으로 덕성을 함양하고, 밖으로 격물치지를 통하여 사물의 이치를 깨닫는 것이다. 그런데 이러한 지식인상은 맹자의 사상에 뿌리를 두고 있다.

공자는 사람이 마흔쯤 되어 갖게 되는 확고한 가치관을 '불혹不惑'이라고 말했다.[30] 이를 바탕으로 맹자는 마흔에 흔들림 없는 마음, 부동심不動心을 갖게 되었다고 말한다. 그런데 그 내용에 관한 토론이 길게 이어진다. 여기서 맹자는 부동심의 경지에 가기 위한 조건으로서 ① 지언知言과 ② 호연지기浩然之氣 두 가지를 말한다. '지언'은 사람들의 '말에서 시비선악을 분별'할 수 있는 능력으로서 송학의 격물치지에 해당한다. 호연지기는 의롭게 꾸준히 살아갈 때 마음속에서 우러나오는 기운으로서 송학의 덕성 함양에 가까운 개념이다. 요컨대 사회를 이끌어 갈 지식인은 안으로 덕성을 함양해야 하고, 밖으로 사물에 대한 판단력을 길러야 한다. 심성에 도덕적 바탕이 확립되지 않

29 "野九一而助, 國中什一使自賦. … 方里而井, 井九百畝, 其中爲公田. 八家皆私百畝, 同養公田. 公事畢, 然後敢治私事. 所以別野人也." 「滕文公」 上편.

30 "子曰: 吾十有五而志于學, 三十而立, 四十而不惑, 五十而知天命, 六十而耳順, 七十而從心所欲, 不逾矩." 『論語』, 「爲政」편.

거나 세상 사물에 대한 판단력이 부족하면, 대장부로서 당당하게 살 수 없고 사람들을 바른 길로 이끌어 갈 수도 없다. '호연지기'에 관하여 제자가 질문했을 때 맹자는 이렇게 말한다.

> "제자가 물었다: 감히 여쭈어 보겠습니다. 호연지기란 무엇입니까?
> 맹자가 답했다: 말로 표현하기 어렵다. 호연지기는 지극히 크고 굳세어서 곧게 기르고 해치지 않으면 온 천지에 가득 찰 것이다. 그 기는 의義나 도道와 짝해야 길러지니, 이들이 없으면 그 기는 시들어 버린다. 호연지기는 의로운 행위를 축적(集義)하여 저절로 생기는 것이며, 어쩌다 의로운 일을 했다고 갑자기 얻을 수 있는 것이 아니다. 어떤 행동에 있어서 마음에 흡족지 못한 점이 있으면 그 기는 시든다. 그래서 나는 '고자가 일찍이 의를 알지 못했다'고 했는데, 그가 의를 외적인 것으로 여겼기 때문이다. 평소에 반드시 의로운 일에 힘쓰되 중단하지도 말고, 망각하거나 조장하지도 말아야 한다. 가령 어떤 송나라 사람(宋人)처럼 해서는 안 된다. 송나라의 어떤 사람이 곡식의 모가 빨리 자라지 않는다고 걱정하여 모들을 뽑아 올려 주었다. 그는 경황 없이 집에 돌아와 가족에게 '오늘 모가 빨리 자라도록 도와주고 왔더니 매우 피곤하다'고 말했다. 이에 그 아들이 달려가 보니 모는 벌써 말라 죽어 있었다. 천하에 모가 빨리 자라도록 조장하지 않는 사람은 드물다. (기를 기르는 것을) 무익하다고 여겨 내버려 둔 사람은 모판의 잡초

> 를 제거하지 않는 자와 같다. 또 그것을 억지로 조장하는 사람은 모를 뽑아 올려 준 자와 같으니 무익할 뿐더러 해롭기까지 하다."[31]

맹자는 대장부로서 당당하게 살아갈 것을 주장했다. 오랫동안 의로운 생활을 하다 보면 마음 깊은 곳에서 저절로 뿌듯한 호연지기가 생기며, 그렇게 되면 두려워할 것이 없어 '부동심'의 경지에 이르게 된다. 그런데 의로운 것은 나의 도덕 주체 안에 뿌리가 있는 것이지 고자告子가 주장하는 것처럼 사회적 관계 속에서 발생하는 것이 아니다. 호연지기는 의식적으로 일부러 기를 수 있는 것이 아니다. 그것은 내가 일삼아서 의로운 삶을 지속할 때 저절로 우러나오는 것이며, 서둘러 예기하거나 기필해서도 안 되고, 잊어도 안 되고, 조장해서는 더욱 안 된다. 맹자에 있어서 호연지기를 기르는 것은 천인합일의 경지에 들어서는 길이기도 하며, 후대에 '선비정신'의 핵심이 된다.

31 "敢問何謂浩然之氣? 曰, 難言也. 其爲氣也, 至大至剛, 以直養而無害, 則塞於天地之間. 其爲氣也, 配義與道, 無是, 餒也. 是集義所生者, 非義襲而取之也. 行有不慊於心, 則餒矣. 我故曰, 告子未嘗知義, 以其外之也. 必有事焉, 而勿正, 心勿忘, 勿助長也. 無若宋人然, 宋人有閔其苗之不長而揠之者, 芒芒然歸, 謂其人曰, '今日病矣! 予助苗長矣!' 其子趨而 往視之, 苗則槁矣. 天下之不助苗長者寡矣. 以爲無益而舍之者, 不耘苗者也, 助之長者 揠苗者也, 非徒無益, 而又害之." 「公孫丑」, 上편.

참고 자료

호연지기: 선비 정신의 뿌리

3.1절이 되면 유관순과 함께 일제강점기의 저항 시인 윤동주가 떠오른다.

죽는 날까지 하늘을 우러러
한 점 부끄럼이 없기를
잎새에 이는 바람에도
나는 괴로워했다.

잘 알려진 윤동주의 '서시'의 앞 부분이다. 필자가 생각할 때, 우리나라 사람들이 일반적으로 이 시구를 좋아하는 이유의 하나는 그것이 우리의 정신사에서 중요한 '선비 정신'과 맞닿아 있기 때문이다.

그런데 바람직한 지식인상으로서 '선비 정신'의 이론적 토대는 맹자가 말한 '호연지기'에 주요 근거가 있다.

사람은 나이가 들어 성인이 되면 자기 가치관을 확립해야 한다. 그런데 흔들리지 않는 가치관을 확립하기 위한 조건으로 맹자는 두 가지를 들었다. 우선 하나는 외적으로 판단력을 길러 다른 사람들의 주장에 대한 시비를 가릴 줄 아는 것이다. 다른 한 가지는 내적으로 꾸준한 도덕적 실천을 통한 자부심과 기개를 가져야 한다. 이때에 저절로 마음 깊숙한 곳으로부터 우러나오는 것이 이른바 '호연지기', 탁 트여 외물에 구애되지 않는 당당한 삶의 자세이다.

그런데 여기서 중요한 것은 위선과 서두름이 없어야 한다는 점이다. 만일에 밭에 파종한 것이 빨리 자라도록 일부러 손으로 싹을 뽑아 준다면 그것이 자라는 것을 도와주는 것이 아니라 그 싹이 말라 죽도록 만드는 결과가 될 것이다. 알묘조장揠苗助長이라는 고사성어가 이러한 맥락에서 나왔다. 따라서 호연지기는 도덕적 실천이 축적되어 저절로 나와야 한다.

후대의 주자학자들은 이러한 맹자의 가르침을 계승하여, 지식인은 마땅히 밖으로 사물의 이치를 궁구하고(窮理) 안으로 도덕 주체를 길러야 한다(涵養)고 내세웠다. 이것이 흔히 언급되는 '선비 정신'의 철학적 배경이다.

위와 같은 우리 전통에서 보자면, 오늘날의 교육은 외적인 지식 추구가 지나치게 팽창해 있는 반면에 내적인 자아 확립의 측면은 너무 빈약하다. 내적인 자기개혁이 수반되지 않는다면 외적인 사회개혁도 사상누각이 될 것이다.

(김수중 교수의 철학산책, 한겨레신문, 2004. 03. 08.)

7장. 명가名家: 이름과 진상

1. 명변名辯 사조의 등장 배경

'명가名家'라는 말이 사용되기 시작한 것은 제자백가를 분류하기 시작한 사마천의 『사기』에서 비롯된다. 이들은 전국시대에는 '변자辯者' 혹은 '형명지가刑名之家' 등으로 일컬어졌다.[01] 춘추전국시대에 언어 사용과 변론에 관한 논란이 등장하게 된 배경으로 나는 다음 세 가지를 들고 싶다.

첫째, 주나라 초기에 세운 사회 시스템이 무너지면서 언어 사용과 사회질서에 혼란이 왔다. 가령 강력한 국력을 가진 제후들은 때로 천자가 사용하는 예禮를 실행하기도 하였는데, 공자는 이런 현상

01 제자백가를 나열하여 평가한 『장자』, 「천하」편에서는 이들을 '변자(辯者)'라 하였고, 『전국책(戰國策)』에서는 '형명지가(刑名之家)'라 칭했다. 여기서 刑은 形과 같으며, 형편이나 실제를 뜻한다.

들을 '천하에 질서가 없다(天下無道)'고 개탄하였다. 그래서 공자는 '이름 바로잡기(正名)'를 주장한 것이다. 이름과 실제는 일치하여야 한다. 여기서 말하는 이름(名)은 처음에는 사회적 '명분'을 주로 가리켰지만, 이후에 이 주제를 전문적으로 다룬 『순자』의 「정명」편에서는 언어 사용 일반을 포괄한다.

둘째, 제자백가의 등장으로 인하여 지식인(士)들은 다른 입장을 가진 논적을 비판하고 자기주장을 적극 옹호하였다. 이러한 분위기 속에서 변론술이 요구되는 것은 당연하다. 가령 묵자의 후예들인 '후기 묵가'에서는 논쟁술에 관하여 체계적인 서술을 시도한다. 『묵자』는 말한다.

> "무릇 논변(辯)이라는 것은 시비의 나뉨을 밝혀, 치란의 질서를 헤아리고, 같고 다름을 밝히고, 이름과 실제의 관계를 살피며, 이해利害에 대처하고 의심을 해결하고자 한다. 그러므로 만물의 현상을 헤아리고, 여러 의견을 비교하고 탐구한다. 개념(名)으로 그 대상(實)을 드러내며, 명제(辭)로서 그 생각(意)을 서술하고, 근거(說)로서 이유(故)를 밝힌다."[02]

후기 묵가는 논쟁하는 방법이나 절차, 잘못된 변론 등을 구체적으로 열거하고 있다. 여러 가지 입장을 가진 사람들이 서로 치열하게 비판과 주장을 제기하면서 논변술이 등장한 것이다.

02 "夫辯者, 將以明是非之分, 審治亂之紀, 明同異之處, 察名實之理, 處利害, 決嫌疑焉. 摹略萬物之然, 論求群言之比. 以名擧實, 以辭抒意, 以說出故." 『墨子』, 「小取」편.

셋째, 위와 같은 사회적 환경에서 일부의 사람들은 언어를 교묘하게 사용하여 상식에 어긋난 명제를 이끌어 내었다. 이들이야말로 좁은 의미의 '명가名家'이며, 이들은 이름이나 언어에 천착하여 사변적 철학을 추구한 전문가들이었다. 이들 중에서 혜시惠施와 공손룡公孫龍이 대표적 사상가들이다. 혜시는 "모든 이름이나 개념은 상대적이며 실체가 없다"라는 입장에서 '합동이론合同異論'을 주장하였고, 반대로 공손룡은 "사물의 속성을 표현하는 개념들은 불변적이며 독립적이다"라는 입장에서 '이견백론離堅白論'을 주장하였다.

2. 혜시惠施의 합동이론合同異論

혜시(B.C.370?~B.C.310?)의 저작은 오늘날 남아 있지 않으며, 단지 단편적 언급들이 『장자』, 『순자』, 『한비자』, 『여씨춘추』 등에서 발견된다. 이러한 기록들에 의하면 그는 위魏나라에서 재상을 지낸 바 있으며, 장자와는 논적이자 벗이었다. 혜시의 주요한 주장은 『장자』, 「천하」편에 '역물십사(歷物十事: 사물에 대한 10개의 명제)'로 전하고 있으니, 다음과 같다.

"① 지극히 큰 것은 밖이 없으니, 이것을 '대일(大一: 무한대)'이라고 한다.
지극히 작은 것은 안이 없으니, 이것을 '소일(小一: 무한소)'이라고 한다.

② 두께가 없는 것은 쌓을 수 없다. 그러나 그 크기는 천 리나 된다.

③ 하늘은 땅과 같이 낮고, 산은 연못과 같이 평평하다.

④ 중천에 떠 있는 해는 동시에 저물고 있는 해이며, 살아 있는 만물은 동시에 죽어 가는 만물이다.

⑤ '대동大同'은 '소동小同'과 다르다. 이것을 '小同異소동이'라 한다. 만물은 (어떤 점에서는) 모두 같고 모두가 다르다. 이것을 '大同異대동이'라 한다.

⑥ 남쪽은 끝이 없으면서도 끝이 있다.

⑦ 오늘 월越나라에 갔다가 어제 온다.

⑧ 이어진 고리(連環)는 풀 수 있다.

⑨ 나는 천하의 중앙이 연燕의 북쪽, 월越의 남쪽임을 안다.

⑩ 널리 만물을 사랑하라. 천지는 한 몸이다."[03]

①은 하나의 형식적 추론이다. '가장 큰 것(至大)'은 그 개념을 분석해 볼 때 밖이 없을 것이다. 또 '가장 작은 것(至小)'은 그 개념 자체로 보아 안이 없을 것이다. 현실에 있어서 구체적인 사물의 대소大小는 모두 상대적이다. 그러나 위와 같이 정의된 '지대', '지소'는 절대적이며, 이 두 가지는 각각 '무한대', '무한소'를 의미한다. '무한'의 개념을 설정하고 그것을 통해 현실 사물들을 보면 그들의 차이는 의미

03 "至大無外, 謂之大一; 至小無內, 謂之小一. 無厚, 不可積也, 其大千里. 天與地卑, 山與澤平. 日方中方睨, 物方生方死. 大同而與小同異, 此之謂'小同異'; 萬物畢同畢異, 此之謂'大同異'. 南方無窮而有窮. 今日適越而昔來. 連環可解也. 我知天之中央, 燕之北, 越之南是也. 泛愛萬物, 天地一體也." 『莊子』, 「天下」편. 번역에서 ①, ② 등의 부호는 필자가 임의로 붙인 것임.

가 없어진다. 따라서 대전제에 해당하는 ①은 혜시가 앞으로 전개하고자 하는 합동이론에 있어서 가장 중요한 명제이다.

②는 당시에 '무후지변無厚之辯'이라 불린 것으로 중국 고대 문헌에 자주 언급되어 있다.[04] 기하학의 면面과 같은 것을 상정해 보자. 면은 두께에 있어서는 '지소'이면서 넓이에 있어서는 '지대'이다. 어떤 사물이 '지소'이면서 동시에 '지대'라면 이는 언뜻 우리를 당황하게 만든다. 그 두 개념은 서로 모순이기 때문이다.

③, ④는 시간·공간의 상대성을 말한 것이다. 일반적으로 산은 높고 연못은 깊다고 하지만, 천지 우주의 입장에서, 혹은 지대와 지소의 절대적 관점에서 보자면 그 높고 낮음은 0에 가까워 의미가 없어진다. 또 해가 뜨고 지는 것이나, 사물이 생성하고 소멸하는 상대적 변화는 절대적인 시간의 관점에서 보자면 그 구별이 무의미해진다.

⑤는 '동이지변同異之辯'이라 불린 것으로, 이것도 당시에 널리 알려진 논변이었으며, 특히 후기 묵가는 이것을 치밀하게 분석하였다. 혜시는 여기서 '동이同異'를 상대적인 차원과 절대적인 차원, 두 가지로 나누어 보고 있다. 가령 사람과 동물의 '같은 점(大同)'은 사람과 식물의 '같은 점(小同)'보다 많다. 이런 것을 상대적인 동이라 하여 '소동이小同異'라 부른다. 일상생활에서 말하는 같음과 다름은 모두 여기에 속한다. 그런데 장자에 다음과 같은 명제가 나온다. "그 차이점에서 보자면 (한 몸 안에 있는) 간과 쓸개도 초나라와 월나라만큼 떨어져 있고, 그 같은 점에서 보자면 만물은 모두 하나이다."[05] 사물은 개별성

04 『荀子』, 「修身」편, 『韓非子』, 「問辯」편, 『呂氏春秋』, 「君守」편, 『鄧析子』, 「無厚」편 등.
05 "自其異者視之, 肝膽楚越也; 自其同者視之, 萬物皆一也." 『莊子』, 「德充符」편.

과 보편성의 두 측면을 갖고 있다. 여기서 개별성의 측면에서만 고찰하면 '만물은 모두가 다르다(畢異)'. 그러나 보편성의 측면에서만 고찰하면 '만물은 모두 같다(畢同)'. 이러한 '필동·필이'를 혜시는 '대동이大同異'라 하였다. ①과 ⑤는 혜시가 합동이론을 주장하는 근간이 된다.

⑥은 원래 남쪽은 하나의 방위로 보면 끝이 없다고 해야 한다. 그런데 어떤 점에서 끝이 있다고 하는가? 두 가지 설명이 있다. 하나는, 중국의 지리에서 볼 때, 남쪽은 바다와 접하고 있으므로 남쪽은 현실적으로 '끝이 있다'고 풀이하는 방법이다. 다른 하나는, 남쪽이 비록 끝이 없다고 하지만 '무한'의 관점에서 보자면 그것도 '유한'하다고 해야 한다는 것이다.

⑦은 시간 개념의 상대성을 재미있게 구성한 것이다. '오늘'도 하루가 지나면 '어제'가 된다. '내일'도 이틀이 지나면 '어제'가 된다. 요컨대 '어제', '오늘', '내일'은 절대적인 개념이 아니며 서로가 상대적이다.

⑧은 해석이 다양하다. 간단히 보자면, 두 개의 고리가 맞물려 있을 때, 전체로 말하자면 '연결'되어 있지만, 각 고리의 입장에서 보자면 '묶여 있지 않다'고 할 수도 있다. 연결된 고리 사이에 틈이 있기 때문이다.

⑨는 방위나 공간 개념의 상대성을 재미있게 구성한 것이다. 방위는 그것을 헤아리는 사람을 중심으로 정해지기 때문에 언제나 상대적이다. 가령 서울에서 말하자면 대전은 남방인데 부산에서 말하자면 대전은 북방이다.

⑩은 혜시의 결론에 해당한다. "두루 사랑하라, 세상은 하나이

다.” 이 결론은 묵자가 주장한 ‘비공非攻’, ‘겸애兼愛’를 연상케 한다. 또 이러한 결론은 장자莊子의 사상과 공통된다. 장자는 깨달은 사람의 입장, 곧 도의 관점에서 인간사회에서 집착하는 시비귀천이나 차별성을 해체해 버린다. 그러한 결론을 도출하기 위해서는 모든 언어의 상대성과 한계를 드러내어 차이를 넘어서는(合同異) 혜시의 사변이 바탕이 되었을 것이다.

3. 공손룡公孫龍의 이견백론離堅白論

기록에 의하면 공손룡(B.C.310~B.C.250?)은 조趙나라 사람으로 그는 평원군平原君의 후대를 받으며 정치적 자문을 담당했다고 한다.06 저서로는 『공손룡자公孫龍子』 6편이 전해 오는데 그중 「적부跡府」편은 후대의 위작으로 여겨진다. 기타 백마론白馬論, 지물론持物論, 통변론通變論, 견백론堅白論, 명실론名實論 등에 그의 주장이 전해져 오지만, 일부 내용은 지금도 해석이 분분하다. 그가 다룬 주제는 주로 명名과 실實의 성격 및 그 둘의 관계에 관한 것이 대부분이다. 즉 공손룡의 관심은 개념론 혹은 의미론적 문제들이었으며 특히 백마론과 견백론으로 유명했다.

06 공손룡의 생애에 관해서 구체적인 자료는 없다. 단편적으로 그에 관하여 언급한 기록들은 다음과 같다. 『莊子』, 「秋水」, 「天下」편, 『呂氏春秋』, 「聽言」, 「審應」, 「應言」, 「淫辭」편, 『史記』, 「平原君列傳」, 「孟子荀卿列傳」, 『淮南子』, 「齊俗訓」, 「道應訓」, 「詮言訓」편.

1) 백마론과 견백론

공손룡은 예부터 '백마비마(白馬非馬: 흰말은 말이 아니다)'를 주장한 사람으로 널리 알려져 있다. 그 주장을 논증하는 것이 백마론이다.

> "문: '백마비마'라고 할 수 있는가?
>
> 답: 가능하다.
>
> 문: 어째서인가?
>
> 답: 말(馬)은 모양을 가리키고, 희다(白)는 것은 색을 가리킨다. 색을 가리키는 것은 모양을 가리키는 것이 아니다. 그러므로 '흰말'은 '말'이 아니다고 말한다."[07]

일상적으로 우리는 '흰말은 말이다'고 얘기한다. 이것은 엄밀히 말하자면 '흰말은 말에 속한다'는 뜻이다. 그러나 여기서 공손룡이 주장하고자 하는 것은 '흰말≠말', 즉 '흰말'과 '말'은 같지 않다는 것이다. '흰말'은 색과 모양을 나타내는데 '말'은 모양만 나타낼 뿐이다. 그의 주장을 논리학 용어로 표현하자면 '흰말'과 '말'은 내포가 다르기 때문에 '흰말≠말'이며 '흰말은 말이 아니다'고 할 수 있다는 것이다.

> "'말'을 구하면 노랑말 검은말이 모두 해당된다. 그러나 '흰말'을 구하면 노랑말 검은말은 해당되지 않는다. … 이것으로

07 "白馬非馬, 可乎? 曰: 可. 曰: 何哉? 曰: 馬者, 所以命形也; 白者, 所以命色也. 命色者非名形也. 故曰: 白馬非馬."『公孫龍子』, 白馬論.

'흰말은 말이 아니다'는 것이 분명하다."08

물론 '백마비마'에 반대하는 사람도 위와 같은 외연의 차이를 인정할 것이다. 문제는 반대자가 '흰말은 말이다'라는 명제를 일반적 화법에 따라 사용하는 데 반하여, 공손룡은 이 명제를 두 개의 개념 사이의 차이를 나타내는 명제로 이해하는 데 있다. 여기서 그가 주장하고자 하는 바는 '흰말'과 '말'은 논리적 외연이 다르기 때문에 '흰말≠말'이며 '흰말은 말이 아니다'고 주장하는 것이다.

"문: 말에 색이 있다고 해서 '말이 아니다'고 한다면, 천하에 색이 없는 말은 없으니 '천하에 말이 없다'고 할 수 있는가? 답: 말에는 본래 색이 있다. 그러므로 흰말이 있다. 말에 색이 없게 하면 '말 그 자체'가 있을 뿐이다. 어찌 '흰말'을 취하겠는가? 그러므로 '흼'은 '말'이 아니다(두 가지는 독립적이다). '흰말'이란 '흼'과 '말'이니 그것은 '말'과 다르지 않은가? 그러므로 '흰말'은 '말'이 아니다. … '흼'은 고정되지 않는 흼이니 (구체적인 대상은) 무시해도 된다. 그러나 '흰말'이라고 할 때의 '흼'은 고정된 흼이니. 고정된 흼은 (일반적인) 흼과는 다르다."09

08 "求馬, 黃,黑馬皆可致; 求白馬, 黃,黑馬不可致. … 是白馬之非馬, 審矣." 『公孫龍子』, 白馬論.

09 "曰: 以馬之有色為非馬, 天下非有無色之馬. 天下無馬可乎? 曰: 馬固有色, 故有白馬. 使馬無色, 有馬如已耳, 安取白馬? 故白者非馬也. 白馬者, 馬與白也. 馬與白, 馬也? 故曰白馬非馬也. … 白者不定所白, 忘之而可也. 白馬者, 言白定所白也. 定所白者, 非白也." 『公孫龍子』, 白馬論.

여기서 보자면 공손룡이 무엇을 주장하는지 좀 더 분명히 알 수 있다. 인용의 뒷부분에서 그는 '고정되지 않은 흰색(不定所白)'과 구체적으로 나타난 '고정된 흰색(定所白)'을 애써 구별하고 있다. 그에 앞서 전반부에서도 '말 그 자체(馬如已)가 있을 뿐이다'는 표현을 쓰고 있다. 구체적으로 존재하는 말들은 모두 색이 있다. 그러나 우리는 색과 분리하여 '말' 일반의 개념을 설정할 수 있다. 이런 맥락에서 공손룡은 '말 일반', '고정되지 않은 흰색' 등 개념이나 속성 그 자체에 주안점을 두고 있음을 알 수 있다. 좀 더 자세히 말하자면, 공손룡은 우리가 사용하는 '개념이나 속성들은 독립적이며 불변적'이라고 주장하고 싶은 것이다. 이것은 그의 이견백론에서 더욱 분명히 드러난다.

지금 여기에 굳고(堅) 흰색(白)인 돌(石)이 있다고 해 보자.

"문: 堅·白·石은 셋이라 할 수 있는가?

답: 할 수 없다.

문: 둘이라 할 수 있는가?

답: 할 수 있다.

문: 왜 그런가?

답: 堅 없이 白만 취한다면 (白과 石이 합하여) 둘이 되고, 白 없이 堅만 취한다면 (堅과 石이 합하여) 둘이 된다. … 눈으로 보아서는 그것이 굳은지 알 수 없고 희다는 것만 알 수 있으니 굳음이 없고, 손으로 만져서는 흰색은 알 수 없고 굳다는 것만 알 수 있으니 흰색인지 알 수 없다."[10]

이 문답에서 굳음의 속성과 흰색의 속성이 각각 분리되어 있음을 주장하는 근거로 공손룡은 우리의 인식 경험을 제시하고 있다. 굳고 하얀 돌이 있다고 가정했을 때, 우리는 그 세 가지의 속성을 동시에 경험할 수는 없다. 눈으로 보아서는 색깔과 돌의 형태만 알 수 있고, 만지는 촉감으로는 굳은 접촉감과 돌이라는 형태만 알 수 있다. 여기서 굳음(堅)과 흼(白)의 속성이 병존한다는 보장을 할 수 없기 때문에 '견, 백의 두 가지 속성은 분리되어 있다(離堅白)'는 결론을 내린다.

그러나 '堅'과 '白'이 인식되는 범주가 다르다고 해서 그 존재가 반드시 분리되어 있다고 할 수는 없지 않은가? 마땅히 제기될 수 있는 이러한 물음에 공손룡은 이렇게 대답한다.

> "문: 눈이 堅을 알 수 없고 손이 白을 알 수 없다고 해서 堅이 없다든가 白이 없다고 말할 수 없다. (눈으로 보는 것과 손으로 만지는 것은) 서로 기능이 다르며, 서로 그것을 대신할 수 없다. 堅과 白은 石 속에 있는 것이다. 어찌 분리되어 있다고 하는가?
> 답: 堅은 꼭 石에서만 堅이 되는 것은 아니며 여러 사물에 겸하여 있다. 또 반드시 사물과 결합해서만 堅이 되는 것은 아니며 堅은 (그 자체로) 반드시 堅이다. 石이나 다른 사물 없이도 堅이기 때문에 이러한 堅은 천하에 없으며 堅은 감추어져 있다. 白이 원래 스스로 白이 될 수 없다면 어찌 石이나 다른 사물

10 "堅·白·石, 三, 可乎? 曰, 不可. 曰, 二, 可乎? 曰, 可. 曰, 何哉? 曰, 無堅得白, 其擧也二. 無白得堅, 其擧也二. … 視不得其所堅而得其所白者, 無堅也. 拊不得其所白而得其所堅, 得其堅也, 無白也." 『公孫龍子』, 堅白論.

> 을 희게(白) 할 수 있겠는가? 白이 필연적으로 白이라면 그것이 사물을 희게 하지 않고서도 白일 것이다. … 그러므로 분리(離)된다는 것이니, 분리라는 것은 이와 같은 이유이다."[11]

즉, 공손룡에 의하면 굳음(堅), 흼(白) 등의 속성은 돌(石) 같은 사물에 의존적인 것이 아니라 오히려 독립적이다. 그것은 이 세상에는 오히려 감추어져 있다. 공손룡에 의하면 사물의 속성들은 서로 분리되고 독립된 성격을 가지고 있다.

이상에서 볼 때, '백마론'에서 공손룡이 강조한 것이 이름(名)의 독립성이라면, '견백론'에서 그가 주장하는 것은 모든 속성의 분리·독립이다.

2) 지물론指物論과 통변론通變論

변자들의 글들은 상식을 벗어난 논의들이 많으며, 특히 공손룡의 경우가 그렇다. 앞서 다룬 백마론과 견백론은 잘 정리되어 있지는 않지만 그 기본 취지의 해석에서는 이견이 별로 없었다. 그러나 이번에 다루는 두 편의 경우는 더욱 난해해서 아직도 해석이 구구한 편이다.

대체로 지물론은 지시 행위와 그 대상의 관계를 다룬 것이고,

11 "目不能堅, 手不能白, 不可謂無堅, 不可謂無白. 其異任也, 其無以代也, 堅白域於石, 惡乎離? 堅未與石爲堅而物兼. 未與爲堅而堅必堅. 其不堅石物而堅, 天下未有若堅而堅藏. 白固不能自白, 惡能白石物乎? 若白者必白, 則不白物而白焉. … 故離也, 離也者因是."『公孫龍子』, 堅白論.

통변론은 개념들 사이의 내적인 관계를 다룬 것으로 보인다. 먼저 지물론의 전반부를 살펴보자.

"① 사물은 指(지) 아닌 것이 없다. 그러나 指는 指가 아니다.
② 세상에 指가 없으면 사물을 부를 것이 없게 된다.
③ 指가 아니면 세상의 사물이 지시될 수 있겠는가?
④ 指라는 것은 세상에 없는 것이고, 사물은 세상에 있는 것이다. 세상에 있는 것을 가지고 세상에 없는 것으로 여긴다면 되겠는가? …
⑤ 세상에 指가 없다는 사실은 사물이 각기 가지고 있는 이름이 指가 되지 못하기 때문에 생긴다."[12]

필자는 여기서 '指(지)'를 해석하지 않고 원문 그대로 두었다. 그것은 이 글자를 해석하는 데 다양한 입장들이 있기 때문이다. 그 사전적 해석은 ⓐ 손가락, ⓑ 가리키다, 지시하다, ⓒ 요지(旨), 의미 등등의 뜻을 가지고 있다.

지물론의 해석에 들어가기 전에 먼저 앞서 나온 '이견백離堅白'의 한 주장을 검토해 보자. 공손룡과 같은 입장을 취하는 변자의 말에 "곱자는 직각이 아니고, 그림쇠는 원을 그리지 못한다"[13]라는 명제가 있다. 목수가 직각을 만들기 위해 사용하는 곱자는 가장 정확한

12 "物莫非指, 而指非指. 天下無指, 物無可以謂物. 非指者天下, 而物可謂指乎? 指也者, 天下之所無也; 物也者, 天下之所有也. 以天下之所有, 為天下之所無, 未可. … 天下無指者, 生于物之各有名, 不為指也."『公孫龍子』, 指物論.

13 "矩不方, 規不可以爲圓."『莊子』,「天下」편.

직각이다. 또 그림쇠(컴퍼스)는 원을 가장 정확히 그려 주는 도구이다. 그런데 앞의 명제를 주장하는 변자는 '현실 속에 존재하는 곱자는 완전한 직각이 될 수 없으며 그림쇠로 그린 구체적인 원은 완벽한 원이 될 수 없다'고 말하고 있다. 또 견백론에서 공손룡은 '굳음', '흼' 등의 속성이 독립적으로 존재하여 이 세상에는 감추어져 있다고 하였다. 이런 맥락에서 살펴보자면 '指'는 이름이나 속성 같은 것이 아닐까? '指'에는 기호나 문자까지 포함되어 이름이나 속성보다는 범위가 더욱 넓을 것이다. 컴퍼스가 원을 그리지만 그것이 완벽한 원이 될 수 없듯이, 우리가 어떤 것을 지시하지만 그것은 지시된 것(대상)과 완벽히 일치하지는 않는다(①). 그런데 속성이나 문자, 이름 등의 수단이 없으면 우리는 대상을 표현할 수가 없다(②, ③). 그 수단이 되는 것들은 '세상에 감추어져 있고' 그 대상이 되는 사물은 세상에 존재한다(④, ⑤). 여기서 발생하는 괴리를 공손룡은 지적하고 있는 듯하다.

> 문: 二에는 一이 들어 있는가?
>
> 답: 二에는 一이 들어 있지 않다.[14]

공손룡의 통변론通變論은 이렇게 시작하며, 그것이 주요한 주제가 된다. '1+1=2'이므로 양적인 측면에서 보자면 2에는 1이 들어 있다. 그러나 '二'라는 개념은 결코 '一'이라는 개념의 합으로 구성되지 않으며, 따라서 두 가지는 독립적이다.

14 曰: 二有一乎?, 曰: 二無一.

이어서 공손룡은 좌우左右의 경우에도 같은 문제를 제기한다. 좌와 우는 둘이다. 一과 一이 二가 된 셈이다. 그러나 '二'에는 좌도 없고 우도 없다. 그러므로 二에는 一이 들어 있지 않은 것과 같은 것이다.

다음으로 개체(특수)와 개념(보편)의 문제가 제기된다. 어떤 것의 오른쪽(右)이라고 할 때 그 구체적인 右는 '右' 그 자체와 같은 것인가(不變) 다른 것(變)인가? "右가 참으로 변했다면 어찌 右라고 말할 수 있는가? 右가 참으로 불변이라면 어찌 변했다고 할 수 있는가?"[15] 통변론의 관심은 다양한 개체들 가운데 어떻게 불변(보편적인)의 개념이 적용될 수 있는가 하는 물음을 환기시키는 데 있다.

4. 기타 변자들의 명제들

『장자』, 「천하」편에는 앞서 다룬 혜시의 10가지 명제 외에 변자들의 주장으로 21개 명제들이 소개되어 있다. 이들의 정확한 작자는 알 수 없으며, 아마도 「천하」편의 저자가 당시 전해져 오던 것들의 일부를 기록해 놓은 것으로 보인다. 명가에는 혜시와 공손룡으로 대표되는 두 가지 입장이 있으므로 이 명제들도 일반적으로 두 가지로 분류된다. 하나는 혜시의 입장으로 '합동이合同異' 주장이고, 다른 하나

15 "曰: 右有與, 可謂變乎? 曰: 可.
曰: 變隻? 曰: 右.
曰: 右苟變, 安可謂右? 苟不變, 安可謂變?" 『公孫龍子』, 通變論.

는 공손룡의 입장으로 '이견백離堅白'의 주장을 바탕에 두고 있다.

가) 합동이 입장의 명제들

① 알에는 털이 있다.[16]

② 영(郢: 초나라의 서울)에는 천하가 있다.[17]

③ 개는 양으로 될 수 있다(부를 수 있다).[18]

④ 말은 알을 가지고 있다.[19]

⑤ 개구리는 꼬리가 있다.[20]

⑥ 산은 입에서 나온다.[21]

⑦ 거북이는 뱀보다 길다.[22]

⑧ 흰 강아지는 검다.[23]

혜시는 '합동이'의 입장에서 시간 공간적 모든 구별이 상대적이라고 보았다. 더 나아가 보자면 일상에서 우리가 사용하는 모든 개념들은 상대적이며 절대적·불변적인 것이 아니다. ①, ⑤는 시간 개념을 무시했을 때 나오는 명제이며, ②, ⑦은 공간 개념의 상대성을 말한 것이다. ③, ⑧은 우리가 부르는 사물의 이름이 절대적이지 않

16 "卵有毛." 이하 모두 『莊子』, 「天下」편.
17 "郢有天下."
18 "犬可以爲羊."
19 "馬有卵."
20 "丁子有尾."
21 "山出口."
22 "龜長於蛇."
23 "白狗黑."

다는 것을 말한다. 가령 어느 지역에서는 개를 양이라고 부를 수도 있고, 흰 것을 검다고 말할 수도 있다. 모든 개념들은 사람들이 약속해서 부르는 것일 뿐, 고정된 실체가 있는 것이 아니다. ④는 확실하지 않다. 말은 태생이지만 태어나기 이전 초기에는 난생과 마찬가지라고 말하는 듯하다. ⑥도 확실하지 않다. 성현영成玄英은 주석에서 "산의 이름은 사람의 입에서 나온다"라고 풀이했다. ③, ⑧과 같은 취지이다.

나) 이견백 입장의 명제들

⑨ 닭의 다리는 셋이다.[24]

⑩ 불은 뜨겁지 않다.[25]

⑪ 수레바퀴는 땅에 닿지 않는다.[26]

⑫ 눈은 보지 못한다.[27]

⑬ 손가락은 (대상에) 닿지 않으며, 닿았다면 떨어지지 않을 것이다.[28]

⑭ 곱자는 직각이 아니고 그림쇠(컴퍼스)는 원을 그리지 못한다.[29]

⑮ (도끼 등의) 자루 구멍은 자루를 감싸지 않는다.[30]

24 "雞三足."
25 "火不熱."
26 "輪不蹍地."
27 "目不見."
28 "指不至, 至不絕."
29 "矩不方, 規不可以爲圓."
30 "鑿不圍枘."

⑯ 날아가는 새의 그림자는 움직이지 않는다.[31]

⑰ 화살은 빨리 날아갈 경우에도 가지도 않고 멈추지도 않을 때가 있다.[32]

⑱ 강아지는 개가 아니다.[33]

⑲ 노랑말과 검정소는 셋이다.[34]

⑳ 외망아지는 어미를 가진 적이 없다.[35]

㉑ 한 자의 막대기를 날마다 그 반씩 취하면 영원히 없어지지 않는다.[36]

공손룡에 의하면 개념은 독립적으로 존재한다. 따라서 닭 다리는 셋이다. '닭에 다리가 있다'고 할 때 개념으로서의 '다리'가 있고 구체적으로 좌우의 다리가 있으므로 합하여 셋이 되는 것이다(⑨). ⑲도 같은 취지이다. 노랑말, 검정소, 그리고 노랑말·검정소(黃馬驪牛) 이렇게 셋이다. ⑱도 마찬가지다. 개념은 독립적이기 때문에 '강아지'는 '개'와 다르다.

우리가 불을 뜨겁다고 하는 것은 우리 감각이 그렇게 느끼기 때문이다. 이렇게 보자면 열은 불 자체의 속성이라고 할 수 없다(⑩). 또 우리는 빛이 없는 밤에는 사물을 보지 못한다. 따라서 눈이 독자적으로 사물을 볼 수 있는 것이 아니다(⑫). 어미 없는 외망아지(孤駒)

31 "飛鳥之影, 未嘗動也."
32 "鏃矢之疾, 而有不行不止之時."
33 "狗非犬."
34 "黃馬驪牛三."
35 "孤駒未嘗有母."
36 "一尺之捶, 日取其半, 萬世不竭."

는 '어미가 없다(⑳).' 개념의 독립성을 환기시키는 명제들이다.

곱자로 직각을 만들지만 그것은 완벽한 직각은 아니며, 컴퍼스로 원을 그리지만 그 원은 완전한 원이 아니다(⑭). 또 아무리 도낏자루를 훌륭하게 끼운다 해도 도끼와 자루 사이에는 최소한의 틈이 있다. 따라서 빈틈없이 완벽하게 둘러싸지는 못한다(⑮).

⑬은 해석이 분분하다. 이와 관련하여 변자들과 취향을 같이 했던 『세설신어世說新語』에 다음과 같은 이야기가 전해 온다. 어떤 사람이 털이개 자루를 탁자에 붙여 세우면서 물었다. "닿았는가(붙었는가)?" 손님이 대답했다. "닿았다(소리가 났으니까)." 주인이 다시 털이개 자루를 들면서 말했다. "만일 닿았다면 어찌 떨어질 수 있겠는가?" 손님이 탄복했다.

⑪, ⑯, ⑰, ㉑ 등은 운동과 무한 분열을 취급하고 있다. 가령 ⑪을 살펴보자. 지금 굴러가는 수레바퀴가 있다고 할 때, 바퀴의 일부분이 땅에 닿게 되는데 그 닿는 부분은 매 순간 변한다. 그래서 "지나온 길(접점)은 가 버렸고 앞 길은 아직 오지 않았다."[37] 수레바퀴가 연속적으로 움직인다면, 어느 순간에 수레바퀴는 어느 접점에서 다음 접점으로 '움직이고 있다.' 따라서 매 순간 수레바퀴는 지상에 일정한 접점을 가지고 있지 않다.

⑯은 ⑪과 입장을 바꾸어서 추론한 것이다. 즉 ⑪이 위치를 무시하고 운동을 중심으로 분석한 추론인 데 반해 ⑯은 운동을 무시하고 위치를 중심으로 분석한 추론이다. ⑰은 ⑪과 ⑯의 추론을 종합하

37 "夫車之運動 輪轉不停. 前迹已過 後途未至." 성현영(成玄英)의 주석.

여 나온 것이다.

상식과 어긋나는 이런 명제들이 가능한 것은 운동을 무한히 분할하는 데서 발생한다. ⑰은 운동체를 매 순간 단절적으로 보아 분석한 것이다. 무한 분열을 다룬 ㉑은 ⑯과 더불어 희랍의 '제논Zenon의 역설'과 매우 흡사하다.[38]

38 이 장은 필자의 논문 「명가와 묵가의 변론에 나타난 논리사상」(『철학사상의 제문제Ⅳ』, 한국정신문화연구원, 1986)에서 발췌한 것이다.

8장. 노자老子: 대지에 선 농부의 철학

1. 도가 사상의 연원과 노자

1) 노장 사상의 지리적 배경

중국문화는 기본적으로 유가와 도가의 상호 보완적 관계 속에서 발전해 왔다. 두 가지는 서로 반대되는 듯하면서도 서로 보완하는 역할을 해 왔던 것이다. 말하자면 두 개의 가닥으로 새끼줄을 꼬아 나아가는 것처럼, 중국문화사에 있어서 유가와 도가는 대립되는 듯하면서 상보적이었다는 것이다.[01] 그러나 두 가지가 '상보적 통일'을 이룬 것은 진한시대 이후이고, 원래 발생지로 살펴본다면 두 가지는

01 진관타오(金觀濤) 저, 『중국문화의 시스템론적 해석』, 김수중 외 옮김, 천지, 1994, 179~181쪽.

전혀 달랐다. 유가 사상이 황하를 중심으로 한 북방문화에서 나왔다면, 노장의 도가 사상은 양자강을 중심으로 한 남방문화를 배경으로 발생했던 것이다.

중국의 영토는 광활하여 한반도의 44배가 넘는다. 특히 남북의 기후 차이가 크기 때문에 삶의 방식이 상당히 다르다. 대체로 황하 유역이나 서북 지방은 한랭 건조하고 밭농사 중심이다. 반대로 양자강 유역이나 동남 지방은 고온 다습하여 논농사 중심이며, 농업 생산력이 북방보다 훨씬 높다. 생산력이 열악한 북방에서는 인간의 노력과 주체적 의지를 강조하는 유가 사상이 발생하였고, 남방의 사람들은 그에 비하여 좀 더 느긋하게 자연을 존중하는 도가 사상을 발전시켰다. 공자와 맹자는 북방의 노나라와 추나라에서 태어났고, 사마천에 따르면 노자와 장자는 남방의 초나라 지역에서 나왔다.

흥미로운 점은 한漢나라 시대부터 지식인들은 이런 지리적 차이를 파악하고 있었다는 점이다. 『한서』, 「지리지地理志」는 말한다.

"(남방의) 초나라는 양자강과 한수(漢水)를 비롯하여 강과 연못 그리고 산림이 풍요했다. 양자강 이남은 땅이 광활하여 화전으로 잡초를 제거하고 물을 대어 농사를 지었으며 백성들은 물고기와 쌀밥을 먹으며 어업, 사냥, 벌목으로 생업을 삼았다. 과일이나 조개 등 먹거리가 언제나 풍족하였지만 사람들은 나약하고 성품이 게을러서 인생을 즐기지만 재물을 축적할 줄 몰랐다. 음식은 넉넉하고 추위나 굶주림을 걱정하지 않았으나 큰 부자도 없었다. 무속과 귀신을 신봉하고 음사(淫祀:

잡신을 모시는 제사)를 중시하였다."[02]

초나라 사람들이 생활했던 양자강이나 한수漢水 지역의 평원은 큰 강의 여러 지류들이 있어 물이 풍부하고 따뜻하여 농사짓기에 아주 좋은 곳이었다. 그곳은 진한 이전부터 수도작의 벼농사 기술이 발달되어 있었다. 상고시대에 황하 유역의 문화가 조(粟)와 같은 밭농사와 긴밀히 연관되어 있었다면, 초나라를 대표로 하는 남방문화는 벼농사와 불가분의 관련이 있었다. 벼농사는 사람들에게 더욱 충실한 먹거리를 제공하여 사람들은 경제적 여유 속에서 세련된 문화를 창조할 수 있었다. 초나라의 문학이나 철학이 '활발, 서정, 낭만, 허무'의 풍모가 있었다면, 북방의 문학이나 철학은 '근엄, 장중'의 특성이 있었다.[03] 『노자』에는 물(水)에 대한 언급이나 칭송이 매우 많다. 북방이 일반적으로 매우 건조한 반면, 강수江水의 초나라 지역은 물의 고장(水鄕)이었다. 역사에서는 "남방에서는 배로 다니고, 북방에서는 말로 다닌다(南船北馬)"라는 말을 자주 사용한다. 지금도 남방은 쌀이 주식이고, 북방은 밀이 주식이다.

북방의 고대 문학을 집성한 것이 『시경詩經』이라면, 남방의 고전 문학을 대표하는 것이 『초사楚辭』라 할 수 있다. 『초사』는 굴원屈原과 그 후학들이 지은 것인데, 거기에는 초나라 사람들의 정서가 잘 드러나 있다. 그런데 『초사』에는 이미 『노자』나 『장자』와 유사한 문구나

02 "楚有江漢川澤山林之饒, 江南地廣, 或火耕水耨. 民食魚稻, 以漁獵山伐爲業, 果蓏蠃蛤, 食物常足. 故啙窳媮生, 而亡積聚. 飮食還給, 不憂凍餓, 亦亡千金之家. 信巫鬼, 重淫祀." 『漢書』, 「地理志」.

03 張智彦, 『老子與中國文化』, 貴州人民出版社, 1996, 133面.

상통하는 주제들이 적지 않게 발견된다.[04]

2) 노자老子라는 인물

우리는 '노자老子'가 책 이름이면서 동시에 그 책을 지은 사람이라고 일반적으로 알고 있다. 그런데 이 부분은 확인된 것이 없다. '노자'의 생애에 관하여 유일하게 기록이 남아 있는 것이 『사기史記』의 「노자한비열전老子韓非列傳」이다. 거기에서 사마천은 이렇게 말하고 있다.

"① 노자는 초나라 고현 여향 곡인리 사람이다.

② 성은 이李씨이고 이름은 이耳, 자는 담聃이며 주나라 수장실(도서관)의 관리였다.

③ 공자가 주나라로 찾아가서 (노자에게) 예禮에 대하여 물으니 (노자가 이렇게 대답했다): 그대가 말하는 사람들은 그 뼈와 함께 이미 썩어 없어졌고 단지 그 말만 남아 있을 뿐이요.

④ 공자가 돌아와 제자들에게 말하였다: 달리는 짐승은 그물로 잡을 수 있고, 헤엄치는 물고기는 낚시로 잡으며, 나는 새는 화살로 잡을 수 있다. 그런데 용龍에 대해서는 어찌할 바를 알 수 없으니 그놈이 바람과 구름을 타고 하늘로 오르기 때문

04 가령 『초사』, 「원유(遠遊)」편에는 이런 구절이 있다. "道可受兮而不可傳 其小無內兮 而大無垠.(도는 받아들일 수는 있지만 전달할 수 없다. 그것이 작기로는 속이 없으며, 그것의 크기로는 한계가 없다)" 그런데 『장자』, 「대종사(大宗師)」편에 비슷한 구절이 있다. "夫道…, 可傳而不可受, 可得而不可見.(도는 마음으로 전달할 수는 있지만 말로 주고받을 수는 없다. 얻을 수는 있지만 볼 수는 없다)".

이다. 내가 오늘 노자를 만나 보니 마치 용과 같았다."[05] (번호는 필자가 임의로 붙인 것임)

②에서 사마천은 노자의 성과 이름이 이이李耳라고 말하고 있다. 그런데 『장자』를 비롯한 다른 기록들에서는 노자를 노담老聃이라고 기록하고 있다.[06] 사마천은 또 공자와 동시대 사람으로 '노래자老萊子'를 거론하고, 다시 공자 사후 100여 년 이후 사람으로 '태사담太史儋'이라는 인물도 언급한다. 사마천 스스로 세 사람 중 누가 '노자'인지 알 수 없다고 하였으니, 사마천 당시에 이미 '노자'는 전설의 일부가 되어 있었던 듯하다. 특히 ④에서 보면 사마천은 공자에 비하여 노자를 극히 존숭하는 입장을 가지고 있는데, 그래서 공자가 노자에게 예에 대하여 물어 배웠다 하고, 노자를 공자보다 선배로 여긴 것으로 보인다. 사실 제자백가 중에 생애가 가장 불확실한 사람이 노자이다.

그런데 『노자』라는 책은 한 사람의 저작이 아니다.[07] 아마도 처음의 소박한 기록에 후학들이 내용을 덧붙여 나갔을 것이다. 적어도 현존하는 『노자』의 일부 장절은 명가학파의 사변을 거친 뒤에 기록된 것으로 보인다.

05 "老子者, 楚苦縣厲鄉曲仁里人也, 姓李氏, 名耳, 字聃, 周守藏室之史也. 孔子適周, 將問禮於老子. 老子曰: 子所言者, 其人與骨皆已朽矣, 獨其言在耳… 孔子去, 謂弟子曰: … 走者可以爲罔, 游者可以爲綸, 飛者可以爲矰. 至於龍吾不能知, 其乘風雲而上天. 吾今日見老子, 其猶龍邪!", 『史記』, 「老莊申韓列傳」.

06 현대의 勞思光은 많은 자료를 바탕으로 "노자의 성은 老이고 이름은 聃이다"라고 결론 내리고 있다. "李와 老는 고음(古音)이 같기 때문이다." 勞思光 저, 『중국철학사(고대편)』, 정인재 옮김, 탐구당, 1986, 207쪽.

07 이 장의 부록으로 첨부된 '『노자』 판본과 현대의 발굴 성과' 참조.

2. 노자의 근본 사상

『노자』는 5,000자 정도의 짧은 저작이며, 주로 운문체로 되어 있어서 누구나 흥미를 느끼지만 전체를 일관되게 해석하는 것은 쉽지 않다. 이 문건은 세계적으로도 널리 알려져 있어서 영어 번역만도 250종 이상이라고 한다. 그러나 한 사람의 저작이 아니고 역사적으로도 상당한 기간을 통하여 완성되었기 때문에, 그 내용을 볼 때 아주 평이한 것부터 극히 형이상학적인 것들까지 스펙트럼이 넓다. 먼저 노자가 추구한 핵심 내용이면서도 평이한 부분부터 살펴보자.

1) 삶의 지혜

『노자』는 아마도 처음에는 초나라 혹은 남쪽의 어느 지역에서 속담처럼 전해 오던 말들을 누군가 기록했을 것이다. 그 내용은 소박하게 '삶의 지혜' 혹은 삶의 역설을 주로 말한 것 같다. 우리 삶은 항상 변화무상하다. 로또에 당첨된 사람은 끝이 좋지 않은 경우가 더 많고 크게 성공한 사람들은 오히려 젊어서 모험하고 고생한 사람들이다. 우리의 삶은 역설적이고 모순적이다. "화는 복에 기대어 있으며, 복은 화에 엎드려 있으니, 누가 그 끝을 알겠는가?"[08] 그러므로 지혜로운 사람은 우쭐대지 않으며 돌다리도 두드려 보고 건넌다. 살면서 수많은 경험을 한 노인老人이 사람들에게 지혜로운 삶의 방식을 충고하

08 "禍, 福之所倚. 福, 禍之所伏. 孰知其極." 『老子』, 58장.

는 이야기,[09] 이것이 애초의 『노자』가 아니었을까. 『장자』, 「천하」편은 노자 사상을 다음과 같이 요약한다.

> "남성적인(雄) 웅대함을 알면서도 여성적인(雌) 겸손을 지키면, 천하의 계곡처럼 모든 것을 포용할 수 있다. 명백하게 드러낼 줄 알면서도 치욕을 참으며, 천하의 계곡처럼 모두 포용한다. 남들은 모두 선두를 다투지만 나 자신은 홀로 뒤에 처하면서 '천하의 모욕도 받아들인다.' 남들은 모두 실속을 추구하지만 나 자신은 홀로 텅 빔을 추구한다. 그러나 저장하지 않지만 오히려 남음이 있고, 초연하므로 풍족하다. 느긋한 처신으로 심신을 소모하지 않으며, 인위적인 것을 피하고(無爲) 온갖 기교를 우습게 본다. 남들은 모두 애써 복락을 추구하지만 나 자신은 홀로 굽힘으로써 온전하기를 추구하며, '재앙을 면하기만 하면 그만이다'라고 생각한다. 심원함을 근본으로 삼고 검약을 준칙으로 삼으며, '단단하면 깨지고 예리하면 꺾인다'고 생각한다. 항상 만물을 관용寬容으로 대하고 남을 해치지 않으니, 지극한 경지라 하겠다."[10]

위의 인용문은 짧지만 노자의 사상을 잘 요약하고 있다. 어쩌

09 도가 계통의 책 『회남자』에 '새옹지마(塞翁之馬)' 이야기가 실려 있다. 이 고사는 노자의 사상과 『주역』 '음양'의 사상을 매우 잘 표현하고 있다.

10 "老聃曰: 知其雄, 守其雌, 爲天下谿. 知其白, 守其辱, 爲天下谷. 人皆取先, 己獨取後, 曰, 受天下之垢. 人皆取實, 己獨取虛. 無藏也, 故有餘, 巋然而有餘. 其行身也, 徐而不費, 無爲也而笑巧. 人皆求福, 己獨曲全, 曰, 苟免於咎. 以深爲根, 以約爲紀. 曰, 堅則毁矣, 銳則挫矣. 常寬容於物, 不削於人, 可謂至極." 『莊子』, 「天下」편.

면 초기의 『노자』는 난세에 처하여 살아가는 사람들의 삶의 지혜와 노인의 입을 통해서 우리 삶의 변화무상함과 역설적인 지혜 등을 속담처럼 말했을 것이다.

(1) 무위자연無爲自然

광활한 대지에 선 농부는 자연의 이치에 따라야 한다는 것을 오랜 경험을 통해서 터득한다. 물을 좋아하는 작물이 있고 건조한 땅을 좋아하는 작물이 있으며, 심지어는 모래밭이나 거친 땅에서 더 잘 자라는 식물들도 있다. 벼의 성품이 있고 밀의 성품이 있으니 각각의 특성을 따라야 한다. 그리고 모든 것은 시기가 있으니 그것을 어기면 안 된다. 그러나 사람들은 개인적 욕심과 집착 때문에 오히려 실패하곤 한다. 그래서 노자는 인위적으로 하지 말라(無爲)고 충고한다.

> ① "억지로 하면 실패하고, 집착하면 잃어버린다. 그래서 성인은 억지로 하지 않기 때문에 실패가 없고, 집착하지 않기 때문에 잃어버리지 않는다."[11]

> ② "덕이 높은 사람은 덕이 있는 체하지 않기 때문에 참으로 덕이 있고, 덕이 낮은 사람은 덕을 잃으려 하지 않기 때문에 덕이 없다. 덕이 높은 사람은 인위적으로 일부러 작위하지 않기(無爲) 때문에 할 일이 없고, 덕이 낮은 사람은 인위적으로

11 "爲者敗之, 執者失之, 是以聖人無爲故無敗, 無執故無失." 『老子』 64장.

하기 때문에 할 일이 많다."[12]

③ "성인聖人의 다스림에서는 백성으로 하여금 그 마음은 비우게 하고 그 배는 채우게(實) 하며, 마음을 부드럽게 하고 신체는 강건하게 하며, 백성들로 하여금 늘 무지無知 무욕無慾하게 한다. 저 지식 있는 사람들로 하여금 감히 나서지 못하게 하고, 간섭하지 않음(無爲)을 주로 하니, 다스려지지 않는 것이 없다."[13]

노자가 말하는 무위無爲는 행위하지 아니함(不爲)을 뜻하지 않으며, 사회적으로 '강요함이 없음', 개인적으로 '집착함이 없음', 그리고 '자연의 이치'를 어기지 아니함 등등을 의미한다. ①에서 보면 '무위無爲=무집無執'임을 알 수 있다. ②에서는 인위적으로 하지 않고 자연스럽게 행위할 때 높은 덕을 실현할 수 있다고 말한다. ③에서는 사회적으로도 실질을 중시하고 욕심이나 강제가 없어야 성인의 정치가 실현될 수 있다고 본다.

⑵ 겸허유약謙虛柔弱

노자는 겸손(謙)과 비움(虛), 부드러움(柔)과 약함(弱)을 덕으로 여긴다. 그래서 그는 물(水), 계곡(谷), 어린애(嬰兒) 등의 비유를 좋아한다.

12 "上德不德, 是以有德. 下德不失德, 是以無德. 上德無爲, 而無以爲, 下德爲之, 而有以爲." 『老子』 38장.

13 "聖人之治, 虛其心, 實其腹, 弱其志, 强其骨, 常使民無知無欲, 使夫知者不敢爲也. 爲無爲, 則無不治." 『老子』 3장.

① "최고의 선善은 물과 같다. 물은 만물을 이롭게 하되 다투지 않고, 모든 사람이 싫어하는 낮은 곳에 거처한다. 그러므로 물은 도道에 가깝다."[14]

② "사람이 살아 있을 때는 부드럽고 유연하지만, 죽으면 딱딱하게 굳어 버린다. 초목도 살아 있을 때는 부드럽고 연하지만 죽으면 말라붙고 굳어 버린다. 그러므로 억세고 굳은 것은 죽음의 부류이고, 부드럽고 연한 것은 삶의 부류로다. 그래서 군대가 강하면 패하고, 나무가 강하면 부러진다."[15]

③ "참으로 아는 사람은 말이 없고 말 많은 사람은 알지 못하는 자이다. 감각의 구멍을 막고, 탐욕의 문을 닫으라. 자신의 예리한 점을 무디게 하고, 마음속에 뒤엉킨 것을 풀어라. 자신의 (빛나는) 장점을 내세우지 말고, 세상 사람들과 어울려 하나가 되라. 이를 일러 현동(玄同: 그윽한 하나됨)이라 한다."[16]

물은 만물을 살려 주는 이로움이 있다. 그러나 항상 남이 싫어하는 '아래'로 나아간다. 그래서 그 행태가 도에 가깝다(①). 세상에 살아 있는 것은 부드럽고, 죽은 것은 굳어 있다. 군대도 오로지 강경하

14 "上善若水. 水善利萬物, 而不爭. 處衆人之所惡, 故幾於道." 『老子』 8장.

15 "人之生也柔弱, 其死也堅强. 草木之生也柔脆, 其死也枯槁, 故堅强者死之徒, 柔弱者生之徒. 是以兵强則不勝, 木强則折." 『老子』 76장.

16 "知者不言, 言者不知. 塞其兌, 閉其門. 挫其銳, 解其分. 和其光, 同其塵, 是謂玄同." 『老子』 56장.

기만 하면 절대 승리할 수 없고, 나무도 휘어지지 않으면 부러지고 만다(②). 감각의 문을 닫고 탐욕을 절제하라. 자기의 예리한 점을 드러내지 말고 자기의 장점을 자랑하지 않으며 소박한 민중들과 하나가 되는 것(和光同塵: 화광동진)이 지혜로운 길이다.

⑶ 소국과민小國寡民

앞서 살펴본 '무위자연', '겸허유약'은 지혜로운 삶의 태도를 가르친 것이다. 그러면 노자가 추구하는 이상적인 사회는 어떤 것인가? 그가 살던 전국시대는 약육강식의 험한 환경으로, 각국의 치자들은 대부분 '부국강병'을 전력 추구하고 있었다. 그러나 노자는 그 반대 방향으로 나아갔다. 부국강병을 추구하는 것은 지배층과 정치가들의 입장을 대변하는 것이고, 그러기 위해서는 엄청난 인민들의 희생이 요구될 뿐이다. 또한, 거대 권력이 탄생한다고 사람들이 행복해지는 것은 아니라고 노자는 보았다. 큰 국가조직이나 거대한 권력은 오히려 우리 삶을 피곤하게 만든다. 그래서 노자는 이상적인 사회를 이렇게 묘사했다.

"① 나라는 작게 하고 백성들의 수는 적게 하라. ② 여러 가지 기물들이 많이 있다 해도 사용하지 않게 하고, ③ 백성으로 하여금 죽음을 중히 여기고, 멀리 옮겨 다니지 않도록 한다. ④ 비록 배와 수레가 있지만 그것을 탈 일이 없고, 무기가 있지만 그것을 쓸 일이 없다. ⑤ 백성들로 하여금 다시 노끈을 매듭지어 쓰게 하고, 그 음식을 달게 여기고, 그 옷을 아름답

> 게 여기며, 그 사는 곳을 편안히 여기고, 그 풍속을 즐거워하게 하라. ⑥ 이웃나라가 서로 바라보이고, 닭 울고 개 짖는 소리가 서로 들릴 정도로 가까워도 백성들은 늙어 죽을 때까지 서로 왕래하지 않는다."[17] (번호는 필자가 임의로 붙인 것임)

그가 추구하는 이상사회는 자연 마을 단위의 자급자족하는 공동체이다(①, ④). 그들은 서로 경쟁하거나 번잡하게 왕래하지 않으며(②, ⑥), 단지 각자 자기의 삶을 음미하며 살아간다. 그래서 많은 지식이나 논변이 필요 없이 고대 결승문자를 사용하던 시절처럼 소박하게 살며, 자기의 음식이나 의복, 풍속에 대하여 만족하며 살아간다(⑤). 노자가 꿈꾼 '소국과민'의 이상사회는 바로 '무위'가 완전히 실현되는 사회이다.

과연 이러한 사회가 가능할까? 이것은 전국시대의 전쟁과 혼란 속에서 개인의 행복과 삶의 의미를 잃어버린 당시 현실에 대한 반동으로 제시된 꿈일 것이다. 그러나 현대를 사는 우리에게도 이러한 측면이 무의미하지는 않을 듯하다. 세계의 최빈국에 속하는 방글라데시와 네팔, 부탄 같은 나라들이 행복지수는 가장 높다는 보도가 우리로 하여금 여러 가지를 반성하게 만들지 않는가.

17 "小國寡民. 使什伯之器而不用, 使民重死而不遠徙. 雖有舟輿 無所乘之, 雖有甲兵 無所陳之. 雖有甲兵, 無所陳之. 使人復結繩而用之. 甘其食,美其服, 安其居, 樂其俗. 隣國相望, 鷄犬之聲相聞, 民至老死, 不相往來."『老子』80장.

3. 비판과 부정의 철학

노장 사상은 권력으로부터 소외된 사람들로부터 나왔으며 따라서 부정적, 비판적, 반항적 입장을 취하는 경우가 많다. 요컨대 유가儒家가 전통의 권위를 존중하고 그것을 계승한 사상이라면, 도가道家는 그것을 부정하고 보다 깊은 반성을 모색한 사상이다. 따라서 『노자』에는 비非, 불不, 무無, 미未 등의 부정사가 빈번히 등장한다. 그리고 『장자』에는 단정적인 서술보다는 회의懷疑하거나 의문을 제기하는 문장이 자주 등장한다. '철학'이 묻고 의심하며 진상을 추구하는 작업이라 한다면, 중국 고전에서는 노장 사상이야말로 가장 철학적이라 하겠다.

1) 권력체제 비판: 반권위주의

앞서 우리는 양주가 전국시대 은자들의 입장을 대변하고 있음을 보았다. 정치권력과 대척적인 입장에 선다는 점에서 은자들과 노자는 상통한다. 그래서 노자는 반권위주의적이며, 정치권력보다는 오히려 소외된 민중의 관점에 동조한다.

> ① "백성들이 굶주리는 것은 그 윗사람들이 세금을 너무 많이 받아먹기 때문이다. 그래서 굶주린다. 백성들이 잘 다스려지지 않는 것은 그 윗사람들의 인위적인 강요가 있기 때문이다. 그래서 다스려지지 않는다."[18]
>
> ② "내(통치자)가 강요하지 않으면(無爲) 백성들은 저절로 순화

되고, 내가 조용함을 좋아하면 인민은 저절로 바르게 된다. 내가 일을 벌이지 않으면 인민은 저절로 부유해지고, 내가 욕심을 없애면 인민은 저절로 질박해진다."[19]

노자는 중앙 권력에 반대한다. ①은 세금을 받아 가고 백성들을 부리는 정치권력 때문에 백성들은 굶주리고 사회 혼란이 온다고 보고 있다. ②는 통치자의 간섭과 지배를 완전히 거부하고 있다. 이런 태도는 양주학파의 불간섭주의 입장을 물려받은 듯하다. 중앙권력의 간섭과 강요를 반대한다는 점에서 그는 무정부주의적 요소를 가지고 있다.

2) 유가의 덕목들에 대한 비판

전국시대에 백가쟁명이 본격화되면서 학파 상호 간에 비판이 거세게 일어났다. 노자는 유가에서 추구하는 덕목들을 지목하여 적극적으로 비판하였다.

① "큰 도가 없어지니 인의仁義가 나왔다. 지혜가 나오자 큰 거짓이 생겼다. 육친이 불화하자 효도와 자애가 나왔다. 국가가 혼란하니 충신이 생겼다."[20]

18 "民之飢 以其上食稅之多 是以飢. 民之難治 以其上之有爲 是以難治." 『老子』 75장.
19 "我無爲而民自化, 我好靜而民自正, 我無事而民自富, 我無欲而民自樸." 『老子』 57장.
20 "大道廢, 有仁義. 慧智出, 有大僞. 六親不和, 有孝慈. 國家昏亂, 有忠臣." 『老子』 18장.

② "(통치자가) 총명과 지식을 버리면 백성의 이익은 백배가 된다. 인仁과 의義를 버리면, 자식은 다시 효도하고 부모는 다시 자애로워진다. (통치자가) 기교와 이익을 버리면, 도적이 없어진다."[21]

①은 반어법을 사용하여 유가의 덕목들을 비난하고 있다. 도가 없어지니 유가의 인의가 나왔고, 유가에서 지혜를 추구하니 사회에 거짓이 나왔으며, 효도와 자애의 주장도 가족이 불화해서 나온 것이라고 한다. ②에서도 유가의 덕목을 강조하는 통치자가 없어져야 오히려 백성들에게 이익이 되고 가족이 화목하게 될 것이라고 주장하고 있다.

3) 사회적 경쟁과 문명에 대한 반정립

요순시대에 불려졌다고 전해 오는 '격양가擊壤歌'는 이렇게 노래한다.

日出而作, 日入而息.	해 뜨면 일어나 일하고, 해 지면 돌아와 쉰다네.
鑿井而飮, 耕田而食.	우물 파서 물 마시고, 밭을 갈아 먹고사니
帝力於我何有哉!	나라님이 나에게 무슨 상관이 있는가?

21 "絕聖棄智 民利百倍, 絕仁棄義 民復孝慈, 絕巧棄利 盜賊無有."『老子』19장.

고대 황금시대에 대한 전설은 대부분의 문명에서 나타난다. 그런데 온화한 기후에 오랜 기간 농경 생활을 지속해 온 중국에서는 특히 이런 전통이 강하게 내려왔다. 춘추전국의 혼란기를 만난 이른바 '은자'들에 이르러 이런 전통이 '상호 불간섭주의' 입장을 형성하였으며, 그들을 대변하는 양주라는 사상가를 우리는 앞 장에서 살펴보았다. 이와 같은 전통을 이어받은 노자는 사회조직 자체에 대한 반대 입장을 제시하기에 이른다.

① "천하에 규제와 금지령이 많아질수록 백성들은 더욱 가난해지고,
민간에 무기가 많아질수록 국가는 더욱 혼란해지고,
사람들의 기술이 정교할수록 신기한 기물들은 넘쳐나고,
법령이 세밀해질수록 도적은 더욱 많아진다."[22]

② "재능 있는 사람을 숭배하지 않으면 백성들의 다툼이 없어지고,
희귀한 보화를 귀중히 여기지 않으면 도둑이 없어지고,
욕심낼 만한 것을 보이지 않으면 백성들의 마음이 혼란되지 않는다.
그래서 성인의 통치는
백성들이 마음을 비우고 배를 채우게 하며,

22 "天下多忌諱而民彌貧. 民多利器, 國家滋昏. 人多伎巧, 奇物滋起. 法令滋彰, 盜賊多有." 『老子』 57장.

백성들이 의지를 약하게 하고 신체를 강건하게 하며,
항상 백성들이 소박(無知)하고 욕심 없는(無欲) 상태에 있도록
한다."[23]

①은 당시 유행하던 부국강병의 풍조를 직접적으로 비난하고 있다. 국가에서 시행하는 법령이나 예리한 병기들은 일반 백성들에게는 불행을 가져올 뿐이다. ②에서는 사회적 경쟁을 일으키는 일체의 것에 반대한다. 소박한 사회, 질박한 인심에 대한 희구는 당시 혼란한 사회에 대한 반동으로 나왔을 것이다.

4. 도道: 진상眞相의 추구

'무위無爲'의 태도로 사는 사람은 주관적 의지에 따라 살기보다는 먼저 세상을 관조한다. 세상은 한순간도 멈춤 없이 변하며, 개별 사물들은 덧없이 생성과 소멸을 반복한다. 그런데 천하 만물의 흐름을 관조하다 보면, 그 변화에서 반복되는 것을 발견할 수 있다. 가령 봄으로 시작하는 절기는 여름, 가을, 겨울을 거쳐 다시 봄이 반드시 온다. 폭풍이 강하게 불어도 언젠가는 처음의 고요를 회복한다.[24] 변화 속에서 반복되는 것을 자세히 관찰해 보면 그곳에서 불변의 패

23 "不尙賢, 使民不爭. 不貴難得之貨, 使民不爲盜. 不見可欲, 使民心不亂. 是以聖人之治, 虛其心, 實其腹, 弱其志, 强其骨, 常使民無知無欲." 『老子』 3장.

24 "회오리바람은 아침나절을 넘기지 못하고, 소낙비는 하루를 넘기지 못한다(飄風不終朝, 驟雨不終日)." 『老子』 23장.

턴이 발견된다. 변화 속에 오히려 불변적인 항상됨(常)이 내재하여 있는 것이다. 무상한 변화 속에 내재하는 불변의 법칙, 그것이 바로 노자가 말하는 '도道'이다. 그래서 노자는 "되돌아오는 것이 도의 움직임이다(反者, 道之動. 40장)"라고 말한다. 노자의 사상에서 '반反', '상常', '도道'의 세 가지는 밀접한 관계가 있으며 핵심 개념이기도 하다. 현상들을 그대로 긍정하지 않고, 침잠하여 깊이 관조하는 사람만이 변화를 넘어서 진상眞相으로서의 도道를 발견하게 되는 것이다.

1) 도道의 근본 성격

도는 모든 것의 근원이며 따라서 한정될 수 없는 것이다. 그러므로 그것은 언어로 나타낼 수 없으며 이런 점에서 그것은 무명無名 혹은 무無로 지칭된다.

> ① "말할 수 있는 도道는 항상된 도가 아니다. 부를 수 있는 이름은 항상된 이름이 아니다. 무명無名은 천지의 시작이요, 유명有名은 만물의 어머니이다. 그러므로 늘 무無에서 (도의) 오묘함을 보고, 늘 유有에서 그 현상을 본다. (무에서 無名 차원의 대도의 미묘함을 보고, 유에서 有名 차원의 현상을 본다.) 이 두 가지는 같은 곳에서 나와서 이름만 다르니, 현묘하구나. 현묘하고 또 현묘하여, 중묘(衆妙: 여러 가지 신묘함)의 문이 된다."[25]

25 "道可道, 非常道, 名可名, 非常名. 無名, 天地之始, 有名, 萬物之母. 故常無, 欲以觀其妙, 常有, 欲以觀其徼. 此兩者, 同出而異名. 同謂之玄. 玄之又玄, 衆妙之門." 『老子』 1장.

② "도는 언제나 (현상 뒤에) 숨으니, 이름이 없다."[26]

③ "도는 이름이나 규정이 없어 마치 통나무와 같다. … 규정이 생기면서 (만물의) 이름이 있게 된다."[27]

현상세계의 만물은 각각 이름이 있고 규정되어 있다. 가령 저것은 털이개이고 그것은 먼지를 터는 도구이다. 그러나 그것은 인간이 붙인 이름이요, 진상眞相은 아닐 것이다. 참된 도는 우리가 말할 수 있는 것이 아니며, 참된 이름은 우리가 부를 수 있는 것이 아니다. 이름 붙이기 이전의 상태(無名), 혹은 무無가 만물의 원래의 진상일 것이다. 우리가 이름 붙이고 규정하면서 현상세계는 출현한다. 그러므로 본체인 무無에서 진상의 미묘하고 심오함을 파악하며, 유有의 현상세계에서 그 흐름을 본다. 본체와 현상, 이 두 가지는 도의 두 측면이니, 생각할수록 신묘하여 모든 형이상학의 시작이 된다.

도道는 자연과 사회를 포함한 모든 것의 근원자이며 만물에 보편적으로 존재한다.

① "여기에 뒤섞인 혼돈이 있으니, 천지보다 먼저 존재하였다. 소리도 없고 형체도 없이, 독립적으로 존재하고 두루 운행하여 영원히 멈춤이 없으니, 천하 만물의 어머니이다. 나는 그 이름을 모르는데, 도道라 부르고, 억지로 이름하여 '위대하

26 "道隱無名." 『老子』 41장.
27 "道常無名, 樸. … 始制有名." 『老子』 32장.

다(大)'고 한다."[28]

② "사람은 땅을 본받고, 땅은 하늘을 본받고, 하늘은 도道를 본받고, 도는 자연을 본받는다."[29]

도는 아직 미분화된 혼돈이며 천지의 근본이다. 그래서 만물의 근원이지만 소리나 형체도 없이 만물에 내재한다. 도는 천지 만물의 근원이며 표준이다. 도는 곧 자연이다.

2) 자연과 도

자연에 있어서의 도는 어떻게 나타나는가? 도와 자연의 관계는 아래와 같이 나타낼 수 있다.

도 혹은 자연에서 노자는 두 가지 원리를 발견한다.

자연	=	道
(도의 나타남)		(자연의 원리)

① 상반상성相反相成: 모든 대립자들은 서로를 완성해 준다. 사물은 대립자로 되어 있다. 그래서 노자는 말한다: "유와 무가

28 "有物混成, 先天地生. 寂兮寥兮, 獨立而不改, 周行而不殆, 可以爲天下母. 吾不知其名, 字之曰道, 强爲之名曰大." 『老子』 25장.

29 "人法地, 地法天, 天法道, 道法自然." 『老子』 25장.

서로 낳고, 어려움과 쉬움이 서로 이루고, 길고 짧음이 서로 모양을 갖추고, 높고 낮음이 서로 기울고, 음音과 성聲이 서로 조화를 이루고, 앞과 뒤는 서로 따른다."[30]

② 극즉반極則反: 사물은 극한에 가면 되돌아온다. 노자는 이런 현상을 '반反' 혹은 '복復'이라고 묘사한다. 노자는 말한다: "양적으로 커지면 질적인 변화를 가져오고, 변하면 처음 상태와 점점 멀어지고, 멀어지면 (언젠가) 되돌아온다."[31] "되돌아오는 것이 도의 움직임이다."[32]

여기서 자연 혹은 도의 원리로 말한 ①, ② 등의 성질은 『주역』에서도 중요한 원리이다. 『주역』은 유가에서 일찍부터 오경에 포함시켰지만, 도가에서도 중요시하는 문건이다.

1장, 25장 등 현행 『노자』의 일부분은 매우 사변적인 사유를 포함하고 있다. 이런 부분들은 『노자』의 형성에 있어서 후기에 편입된 것으로 보인다. 변자들이나 명가학파의 훈습을 받은 이후에 나온 것이라고 필자는 생각한다.

30 "有無相生 難易相成 長短相形. 高下相傾 音聲相和 前後相隨." 『老子』 2장.
31 "大曰逝 逝曰遠 遠曰反." 『老子』 25장.
32 "反者 道之動." 『老子』 40장.

1) 전통적인 『노자』 판본

⑴ 왕필(王弼: 226~249) 주석본

전래되어 온 노자 판본에서 가장 중요한 역할을 하였다. 왕필은 삼국지에 나오는 조조와 함께 위나라에서 활동한 학자이다. 그는 체용의 논리를 이용하여 『노자』와, 『주역』 두 가지를 주석하였다. 『노자』에 있어서는 무無를 본체(體)로 하고 무위無爲를 작용(用)으로 설정하며 명쾌하게 그 사상을 설명하였다. 그는 당시까지 전해 오던 여러 자료들을 체용일원體用一源이라는 틀 속에서 정리하였다. 24세에 요절한 천재 학자의 주석은 전통적으로 가장 중요한 노자 판본이었다.

⑵ 하상공河上公 주석본

하상공은 은둔하며 살아온 은자의 한 사람이라 인물과 생애가 잘 알려져 있지 않고, 강에 살았다 하여 '하상공', 혹은 '하상장인河上丈人'이라고 불린다. 이 주석의 성립 연대는 전한, 후한, 위진 시기 등 세 가지 학설들이 있으나, 후한시대로 보는 학자들이 많다. 이 주석의 특징은 양생술養生術의 관점이 다분하다는 것이다.

⑶ 부혁(傅奕: 555~639) 주석본

부혁은 당나라 초기 태사령을 지냈으며 불교를 배척하고 도교를 신봉하였다. 그는 왕필본, 하상공본 등 당시 전해져 오던 여러 판본을 정리하여 노자 주석을 남겼다.

2) 백서노자(帛書老子: 비단에 쓰인 노자)

1972~1974년 호남성 장사長沙 지역의 '마왕퇴 한묘(馬王堆 漢墓: 마왕퇴 한나라 무덤)' 1, 2, 3호가 발굴되었다. 무덤에서는 2,000년 전에 죽어 관 속에 묻혔던 여인의 시신이 내장까지 부패하지 않은 상태로 발굴되어 전 세계를 경악에 빠지게 했다. 지금도 장사에 있는 호남성박물관은 전체가 이 주제로 채워져 있다.

당시 발굴에서 비단글 약 12만 자가 나왔는데, 노자의 판본도 두 가지가 나왔으며, 이것을 '백서노자'라 한다.

갑본甲本: B.C.206~B.C.195 성립, 예서隸書와 소전小篆의 중간체

을본乙本: B.C.194~B.C.180 성립, 예서체隸書體

백서노자의 특징

① 「덕경德經」이 앞에 있고, 「도경道經」이 뒤에 있다. 이 배열 순서는 현행 『노자』와는 다르다.

② 장章을 나누지 않았다. 현존하는 『노자』 81장의 분류는 한대의 하상공河上公이 구분한 것이다. 그러므로 분장하지 않은 것이 『노자』의 본래 모습일 것이다.

③ 갑을본 모두 어조사 야也 자를 많이 사용하였다. 따라서 구절을 제대로 끊어 읽을 수가 있고, 말하는 이의 정신 상태가

침착하고 온후함을 알 수 있다.

3) 곽점 죽간노자(郭店 竹簡老子: 대쪽에 쓰인 노자)

1993년 호북성 곽점촌郭店村에서 나온 죽간본竹簡本. 적어도 B.C.300년 이전에 편찬된 것으로 추정된다. 이 죽간본은 금본今本 『노자』의 5분의 2 정도의 분량이다. 그 내용상 특징은 유가를 심하게 공격하지 않았다는 점이다. 이로 미루어 현재 유가의 인의仁義를 직접 공격한 『노자』의 부분은 전국시대 이후 학파의 대립이 첨예화되었을 때 추가된 것으로 추정된다.

1972년, 원형 보존된 미라 '마왕퇴의 귀부인' 발굴

마왕퇴馬王堆 한묘漢墓는 1972년 1월 16일 옛 초나라 땅이었던 장사시 동쪽 교외에서 발굴되었다.

1971년 겨울, 호남성 주둔군이 장사 병원에 지하 병실과 수술실을 짓기 위해 탐사를 할 때 우연히 공구 한 곳의 무덤을 건드리자 갑자기 무덤으로부터 청백색의 가스가 높이 분출되었다. 불꽃 구멍(火洞子)이 발견된 것이다. 이곳을 통하여 2100년 전의 귀부인이 환생한 것이다.

조사 결과 전한의 장사국長沙國 승상이었던 대후軑侯 이창利倉과 그의 부인, 그리고 아들의 묘라는 것이 밝혀졌다. 특히 1호 묘에서 발견된 대후 부인의 시신은 보존상태가 완벽하여 2천여 년이 지났는데도 근육에 탄력성이 있고 관절을 움직일 수 있어 세상 사람들을 놀라게 했다.

이처럼 미라의 보존상태가 좋았던 이유는 마와 견직물로 시신을 싸고, 산소와 수분으로부터 차단시키기 위해 숯과 회점토로 밀봉한 관에 안치했기 때문이라고 한다.

당시의 풍속과 생활을 여실히 나타내는 유물 등 주목할 만한 1,000여 점의 부장품이 비교적 완전한 상태로 출토되었다. 1973~1974년에 걸쳐 2호분과 3호분이 조사되었는데, 2호분에서는 '대후지인軑侯之印'의 동인銅印과 '이창'의 옥인玉印이 출토되었다. 3호분에서는 『역경易經』, 『노자老子』, 『전국책戰國策』의 백서帛書와 죽간竹簡이 출토되었다.

* 참고 문헌: 웨난 저, 이익희 옮김, 『마왕퇴의 귀부인』(1, 2), 일빛, 2005.

9장. 장자莊子: 해방과 달관의 철학

장자(B.C.369~B.C.286?)는 노자의 도가 사상을 계승하여 발전시킨 전국시대 사상가이다. 장자는 철학에서뿐만 아니라 중국문학이나 도교, 선불교 그리고 동양화 등 여러 분야에까지 지대한 영향을 끼쳤지만, 정작 그의 생애에 대해서는 자세히 알려지지 않았다. 노자와 마찬가지로 은둔 생활의 태도 때문일 것이다. 『사기』, 「열전」은 말한다.

> "장자는 몽蒙 지역 사람이며, 이름은 주周이다. 장주莊周는 일찍이 몽 지역의 칠원漆園의 관리였고, 양혜왕이나 제선왕과 동시대 사람이다. 그의 학문은 통찰하지 않은 분야가 없을 만큼 광범하나 그 요체는 노자의 주장에 귀착한다. 그의 저서는 10여만 자에 달하는데, 대부분이 우언寓言이다."[01]

그의 생애는 대체로 양혜왕이나 맹자와 동시대였다. 그가 지은 『장자』는 현재 6만여 자에 33편이 전해 온다. 이 책을 좀 더 구체적으로 보자면 내편內篇 7편, 외편外篇 15편, 잡편雜篇 11편으로 구성되어 있는데, 일반적으로 앞부분에 나오는 내편은 장주 본인이 지은 것이고 나머지 외편과 잡편은 그의 후학들의 문집으로 보고 있다.[02]

1. 속견俗見에서 진상眞相으로

1) 장자의 출발점과 근본구조

세상 사람들은 사회적 구속에 찌들어 있으며, 그 결과 자기 스스로를 왜소화하고 주체성을 상실한다. 장자가 볼 때, 사람들은 세상에서 익힌 관습과 스스로 구축한 선입견 속에서 진상의 세계를 망각하고 살아가는 것이다.

그러면 이와 같은 어리석음으로부터 벗어나기 위해서 우리는

01 "莊子者, 蒙人也, 名周. 周嘗為蒙漆園吏, 與梁惠王, 齊宣王同時. 其學無所不闚, 然其要本歸於老子之言. 故其著書十餘萬言, 大抵率寓言也." 『史記』, 「老子韓非列傳」.

02 내편은 「소요유(逍遙遊)」, 「제물론(齊物論)」, 「양생주(養生主)」, 「인간세(人間世)」, 「덕충부(德充符)」, 「대종사(大宗師)」, 「응제왕(應帝王)」 등 7편으로, 문체가 호방하고 내용이 수려하여 장주 본인의 저작으로 대체로 인정한다.
기타 외편과 잡편을 근래에 그 내용을 전문적으로 연구한 학자에 의해 구분하자면 크게 세 가지로 나뉜다.
a. 술장파(述莊派): 장자 계승. 내편과 비슷. 17, 18, 19, 20, 21, 22, 23, 24, 25, 26, 27, 32편.
b. 황노파(黃老派): 유가와 법가 융합. 내편과 같은 점 다른 점 반반. 11(하), 12, 13, 14, 15, 16, 33편.
c. 무군파(無君派): 현실 비판. 이상사회를 추구. 내편과 많이 다름. 8, 9, 10, 11(상), 28, 29, 31편.
리우샤오간 저, 『장자철학』, 최진석 옮김, 소나무 출판사, 1990에 의함.

어떻게 해야 되는가? 한번쯤 눈을 크게 뜨고 세속의 견해에서 벗어나 참된 세계를 바라보라. 가령 내가 사는 공간의 한계를 넘어서, 확 트인 바다로, 아니 무한한 우주로 한번쯤 시야를 넓혀 보자! 그래서 『장자』의 첫 구절은 아래와 같은 우화로 시작된다.

> "북쪽 바다에 곤鯤이라는 큰 물고기가 사는데, 그 크기는 몇천 리인지 알 수 없을 정도이다. 곤이 변하면 새가 되는데 이름을 붕鵬이라고 한다. 붕의 등은 몇천 리인지 알 수 없을 정도로 크다. 붕이 힘차게 날아오르면 그 날개가 마치 하늘에 드리운 구름과 같다. 이 새는 바다 기운이 움직여 큰 바람이 일면 그것을 타고 남쪽 바다로 날아간다. 남쪽 바다는 하늘의 호수(天池)이다."[03]

갑자기 눈이 탁 트이는 듯하고, 새로운 세계가 열리는 듯하다. 사실 우리가 사는 세상은 무한히 넓지 않은가! 단지 우리의 경험이 극히 제한되고, 세속의 삶이 우리의 시야와 마음을 지극히 좁혀 놓은 것뿐이다. 이제 장자는 우리로 하여금 관습에 제한되거나 구속되지 않은 세계, 진상眞相을 파악하도록 유도하고자 한다. 이것이 장자의 전략이다.

장자의 출발점은 혜시의 안목과 닮아 있다. 앞서 명가 편(7장)에서 우리가 살펴본 것처럼, 장자의 친구인 혜시는 '세계에 대한 열

03 "北冥有魚, 其名爲鯤. 鯤之大, 不知其幾千里也. 化而爲鳥, 其名爲鵬. 鵬之背, 不知其幾千里也. 怒而飛, 其翼若垂天之雲. 是鳥也, 海運則將徙於南冥. 南冥者, 天池也." 『莊子』, 「逍遙遊」편.

가지 명제(歷物十事)'에서 먼저 무한대(至大)와 무한소(至小)의 개념을 제시했다. 무한의 개념을 도입하고 이를 통하여 보면, 우리가 일상적으로 내리는 판단과 관점은 해체되고 만다. 가령 우리는 태산을 엄청나게 높다고 말하지만, 우주의 차원 혹은 무한의 관점에서 보면 결코 높다고 할 수 없다. 혜시는 일상에서 당연시하는 차이와 분별은 더 큰 안목에서 볼 때 무의미하다고 보아서 '합동이合同異'의 결론에 도달했던 것이다. 마찬가지로 깨달음을 위해서는 내가 지녀 왔던 기존의 가치와 좁은 안목을 포기하는 사유의 실험을 해 보도록 장자는 권고한다.

① 유대有待	→	② 무기無己	→	③ 무대無待
(상대적 세계, 세속의 관점)		(자아, 혹은 인간의 시비 관점을 벗어남)		(세속의 관점을 넘어선 경지, 도 혹은 진상과 하나됨)

장자가 제시하는 철학적 안내를 도식화하면 위와 같다. 먼저 우리가 사는 세속 세계는 상대적 관점의 세계이다. 우리가 아등바등 다투며 경쟁하는 세계(①)는 일종의 허상으로 그것은 알고 보면 제한적이고 상대적이며 자기 중심적 편견에서 벗어나지 못한 세계이다. 그래서 진상을 파악하기 위해서는 ②와 같은 전환이 필요하다. 즉 장애를 제거하는 실험 혹은 노력으로 나의 관점, 아니 인간이라는 유적 관점이 극히 좁은 일부에 불과하다는 것을 깨닫고 그 구속을 벗어날 수 있어야 한다. 그때에 비로소 우리는 깨달은 사람의 관점을 획득하여 도의 세계, 진상을 직관하는 경지(③)로 나아갈 수 있게 된다.

2) 세속적 관점의 한계

(1) 우물 안 개구리

일상에서 우리는 백 리쯤 되는 마라톤 코스도 완주하기 힘들다. 우리는 백 리의 거리도 멀다고 생각한다. 그러나 달에서 바라본 지구는 쟁반보다 작다. 일반적으로 우리는 진상 자체를 파악하지 못하고, 자기가 알고 있는 세계가 전부인 줄 착각하고 살아간다. 이렇게 제한된 관점을 장자는 '우물 안 개구리'라고 말한다.

> "우물 안의 개구리와는 바다를 말할 수 없으니, 그가 우물이라는 구덩이에 제한되어 있기 때문이다. 여름 벌레와는 얼음에 대해 말할 수 없으니, 그가 시기에 국한되어 있기 때문이다. 식견 좁은 선비와는 도를 논할 수 없으니, 그가 배운 지식에 구속되어 있기 때문이다."[04]

우물 안 개구리는 그 우물이 세계 전체인 줄 안다. 여름 한 철 살아가는 매미는 겨울에 대하여 전혀 알 수 없다. 마찬가지로 특정한 이념이나 지식만 알고 있는 선비와는 도를 논할 수 없으니 그가 배운 지식이 제한되어 있기 때문이다. 세속적 관점은 우선 우리 경험의 한계에 구속된다.

04 "井鼃不可以語於海者, 拘於虛也. 夏蟲不可以語於氷者, 篤於時也. 曲士不可以語於道者, 束於敎也."『莊子』,「秋水」편.

(2) 언어의 한계

우리는 언어를 사용하여 소통한다. 그러나 언어는 내 마음을 전달하는 도구일 뿐이며 그것에 집착해서는 안 된다. 그래서 『노자』는 "아는 자는 말하지 않고 말하는 자는 알지 못한다"라고 하였고, 『주역』에서도 "글은 말을 다 표현하지 못하고, 말은 마음을 다 전하지 못한다"[05]라고 하였다. 장자는 말한다.

> ① "통발은 물고기 잡는 데 목적이 있으니, 물고기를 잡았으면 통발은 잊어야 한다.
> 덫은 토끼 잡는 데 목적이 있으니, 토끼를 잡았으면 덫은 잊어야 한다.
> 말은 뜻을 전하는 데 목적이 있으니, 뜻을 전달했으면 말은 잊어야 한다.
> 내가 어찌하면 말을 잊은 사람과 더불어 이야기할 수 있을까!"[06]

> ② "큰 도는 이름 붙일 수 없으며, 큰 변론은 말로 할 수 없다. 도가 훤히 드러나면 참 도가 아니며, 말로만 따지면 실상에 이르지 못한다."[07]

05 "知者不言 言者不知." 『老子』 56장; "書不盡言 言不盡意." 『周易』, 「繫辭傳」.

06 "筌者 所以在魚, 得魚而忘筌. 蹄者 所以在兎, 得兎而忘蹄. 言者 所以在意, 得意而忘言. 吾安得夫忘言之人 而與之言哉!" 「外物」편.

07 "夫大道不稱, 大辯不言, 道昭而不道, 言辯而不及." 『莊子』, 「齊物論」편.

물고기를 잡는 데 통발을 사용하고, 토끼를 잡는 데 덫을 사용하는 것처럼 소통을 위해서 우리는 언어를 사용한다. 그런데 여기서 언어 그 자체에 집착하는 것은 어리석은 일이다(①). 수단을 목적으로 혼돈하는 모양이 되기 때문이다. 근원적인 대도大道는 언어로 표현할 수 없으며 말로 하는 변론은 한계가 있다(②). 그래서 장자는 직설법을 피하고 비유, 우언寓言, 중언重言, 치언卮言 등의 방법을 주로 사용한다. 장자학파 스스로 이렇게 말한다. "(장자의 글에는) 우언이 열에 아홉이요, 중언이 열에 일곱, 그리고 치언은 날마다 자주 나온다."08 우언은 일종의 우화로서 이야기에 빗대어 표현하는 것이다. 중언은 옛 사람의 이름을 빌려 우회적으로 말하는 것이다. 치언은 상황에 따라 변통하여 말하는 것이다. 『장자』라는 책은 거의 우화나 역설, 현실을 넘어서는 초월과 해체의 글쓰기로 구성되어 있다. 직설적 서술로는 진상의 세계를 표현할 수 없기 때문이다. 언어는 방편이며 사다리일 뿐이다.

3) 시비是非와 대대待對의 상대성을 넘어서

모든 논쟁은 언어적 변론의 차원에서는 해결되지 못한다. 가령 서로 다른 이념이나 가치관을 가진 갑, 을 두 사람이 논쟁한다고 해 보자. 갑이 주장하는 것을 을이 부정하고, 을이 주장하는 것을 갑이 부정할 때 언어 차원의 논변으로는 결론이 나지 않는다. 『장자』는

08 "寓言十九, 重言十七, 卮言日出." 『莊子』, 「寓言」편.

당시 빈번했던 유가와 묵가의 예로 이렇게 말한다.

"① 도는 무엇에 가리워져 참과 거짓이 나오는가? 말은 무엇에 가리워져 옳고 그름(是非)이 나오는가? 도는 어디에 가도 있는 것 아닌가? 말은 어떠한 경우에도 사용되는 것 아닌가? 도는 소성(小成: 작은 지식)에서 가리워지고, 말은 영화(榮華: 화려한 언변)에서 가리워진다. 그러므로 유가와 묵가의 시비 논쟁이 생겼으니, 서로 상대가 그르다고 한 것을 옳다고 하고 상대가 옳다고 한 것을 그르다고 한다. 상대가 부정하는 것을 긍정하고, 상대가 긍정하는 것을 그르다고 할 바에는 '밝음'에 비추어 보는 것(以明)보다 훌륭한 것이 없다.
② 사물은 저것 아닌 게 없고 이것 아닌 게 없다(待對). 자기를 저것으로 하면 이것을 모르지만, 자기를 이것으로 하면 이것을 안다. 그러므로 저것은 이것에서 나오고 이것은 저것에서 말미암는다. 즉 저것과 이것은 나란히(동시에) 발생한다. 삶이 있으니 죽음이 있고, 죽음이 있으니 삶이 있다. 가함이 있으니 불가함이 있고, 불가함이 있으니 가함이 있다. 옳음으로 인하여 그름이 있고, 그름으로 인해 옳음이 있다. 이런 고로 성인은 상대로 인하여 말미암지 않고(不由) 사물의 본성에 비추어(照之於天) '있는 그대로에 맡긴다(因是)'.
③ (결국) 이것이 또한 저것이며 저것 역시 이것이 된다. 저것 역시 하나의 시비이고 이것 역시 하나의 시비이다. 과연 저것과 이것이란 게 있는 걸까 없는 걸까? 저것과 이것이 상대적

인 짝이 되지 않음을 도의 지도리(道樞)라 한다. 지도리가 그 중심축을 얻으면 (치우침 없이) 무궁한 변화에 대응한다. 긍정도 무궁의 일부이고 부정도 무궁의 일부이다. 그러므로 위에서 '밝음'에 비추어 보는 것(以明)보다 훌륭한 것이 없다고 한 것이다."[09]

조금 길게 인용한 위의 문단은 「제물론」의 핵심 부분이다. 먼저 ①에서는 유가와 묵가를 예로 들면서, 대립된 두 학파의 시비가 언어의 차원에서는 해결될 수 없음을 보여 주고 있다. 유가는 전통적 예악을 중시하고 가족관계를 윤리의 기본으로 삼는다. 그러나 묵가는 사회공공의 이익을 우선하는 관점에서 유가의 예악을 낭비로 생각하며 혈연의 친소관계를 무시하려 한다. 둘 사이에는 각각 자기 이념이 있고 시비 기준이 다르기 때문에 아무리 옳고 그름을 따져도 합의점이 나오지 못한다. 사람들이 자기가 확립한 관점(小成)과 기준을 가지고 있는 한 시비 논란은 언어의 차원에서 해결되지 않는다. 여기서 장자는 '밝음에 비추어 보는 것(以明)'을 해결책으로 제시한다. 그것은 "고요하며 텅 빈 마음을 투시하고자 하는 노력을 기울여 '선입견'을 버림으로써, 열린 마음을 넓혀서, 마음이 통달과 무념의 경지에 도

09 "道惡乎隱而有眞僞? 言惡乎隱而有是非? 道惡乎往而不存? 言惡乎存而不可? 道隱於小成, 言隱於榮華. 故有儒墨之是非, 以是其所非而非其所是. 欲是其所非而非其所是, 則莫若以明. 物无非彼, 物无非是. 自彼則不見, 自是則知之. 故曰彼出於是, 是亦因彼. 彼是方生之說也, 雖然, 方生方死, 方死方生. 方可方不可. 因是因非, 因非因是. 是以聖人不由, 而照之於天, 亦因是也.
是亦彼也, 彼亦是也. 彼亦一是非, 此亦一是非. 果且有彼是乎哉? 果且无彼是乎哉? 彼是莫得其偶, 謂之道樞. 樞始得其環中, 以應无窮. 是亦一无窮, 非亦一无窮也. 故曰莫若以明." 『莊子』, 「齊物論」.

달하게 하는 것을 말한다."[10]

다음으로 ②에서 『장자』는 상대적인 가치와 기준이 발생하는 근본 원인을 말하고 있다. 이미 『노자』에서 나온 것처럼 우리가 경험하는 세계는 대립자들로 되어 있다. 가령 삶과 죽음, 옳음과 그름, 가능과 불가능 등등 우리가 사용하는 언어에서 보자면 항상 대립과 짝이 있다. 이것을 후대의 학자들은 '상대를 기다리는 관계(待對)'라고 한다. 여기서 우리의 관점 전환이 필요한데 상대적인 기준에서 하나에 집착하거나 선입견을 가져서는 문제가 해결되지 않는다. 『장자』는 해결책으로 "상대로 인하여 말미암지 않고 사물의 본성에 비추어 있는 그대로에 맡긴다"라는 방법을 제시한다. 시비 논쟁을 지속하는 것은 무의미하므로 주관적 가치판단을 버리고 사태 자체를 관조하는 것이다.

다시 ③에서는 상대적인 대대待對의 관점에서 전환하는 방법으로 『장자』는 '도추道樞'를 말한다. 서로 짝이 되고 대립되는 개념이 있을 때 어느 한쪽에 치우치거나 선입견을 갖지 말고 무념과 통달의 경지에서 파악하는 것이다. 마치 돌쩌귀를 축으로 하는 여닫이문에서 그 축이 되라는 것이다. 이것은 다음 절에서 다루는 득도의 수련 속에서 달성할 수 있다.

그런데 현상에서 대립되거나 완전히 서로 달라 괴이하게 보이는 것들도 도의 차원에서는 모두가 하나가 된다. 말하자면, 현상의 무수한 다양성은 진상에 있어서는 하나로 연결되어 있다. 통달한 사람의 안목에서는 대립된 모든 것이 한결같이 긍정된다. 이러한 대긍

10 陳鼓應 저, 『노장신론』, 최진석 옮김, 소나무, 2001, 238쪽.

정을 『장자』는 '도에서는 하나로 통한다(道通爲一)'라고 한다.

> "길(道)은 사람들이 걸어 다니며 저절로 생긴 것이요, 사물의 이름도 사람들이 부르다 보니까 저절로 그렇게 된 것이다. … 그러면 작은 풀 줄기와 큰 기둥, 그리고 문둥병자와 아름다운 서시西施를 예로 들어 보자. 이들은 괴상하고 서로 유별난 것 같지만 도의 관점으로 보면 하나로 통일된다. 이편에서 나뉨(分)은 저편에서 이룸(成)이요, 이편에서 이룸(成)은 저편에서 무너짐(毁)이다. 그래서 만물은 이룸이나 무너짐이 홀로 있지 않고 모두가 통하여 하나가 된다. 오직 통달한 사람만이 '모두가 통하여 하나 됨'을 안다. 그는 한편을 주장(用)하지 않고 항상성(庸)에 머문다. 항상성은 보편적인 쓰임(用)이 되고, 그 쓰임(用)은 통함(通)이 되고, 통함(通)은 자득(得)이다. 유유자적 자득하면 도에 가까우니, 있는 그대로에 맡길(因是) 뿐이다. 이미 그렇게 되어 있고 그 연유를 알 일이 없는 것, 이것이 도道이다."[11]

모든 길은 사람들이 필요하여 걸어 다녀서 생긴 것이고, 모든 사물의 이름도 사람들이 필요하여 그렇게 부르니까 그 이름이 생긴 것이다. 그러므로 대립되거나 반대되는 것들, 예를 들면 보기 흉한

11 "道行之而成, 物謂之而然. … 故爲是擧莛與楹, 厲與西施, 恢恑憰怪, 道通爲一. 其分也, 成也, 其成也, 毁也. 凡物無成與毁, 復通爲一. 唯達者知通爲一, 爲是不用而寓諸庸. 庸也者, 用也. 用也者, 通也. 通也者, 得也. 因是已. 已而不知其然, 謂之道." 『莊子』, 「齊物論」.

문둥병자나 아름다운 미인 두 가지는 서로 반대되지만 어느 것도 긍정되지 못할 것은 없다. 그러므로 도의 관점에서는 모든 것이 하나로 통일된다(道通爲一).

또한 사물의 작용들도 그렇다. 통나무를 이용하여 의자를 만들었다고 할 때, 한편에서의 성립은 다른 편에서의 훼손이다. 동물의 배설물은 식물에겐 영양이 된다. 그래서 대립된 여러 측면이 있을 때 도를 터득한 사람은 한쪽을 긍정하거나 다른 쪽을 부정하는 얽매임을 갖지 않는다. 대립자들은 공간적으로도 하나로 통일되지만, 시간적으로도 연속되고 반복되기 때문이다. 그래서 그는 유유자적 달관한 입장에서 대긍정의 태도를 취하게 된다.

2. 도道의 체득體得

1) 득도得道의 방향

득도로 나아가기 위해서는 먼저 세속적 욕망에서 벗어나고, 마음의 흔들림이 없어야 한다.

"존귀, 부유, 출세, 권위, 명예, 이익 등 여섯 가지는 사람의 마음을 흥분시킨다. 용모, 거동, 안색, 거동, 생기, 의지 등 여섯 가지는 마음을 구속한다. 증오, 욕망, 기쁨, 분노, 비애, 환락 등 여섯 가지는 덕성에 누를 끼친다. 버리고, 나아가고, 취하고, 따르고, 알고, 능한 것 등은 도를 가로막는다. 이상 네 가지 종류의 여섯 가지 장애물이 마음을 흔들지 않으면 평정을 유지할 수 있고, 평정하면 고요해지고, 고요해지면 밝아지고, 밝아지면 마음을 비울 수 있고, 비우면 무위하게 되어 못 할 것이 없게 된다."[12]

세속에서 추구하는 가치들, 신체와 용모와 관련된 추구, 마음을 흔드는 감정들, 그리고 경거망동에 속하는 행동들에서 대표적인 여섯 가지들을 들어서 먼저 이것을 벗어나야 한다고 거론하고 있다. 흥미로운 점은 마지막 거론된 것 중에 지식이나 능력도 득도에 방해가 된다고 한 점이다. 장자가 추구하는 목표는 사람의 정신적 경지를 고양하고 도를 터득하여 도인이 되는 것이다. 그런데 그가 제시하는 득도의 방향은 어떤 지식이나 능력을 취하는 것에 있지 않다. 반대로 오히려 선입견이 되는 작은 지식들, 인간의 꾀에 해당하는 작위를 버리고 내 마음을 비우는 것에 초점이 모아진다.

"작은 앎(小知)을 버려야 큰 지혜(大知)가 밝아지고, 바르게 산다는 생각(善)을 버려야 저절로 바르게 된다."[13]

"무릇 염담, 적막, 허무, 무위가 천지의 본모습이며 도덕의 바

12 "貴富顯嚴名利六者, 勃志也. 容動色理氣意六者, 謬心也. 惡欲喜怒哀樂六者, 累德也. 去就取如知能六者, 塞道也. 此四六者不盪胸中則正, 正則靜, 靜則明, 明則虛, 虛則无爲而无不爲也." 『莊子』, 「庚桑楚」편.

13 "去小知而大知明, 去善而自善矣." 「外物」편.

탕이다. … 지식과 이유를 버리고 자연의 도리를 따르라."[14]

먼저 작은 지식들을 버려야 대지가 밝아진다. 또 선善을 실천한다는 의식을 가지고 행하느니 오히려 그런 생각을 버려야 바른 실천을 할 수 있다. 인간이 지어낸 꾀(知)를 버리고, 어설프게 따지고 변론하는 것을 버리고, 무위자연의 이치를 따라야 한다.

2) 득도의 단계와 깨달음의 경지

이제 마지막으로 천지를 벗어나 잊고, 생사를 초월하는 경지에 갔을 때 득도의 경지에 간다고 장자는 말한다. 그가 제시하는 득도의 경지와 단계를 살펴보자.

"성인의 도를 성인의 자질이 있는 사람에게 가르치는 것은 쉬운 일이네. 내가 신중히 그를 지켜보았는데 3일이 지나자 그는 천하를 잊었네. 그의 마음이 천하를 벗어난 지 7일이 지나자 그는 사물을 잊었네. 다시 지켜보니 그의 마음이 사물을 벗어난 지 9일에 삶(生)을 잊었네. 또 그가 삶을 이미 잊은 후에 그는 아침 햇살 같은 깨달음(朝徹)을 얻었네. 아침 햇살 같은 깨달음을 얻자 그는 만물의 하나 됨을 보게 되었고(見獨), 만물의 하나 됨을 보자 고금의 시간(無古今)이 사라졌네. 고금

14 "夫恬惔寂漠虛无无爲, 此天地之本而道德之質也. … 去知與故, 循天之理." 『莊子』, 「刻意」편.

> 의 시간이 사라지자 죽음도 없고 생도 없는 경지에 들어갈 수 있었다네."[15]

득도하기 위해서는 세속의 욕망은 물론이고 자기를 넘어서고(無己) 심지어는 천지와 자아에 대한 의식마저 벗어나야 한다. 궁극적으로 천하를 잊고, 객관 사물을 잊고, 생사를 잊고 넘어서는 것이 도에 진입하는 수련의 단계이다. '조철朝徹'은 도의 세계에 진입한 후의 정신이 투명하고 청명해진 상태이다. 그렇게 되면 주객이 하나가 되고 생사를 넘어서게 된다.

장자의 철학은 궁극적으로 정신을 고양시키는 방법과 그 경지를 논한 것이 주류를 이룬다. 이제 그가 깨달음의 경지로 말하는 심재心齋, 좌망坐忘 두 가지를 검토해 보기로 하자. 먼저 심재에 관하여 장자는 이렇게 말한다.

> "너의 마음을 집중하여 귀로 듣지 말고 마음으로 들어라. 아니 마음으로 듣지 말고 기氣로 감응하여라. 귀의 작용은 객관적인 대상을 듣는 것에 그치며, 마음의 작용은 개념을 파악하는 데 그친다. 기는 텅 비어 있어서 대상을 그대로 받아들일 수 있다. 오직 도道는 여기 텅 비어 있는 상태에 모인다. 텅 비

15 "以聖人之道告聖人之才, 亦易矣. 吾猶告而守之, 三日而候能外天下., 已外天下矣, 吾又守之, 七日而後能外物., 已外物矣, 吾又守之, 九日而後能外生., 已外生矣, 而後能朝徹., 朝徹, 而後能見獨., 見獨, 而後能无古今., 无古今, 而後能入於不死不生."『莊子』,「大宗師」편.

어 있는 이런 마음이 바로 심재(마음이 가지런해짐)이다."[16]

여기서 핵심은 귀로 듣지 않고 '기氣로 듣는다'는 부분이다. 기의 특징은 감응한다는 데 있다. 마치 메아리가 반응하듯이, 자석이 보이지 않게 서로 반응하듯이, 주객 사이에 아무런 장애나 간극이 없는 것이다. 이렇게 되면 물아일체가 되어 내 마음과 도가 하나가 되는 것이다. 그런데 장자는 한 걸음 더 나아간 경지로 좌망을 말한다.

"안회顔回가 말했다: 저는 좀 나아졌습니다.

공자가 물었다: 무엇이 나아졌는가?

안회: 저는 예악禮樂을 잊었습니다.

공자: 좋다. 그러나 아직 부족하다.

며칠 후 다시 만나 안회가 말했다: 저는 나아진 것이 있습니다.

공자: 무엇이 나아졌는가?

안회: 저는 인의仁義를 잊었습니다.

공자: 좋다. 그러나 아직 부족하다.

며칠 후 다시 만나 안회가 말했다: 저는 나아진 것이 있습니다.

공자: 무엇이 나아졌는가?

안회: 저는 좌망坐忘을 하게 되었습니다.

공자는 놀란듯이 되물었다: 좌망이란 어떤 것이냐?

안회: 자신의 신체나 사지의 존재를 잊어버리고, 눈이나 귀의

16 "若一志, 无聽之以耳 而聽之以心. 无聽之以心 而聽之以氣! 耳止於聽, 心止於符. 氣也者, 虛而待物者也. 唯道集虛. 虛者, 心齋也." 『莊子』, 「人間世」편.

명민함을 벗어나고, 몸을 떠나고 마음의 지각을 버리며, 대도大道와 하나가 되는 것이 좌망입니다.
공자: 도와 하나가 되면 편애하는 것이 없어지고, 변화에 순응하면 집착하는 마음이 없어진다. 자네는 과연 현명하도다! 나도 자네의 뒤를 좇아야겠구나."[17]

흥미롭게도 장자는 여기서 공자와 안회를 등장시켜 대화하는 형식으로 자기의 주장을 말하고 있다. 그가 말하는 '좌망'은 단계적으로 진보하여 궁극적인 경지에 도달한 상태를 말한다. 먼저 예악이나 인의라는 도덕 형식을 넘어서고 마지막에는 자기의 신체와 감각을 벗어나 대도와 하나가 된 상태이다. 이렇게 되면 천지만물과 완전히 일체가 되어 사사로움이나 집착을 초월하는 경지에 서게 된다.[18]

이상에서 우리는 장자의 철학을 살펴보았다. 그는 기본적으로 노자의 '도道' 개념을 계승하였다. 그러나 두 사상가가 추구한 도의 내용은 상당한 차이가 있다. "노자의 도에는 본체론과 우주론의 의미가 비교적 강하고, 장자는 그것을 정신적인 경지로 바꾸어 놓았다."[19] 노자는 대립자들의 상보성과 통일성을 중시하고 현실사회의 권력에 대하여 크게 비판하였는데, 장자는 세속 가치들을 하찮은 것으로 치부

17 "顏回曰: 回益矣. 仲尼曰: 何謂也? 曰: 回忘禮樂矣. 曰: 可矣, 猶未也. 他日, 復見, 曰: 回益矣. 曰: 何謂也? 曰: 回忘仁義矣. 曰: 可矣, 猶未也. 他日, 復見, 曰: 回益矣. 曰: 何謂也? 曰: 回坐忘矣. 仲尼蹴然曰: 何謂坐忘? 顏回曰: 墮肢體, 黜聰明, 離形去知, 同於大通. 此謂坐忘. 仲尼曰: 同則無好也, 化則無常也. 而果其賢乎! 丘也請從而後也." 「大宗師」편.

18 위에서 말한 조철, 심재, 좌망 등의 개념은 중국적 불교인 선불교의 토대가 되었다. 吳經熊 저, 『선학의 황금시대』, 이남영 옮김, 천지출판사, 1997, 60~69쪽 참조.

19 陳鼓應 저, 『노장신론』, 최진석 옮김, 소나무, 2001, 325쪽.

해 버리면서도 주된 관심을 정신적 고양과 궁극적 경지에 도달하는 것에 두었다. 이를 위해서는 사회적 구속으로부터 해방되어야 하지만, 내적인 자신의 욕망으로부터도 자유로워야 한다. 이런 단계를 거쳐 정신적 달관을 통하여 진인眞人의 경지에 도달하고 대도와 하나가 되는 것이 장자의 주된 관심이었다.

노장 사상의 재음미

1. 중국의 대표적인 종교는 도교이며, 도가적 사유는 중국문화의 곳곳에 배어 있다. 전통적 산수화는 도가 사상, 특히 장자철학에 이론적, 철학적인 바탕을 두고 있는데 근래에 더욱 관심이 모아지는 선불교는 인도에서 들어온 불교에 장자 사상을 접목하여 형성된 것이다. 무병장수를 추구하는 한의학도 불로장생을 추구한 도교와 불가분의 관계를 가지고 있다. 이상 몇 가지 예에서 볼 수 있는 바와 같이 중국문화에서 노장 사상이나 도가의 비중은 매우 크다.

어떤 사람들은 공맹의 유가 사상이 있지 않느냐 반문할 것이다. 그렇다. 유교와 도교, 혹은 유가 사상과 도가 사상은 중국문화의 주요한 두 가지 원천이다. 중국 사상에서 그 둘은 대립적이면서도 상호 보완적이었다. 유가 사상이 지배층의 사상이라면 도가 사상은 민중 혹은 소외된 사람들의 철학이다. 전자가 가부장적이고 인문주의적인 양陽의 사상이라면, 후자는 모성적이고 자연주의적인 음陰의 사상이다. 유가가 전통과 권위를 존중하고 그것을 계승한 **긍정의 철학**인 데 비해, 도가는 전통과 권력을 부정하고 새로운 반성을 모색한 **부정의 철학**이다.

같은 중국문화에 깊은 연원을 가지고 있는 사상으로서 둘은 어떻게 이러한 대립을 보이게 되었을까? 여기서 지리적 배경과 역사적 측면을 살펴보는 것은 노장 사상의 본질을 이해하는 데 도움이 될 것이다.

지리와 기후로 보아 중국 대륙은 크게 두 부분으로 나뉘어 설명된다. 즉 한랭 건조한 서북 지방 사람들은 밭농사 중심의 생활을 하며, 고온 다습한 동남 지방 사람들은 논농사 중심의 생활을 한다. 서북쪽의 사람들은 강인하고 남성적이며 꼼꼼한 것을 덕으로 여기는 반면, 동남쪽 지역의 사람들은 부드럽고 모성적이며 낭만적인 것을 좋아한다.

서북 지방에서는 철학에 있어서 예禮와 이치를 따지는 유가 사상을, 그리고 미술에 있어서는 테크닉과 전문성을 중시하는 북종화를 발전시켰다. 이에 비해 동남 지방에서는 철학에 있어서 포용적이고 낭만적인 도가 사상을, 그리고 미술에 있어서는 아마추어리즘의 문인화를 주류로 하는 남종화를 발전시켰다.

아울러 우리는 도가 사상의 주요한 몇 가지 모티브를 역사적 배경과 관련하여 설명할 수 있다. 첫째는 그들의 생명존중(輕物重生)의 모티브이다. 이는 그들 사상이 배태된 전국시대 전쟁의 참화로 인해 생명이 경시되던 시대 상황에 대한 반동에서 나온 것이라 할 수 있다. 원래 도가 사상은 난세에 덕이 있으면서도 숨어 살던 은자들로부터 발생하였다. 그들은 명예, 물질, 권력의 추구를 거부하고 자아의 생명과 실존적 자각을 중시했다. 둘째로 반항적, 부정적 사고방식의 모티브이다. 이는 도가 사상이 지역적으로 송宋이나 초楚, 즉 유가적 지배질서와 거리가 있는, 소외된 지역에서 발생했다는 사실과 관련이 있다. 셋째로 도가는 소박한 삶을 추구하며 인위를 거부하고 자연을 예찬하는데, 이는 대부분이 농경에 종사하던 민중들의 생활 방식과 밀접한 관련이 있다. 즉, 노장 사상은 농부적 가치관과 세계관을 가장 잘 대변하는 사고방식이다. 그들은 지식, 이데올로기, 그리고 외적으로 화려한 도회지적 문화에 거부감을 갖는다.

2. 도가 사상은 한마디로 광활한 대지에 선 농부의 철학이다. 그들은 무위자연無爲自然을 말하고 겸허유약謙虛柔弱을 덕으로 여기며, 인간의 꾀를 벗어나 도道와 하나가 되라고 권한다. 도란 무엇인가? 그것은 자연의 원리이며 이치이다. 자연은 무엇인가? 그것은 도의 현현으로 자연, 즉 도에는 다음 두 가지 특징이 내포되어 있다. 즉 모든 사물은 대립자로 되어있다(相反相成)는 점, 그리고 모든 사물은 극한에 가면 되돌아온다(物極則反)는 점이 그것이다.

체재를 비판하고 중앙권력을 부정하는 노자 사상은 반권위주의적, 무정부주의적인 요소가 짙다. 나아가 노자는 인위적인 문명을 비판하고, 감각과 욕망에 따르는 일상적 삶의 방식, 즉 상식의 허구성을 신랄히 폭로한다.

노자는 유무, 상하, 전후, 장단, 강유, 허실 등 수많은 대립 개념들을 사용하며, 또 '아니다(非, 不, 無 등)'의 부정사를 매우 빈번하게 애용한다. 첫 문장부터 노자의 도덕경은 다음과 같은 부정문으로 시작한다. "말할 수 있는 도는 '항상된 도(常道)'가 아니며, 부를 수 있는 이름은 '참된 이름(常名)'이 아니다." 서양 고대의 헤라클레이토스와 유사하게 노자의 사상은 변증법적 사고 방식이 매우 풍부하다. 그들은 틀에 박힌 형식논리를 거부한다.

한편 장자철학의 핵심은 해방과 달관의 추구에 있다. 장자는 체계적인 도그마와 구조화된 이론을 거부하며, 따라서 방대한 그의 책은 주로 철학적인 우화와 냉소적인 콩트 그리고 심오하면서도 짤막한 경구들로 이루어져 있다. 그의 담론 형식은 철학적, 이론적이기보다는 오히려 예술적, 직관적이다.

장자는 욕망과 사회적 편견에 찌든 좁은 안목을 벗어나라고 충고한다. 우물 안 개구리는 바다를 알 수 없고, 여름 벌레는 겨울의 얼음을 알지 못한다. 마찬가지로 사람들은 좁은 안목에 가리어 진상(道)을 알지 못한다. 자기 집착과 자아의 관섬을 버렸을 때 비로소 우리는 도의 입장에서 사물을 볼 수 있게 된다. 자기의 관점을 버리고(無己) 자아를 잊게(無我, 忘我, 喪我) 되면 그는 득도의 경지에 나아가 자연과 더불어 노닐 수 있다.

3. 세속의 안목에서 쓸모없다고 여겨지는 것이 사실은 참으로 유용할 수 있다. 그런데 이러한 무용지용無用之用을 추구하는 것은 예술의 정신이기도 하다. 예술이란 의도적인 목적 없이 즐기는 것이며, 칸트의 용어를 빌린다면 무관심적 만족이다. 『장자』라는 책은 천지와 더불어 노니는 「소요유逍遙游」편으로부터 시작한다. 어찌 보면 우리의 삶 자체가 이 세상에 소풍 온 것에 다름없지 않은가. 진인眞人은 단지 노닐 뿐이다. 그는 내적 욕망과 외적 구속에서 완전히 해방되어 있으며, 존재로부터 아무런 소외가 없는 달관의 경지에 있다.

이러한 장자의 철학을 잘 형상화한 것이 전통적 **산수화**이며, 거기에는 동양의 예술 정신이 깃들어 있다. 산수화는 기본적으로 정적인 산(山)과 동적인 물(水) 그리고 그러한 대자연 속에서 노니는 사람 등 세 가지 요소로 이루어진다. 서양의 풍경화는 시각이 수평선에 맞추어지지만 동양의 산수화는 조감도나 파노라마와 같은 형식을 택한다. 한눈에 그림을 볼 수 없기 때문에 산수화는 '보아 간다'고 표현된다. 풍경화에는 인물이 없는 경우도 많지만 인물이 있어도 내가 아니라 객관적 대상일 뿐이다. 그러나 산수화에는 반드시 인물이 조그맣게 들어가는데 그 사람은 바로 화가이며 나이다. 화가와 그림은 불가분의 관계에 있으며, 그래서 자연 속에 인간이 있고 인간 속에 자연이 있다. 위진시대 도가(玄學) 사상과 더불어 정립된 산수화는 이후로 동양 예술의 주류가 되었다. 아울러 산수화는 선불교와 더불어 노장철학의 진수가 응결된 것으로 평가되곤 한다.

4. 만약 오늘날에 노자나 장자가 다시 태어난다면, 현대인들에게 어떤 충고를 하겠으며 누구의 손을 들어줄 것인가? 우선, 현대인들은 욕망의 노예가 되어 있으며, 그 결과 물화되고 외화外化되어 있다. '행복=달성/욕망'이라고 방정식을 세워 볼 때, 근대적인 생활, 특히 자본주의적 삶의 방식은 '달성'을 극대화하는 것이었다. 이는 '욕망'의 제어를 우선한 전통문화와 대비된다. 그러나 물적 조건은 한계가 있는 데 비해 '욕망'은 끝이 없다. 더군다나 현대적 소비패턴은 유혹이 너무 강렬하여, 그 방향을 돌리는 것은 지극히 어려운 일이다. 설탕 맛을 본 사람은 다시 칡뿌리를 씹는 수고를 하려 하지 않는다. 인간의 욕망의 열차는 가속도를 더하면서 앞으로만 달리고 있다. 오호라! 안타깝구나. 인류가 생존하기 위해서는 반성이 아니라 맹성이

필요하며 참된 이성의 회복이 필요하다. 소비의 달콤함에 빠져서 반성과 부정을 모르는 일차원적 인간들이여! 이런 점에서 노장은 프랑크푸르트학파의 비판이론에 한 손을 들어 격려해 줄 것이다.

다음으로, 현대인들은 존재 망각, 자아 망각의 시대를 살고 있다. 현대인들은 본래적인 자아를 찾을 만한 반성의 틈이 없으며 존재의 소리를 들을 만한 여유와 기회가 없다. 참으로 중요한 것은 놓치고 껍데기만 붙잡고 있구나! 이렇게 외치는 노장은 하이데거를 평하여 "서양인으로서는 상당한 경지에 이르렀다"라고 말할 것이다. 하이데거는 현대를 '존재 망각'의 시대라고 비판하는데 그가 말하는 '존재'는 노장의 '도'와 상통한다.

끝으로 근대 이후 인간은 지나친 오만과 자기만족에 빠져 있다. 그들은 마치 자연을 정복하고 요리할 수 있는 대상인 것처럼 착각한다. 근대 이후의 지식인들은 이성의 빛으로 얼마 안 가서 우주 전체를 비출 수 있을 것으로 생각하였다. 그것이 태양 앞에 하나의 조그만 촛불에 불과하다는 것을 모르고. 아서라, 인간아! 부분이 어찌 전체를 능멸하려 하느냐. 정치 구호로서가 아니라 참으로 인간들이여, 마음을 비워라(虛其心)! 외적 구속에서 벗어날 뿐만 아니라 너 자신으로부터도 해방되어라. 주체와 이성의 고집으로부터 벗어나라. 일체의 권위와 도그마와 중심성에 얽매이지 말라. 우리가 근래의 포스트모더니즘에 대해 묻는다면 노장은 말할 것이다. "일리가 없는 것은 아니야. 그 핵심은 이미 우리가 말한 것들 속에 싹이 있다고 해야 하겠지."

(김수중, 노장사상의 재음미, 경희대학교 대학원 『대학원보』, 1995년 2월.)

10장. 순자荀子: 고전 사상의 종합

1. 순자荀子와 그의 철학적 특색

순자(B.C.298~B.C.238)는 전국시대 후기에 살았던 사상가이다. 그의 철학에서는 이전의 사상가들과 구분되는 경험주의, 현실주의, 합리주의 등의 특성이 뚜렷이 발견되는데, 이러한 점들은 당시 전국시대 후기의 시대정신을 반영하고 있다고 생각된다. 그는 자사子思와 맹자의 형이상학적 관점을 비판하고 그 결과 성악설을 주장하였다. 또 전통적 자연관이나 인간관에서 종교적 요소들을 제거하고자 하였다. 예를 들면 기우제와 같은 제사는 비를 내리게 할 수 없으며 단지 백성들을 위로하기 위한 문화행사일 뿐이라고 생각하였다.

맹자가 공자 사상을 내면적으로 심화시켰다면, 순자는 유가 사상의 외적인 측면을 발전시켰다. 그래서 예禮와 사회제도를 중시하였으며, 결국 예학을 체계화하는 데 있어서 순자와 그 후학들은 중요한 공헌을 하였다. 맹자가 요순을 자주 거론하면서 '선왕을 본받자(法先王)'는 태도를 취했다면, 순자는 후대 왕들의 제도와 치적을 중시하여 '후대의 왕들을 배우자(法後王)'고 주장하였다. 그만큼 순자는 경험세계와 현실사회에 큰 관심을 둔 사상가였다.

전국시대 후기에 가면 서쪽의 진秦나라와 동쪽의 제齊나라가 강대국으로 두드러졌다. 특히 제나라는 천하의 인재들을 대접하여 '직하학궁'[01]이라는 학술기관을 두고 학자들을 지원했다. 순자는 세 번이나 직하학궁의 수장(좨주)을 담당했다. 사마천의 『사기』는 말한다.

> "순경荀卿은 조趙나라 사람이다. 50세에 비로소 제나라에 건너와서 학문을 닦았다. 추연鄒衍의 도술은 우원하고 광대하며 달변이었다. 추석鄒奭의 글은 짜임새가 있지만 실행하기는 어려웠다. … 순경은 세 번이나 (직하학궁의) 좨주(祭酒, 학궁의 수장)가 되었다. 제나라 사람 중에 혹자가 순경을 모함하니 순경은 이에 초楚나라로 갔는데, 춘신군春申君이 그를 난릉蘭陵의 수령으로 삼았으나, 춘신군이 죽자 순경은 그 자리를 물러나서 난릉에 머물며 살았다."[02]

01 직하학궁(稷下學宮)은 전국시대 제(齊)나라의 최고 학부로서 환공(桓公) 때 건립되었다. '직(稷)'은 제나라 수도 임치(臨淄)의 한 성문 이름이다. 직하학궁은 중국 최초의 관립 대학이었으며, 또한 당시 정치 자문 및 학술문화 교류의 중심이었다.

02 "荀卿, 趙人. 年五十始來遊學於齊. 鄒衍之術迂大而閎辯. [鄒]奭也文具難施. … 荀卿三爲祭酒焉. 齊人或讒荀卿, 荀卿乃適楚, 而春申君以爲蘭陵令. 春申君死而荀卿廢, 因家蘭陵."『史記』, 「孟子荀卿列傳」.

순자의 이름은 황況이었는데, 순경荀卿 또는 손경자孫卿子로도 불리었다. "50세에 제나라에 유학했다"라고 하였는데, 여기서 '오십'은 '십오十五'의 착오로 일반적으로 본다. 그는 당시 천하 학문의 중심이었던 직하학궁에서 활동하였는데, 순자의 학문이 폭넓으면서도 논리가 명쾌한 것은 이러한 연유 때문일 것이다. 그는 당시까지의 여러 학파와 이론들을 비판적으로 종합하고 체계화하는 역할을 수행하였다. 그는 몇몇 학파의 핵심을 파악하고 그들의 문제점을 촌철살인의 예리한 시각으로 지적한다.

> "만물은 도의 일부분이고 한 사물은 만물의 일부분이다. 어리석은 자는 한 사물과 한 부분만을 알고서 스스로 도를 알았다고 여기니 이것은 알지 못하는 것이다. 신도(愼到, B.C.350?~B.C.275?)는 일의 소극성(後)만을 보고 적극성(前)을 보지 못했고, 노자老子는 굽히는 것(屈)만 알고 펼치는 것(伸)은 알지 못하였으며, 묵자墨子는 평등(齊)의 측면만을 보았지 차등(畸)의 측면을 못 보았고, 송자(宋鈃, 송견)는 욕망을 줄이는 것(寡慾)만을 알았지 여러 욕망(多欲)의 측면은 알지 못했다. 소극성만 있고 적극성이 없으면 사람들은 앞으로 나아가지 못하며, 굽히는 것만 알고 펼치는 것을 모르면 사회에 귀천의 분별이 없게 되고, 평등만 알고 차등을 모른다면 정령이 시행되지 못한다. 욕망을 줄이는 것만 알고 여러 욕망을 모른다면 사람들은 교화되지 않을 것이다."[03]

이와 같이 여러 학파의 입장을 종합하여 순자는 「비십이자非十二子」, 「정론正論」, 「해폐解蔽」편 등을 저술했다.

2. 혁신적 자연관

순자의 사상에서 가장 괄목할 만한 부분은 그의 혁신적인 자연관이다. 이전까지 대부분의 사상가들은 하늘(天)과 인간이 종교적으로, 혹은 형이상학적으로 긴밀히 연관되어 있다고 보았다. 그러나 순자는 하늘(자연)과 인간의 세계가 엄연히 구분되어 있다고 보았다. 말하자면 지금까지는 주재하는 존재로서 하늘(主宰之天)을 보았다면, 순자는 하늘이 자기 법도에 따라 스스로 운행하며 인간세계와는 무관하다고 생각했던 것이다.

> ① "하늘(자연)의 운행에는 일정한 법도가 있다. 그것은 요임금을 때문에 존재하는 것도 아니고 걸임금 때문에 없어지지도 않는다. 거기에 질서 있게 대응하면 길하지만, 거기에 혼란으로 대응하면 흉하다. 농사에 힘쓰고 비용을 절약하면 하늘도 가난하게 할 수 없고, 잘 보양하고 때에 맞춰 활동하면 하늘도 그를 병들게 할 수 없고, 도리를 닦아 어긋나지 않으

03 "萬物爲道一偏. 一物爲萬物一偏. 愚者爲一物一偏, 而自以爲知道, 無知也. 愼子有見於後, 無見於先. 老子有見於詘, 無見於信[伸]. 墨子有見於齊, 無見於畸. 宋子有見於少, 無見於多. 有後而無先, 則群衆無門. 有詘而無信, 則貴賤不分. 有齊而無畸, 則政令不施. 有少而無多, 則群衆不化." 『荀子』, 「天論」편.

면 하늘도 그에게 화를 내릴 수 없다."[04]

② "기우제를 지내면 비가 오는 것은 어째서인가? 그것은 어떤 것도 아니다. 기우제를 지내지 않아도 비는 온다. 일식이나 월식이 일어나면 그 재난을 막는 의식을 행하고, 비가 오지 않으면 기우제를 지내며, 점을 쳐 큰일을 결정하는데, 그런다고 바라는 것이 얻어지는 아니며, 단지 문화행사로서 하는 것이다. 그러므로 군자는 그것을 문화행사로 여기고 백성들은 신령스러운 것이라고 여긴다. 문화행사로 여기면 길하지만 신령스러운 일이라 여기면 흉하다."[05]

①을 보면 하늘은 자기 고유의 법도가 있어서, 성군인 요임금도 폭군인 걸임금도 아무 관계가 없다. 가령 계절에 따라 농사에 힘쓰고 비용을 절약하는 등 인간으로서 지켜야 할 예를 가지고 대응하면, 즉 '질서 있게 대응하면' 좋은 결과가 나와서 길하고, 그 반대가 되면 흉하다. 하늘과 인간이 이렇게 독립되어 있는 것을 순자는 '**자연과 인간의 분리**(天人之分)'라고 부른다.

이렇게 이지적이고 냉철한 자연관은 ②에서 극명하게 표현된다. 가뭄에 기우제를 지내는 것은 농업사회에서 일반적인 일이었다.

04 "天行有常, 不爲堯存, 不爲桀亡. 應之以治則吉, 應之以亂則凶. 彊本而節用, 則天不能貧; 養備而動時, 則天不能病; 脩道而不貳, 則天不能禍." 『荀子』, 「天論」편.

05 "雩而雨, 何也? 曰: 無何也, 猶不雩而雨也. 日月食而救之, 天旱而雩, 卜筮然後決大事, 非以爲得求也, 以文之也. 故君子以爲文, 而百姓以爲神. 以爲文則吉, 以爲神則凶也." 『荀子』, 「天論」편.

그러나 순자는 거기서 종교적 의미를 제거한다. 기우제를 지내든 지내지 않든 비는 온다. 그렇다고 순자가 그런 행사를 부정하는 것은 아니다. 그것은 백성들을 위로하기 위한 형식적인 문화행사로서 필요한 것이다. 순자의 이러한 혁신적인 자연관은 마치 중세의 종교적 관점을 벗어나 자연을 합리적으로 해석하고자 시도한 근대 서양의 계몽주의 사상가들을 연상시킨다.

순자가 강조한 것은 인간의 '주체성'이다. 인간은 주체적인 존재로서 자기 입장에서 필요한 활동을 하는 존재이다. 그래서 순자는 인간에 관한 종교적·형이상학적 해석을 탈각하고, 하늘 혹은 자연에 대해서도 실용주의적 태도를 제시한다. 순자는 인간이 자기 입장에서 자연을 이용하면 된다고 말한다.

③ "하늘을 위대하게 여겨서 사모하는 것과 물건을 저축하거나 길러서 이용하는 것 중 어느 것이 더 나은가! 하늘에 무조건 순종하고 예찬하는 것과 하늘의 변화 법칙을 파악하여 이용하는 것 중 어느 것이 나은가! 계절의 운행만을 바라며 기다리는 것과 계절의 순환에 대응하여 활용하는 것 중 어느 것이 더 나은가! 사물의 자연적인 성장에 맡겨 증식하기를 바라는 것과 사람의 재능을 들여 변화시키는 것 중 어느 것이 더 나은가! … 그러므로 사람의 능력을 버려두고서 하늘만을 사모한다면 만물에 대한 올바른 관계를 잃어버리는 것이다."[06]

06 "大天而思之, 孰與物畜而制之! 從天而頌之, 孰與制天命而用之! 望時而待之, 孰與應時而使之! 因物而多之, 孰與騁能而化之! … 故錯人而思天, 則失萬物之情." 『荀子』, 「天論」편.

④ “하늘에 대한 지식은 구체적으로 나타나 기약할 수 있는 것에 그치고, 땅에 대한 지식은 농작물 번식에 마땅한 것에 그치고, 계절에 대한 지식은 각 시기에 해야 할 일을 아는 데 그치고, 음양에 대한 지식은 다스려 화합할 수 있는 것에서 그친다. 각 분야 담당자를 두어 자연의 운행을 따르게 하고, 임금 자신은 도를 지킨다.”07

⑤ “만물은 각기 그 조화를 얻어 생겨나고 각기 그 양육을 얻어 성장한다. 사람들은 만물들이 하는 일들은 보지 못하고 그 결과만을 보고서 이것을 신묘하다고 말한다. 그 이루어진 현상은 쉽게 알 수 있지만, 그 무형의 근본(원인)은 알 수 없는 것, 이것이 하늘(자연)이다. 오로지 성인聖人만이 하늘의 본질을 알려고 하지 않는다.”08

③에서는 자연을 종교적 대상으로 숭배하지 말고, 인간의 입장에서 자연의 이치를 파악해서 그것을 이용하라(制天命而用之)고 주장하고 있다. 인간이 자신의 주체적인 능력을 버려두고 자연을 숭배의 대상으로 본다면 사물에 대한 정상적인 관계를 잃는 것이 된다.

그래서 순자는 사람들이 종교적·형이상학적 태도에 빠지는

07 “所志於天者, 已其見象之可以期者矣. 所志於地者, 已其見宜之可以息者矣. 所志於四時者, 已其見數之可以事者矣. 所志於陰陽者, 已其見和之可以治者矣. 官人守天, 而自爲守道也.” 俞樾에 따르면 志=知이다, 『荀子』, 「天論」편.

08 “萬物各得其和以生, 各得其養以成. 不見其事, 而見其功, 夫是之謂神. 皆知其所以成, 莫知其無形, 夫是之謂天功. 唯聖人爲不求知天.” 『荀子』, 「天論」편.

어리석음을 범하지 않도록 그 관심을 엄격히 제한하고자 한다. ④에서 보면, 하늘과 땅, 그리고 계절의 운행에 관하여 관심을 무제약적으로 확장하지 말라고 충고한다. 아마도 당시에 음양가들의 오행설 등 신비주의적·형이상학적 주장들이 대두되었던 듯하다. 그래서 자연에 대한 해석은 인간의 경험이 미치는 범위, 실용주의적으로 필요한 범위에서 그쳐야 한다고 순자는 주장한다. 심지어 ⑤에서는 "성인만이 하늘의 본질을 알려고 하지 않는다"라고 말한다. 이러한 순자의 주장은 근대의 비판적 합리주의 철학자 칸트를 연상케 한다. 칸트에 의하면 우리의 이성은 한계가 있으며, 물자체(세계 자체)는 알 수 없다고 하였다. 인간 이성의 한계를 설정함으로써, 자칫 범할 수 있는 종교적·형이상학적 판단의 오류를 방지하고자 했던 것이다. 냉철한 이지적 자연관의 측면에서 보자면, 청대 이전의 사상가 중에서 순자가 으뜸이 아닐까 한다.

3. 인간관: 성악설

1) 인간의 특징

순자는 냉철한 시각으로 하늘 혹은 자연에 관하여 이지적인 해석을 도출했다. 이러한 시각은 자연계에 있어서 인간의 특징을 설명하는 것에도 이어진다. 즉 인간은 하나의 생명이며, 생명의 세계도 초목의 단계와 동물의 단계, 그리고 인간의 단계가 구분된다. 순자는 자연계에 있어서 인간의 지위를 다음과 같이 말한다.

> "물이나 불과 같은 단순 물질은 특정한 기미만 있고 생명성은 없다. 초목(식물)은 생명성이 있지만 지각이 없다. 금수(동물)는 지각이 있지만 도덕성이 없다. 사람만이 기미와 생명성과 더불어 도덕성을 가지고 있으니, 그러므로 세상에서 가장 귀한 존재이다."09

이러한 순자의 주장을 하나의 도표로 나타내면 다음과 같이 될 것이다.

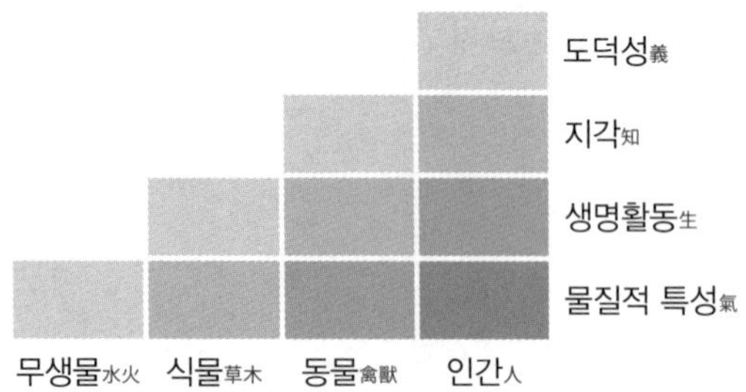

인간사회에 여러 가지 신분이 있는 것처럼 자연계에도 단계적 구분이 있다. 단순한 물질들과 달리 초목, 금수, 인간은 생명으로서 자발적인 지향성을 가지며 번식하고 스스로 자란다. 금수와 인간은 지각을 가지고 있어서 벌이나 짐승들도 낮에 활동하고 밤이면 제

09 "水火有氣而無生, 草木有生而無知, 禽獸有知而無義. 人有氣有生有知, 亦且有義. 故最爲天下貴也."『荀子』, 「王制」편.

집을 찾아 들어온다. 마지막으로 인간은 위와 같은 모든 특성 외에도 도덕성(義)을 추가로 가지고 있다. 그래서 천지에 있어서 인간이 가장 고귀한 존재라는 것이다.

2) 인간의 본성: 성악설性惡說

인간은 세상에서 가장 고귀한 존재이다. 그러나 순자는 인간을 낙관적으로만 보지 않았다. 인간은 교육과 문화를 갖지 못하면 금수와 비슷한 단계에 머물 것이다. 인간은 원래가 이기적이고, 욕망으로 가득 차 있으며 남을 질투하고 경쟁한다. 순자는 인간의 본성을 악하다고 본다.

> "사람의 본성은 악한 것이니, 그 선함은 인위적인 것이다. 지금 보면 사람들의 본성은 나면서부터 이익을 좋아함이 있는데, 이것에 따라 쟁탈이 생기고 사양함이 없어진다. 사람은 나면서부터 질투하고 미워함이 있는데, 이것에 따라 남을 해치고 상하게 하며 충실과 믿음이 없어진다. 사람은 나면서부터 귀와 눈의 욕망이 있어 아름다운 소리와 빛깔을 좋아하는데, 이것에 따라 음난과 혼란이 생기고 예의와 문화는 없어진다. 그러므로 사람의 본성을 따르고 사람의 감정을 좇는다면 반드시 쟁탈이 나오며, 분수를 어기고 이치를 어지럽히게 되어 난폭함으로 귀결될 것이다."[10]

유명한 순자의 '성악설'의 기본 내용이다. 맹자는 인간의 본성을 인간만이 갖는 논리적 특성에서 파악하였다. 결국 존재의 세계에서 인간만이 갖는 고유 성질이 도덕성이므로, 그런 점에서 맹자는 성선설을 도출하였다. 그러나 순자는 현실 인간을 심리적 측면에서 파악하며 인간의 마음에는 이기심이 있고, 경쟁심과 질투심도 있다. 더군다나 인간은 감각적 욕망을 추구하는 본능이 있다. 순자는 이러한 점을 근거로 인간의 본성은 악하다고 주장한다. '성性'이라는 개념을 맹자는 인간의 특질, 본질 등의 의미로 사용한 데 비하여, 순자는 심리적 본능, 본성으로 해석한 것이다.

그러나 순자도 교육과 문화적 훈련에 의하여 인간은 누구나 우임금 같은 성인이 될 수 있다고 말한다.

> ① "길거리의 보통 사람도 우임금 같은 성인이 될 수 있다고 하였는데, 무엇을 말한 것인가? 우임금이 우임금으로서 존경받는 까닭은 인의법정(仁義法正: 인의도덕과 바른 법도)을 행하기 때문이다. 그렇다면 인의법정은 누구나 알 수 있고 행할 수 있는 이치를 가지고 있다. 그래서 길거리의 사람들이라 할지라도 모두 인의법정을 알 수 있는 자질이 있고, 모두 인의법정을 행할 수 있는 능력이 있다. 그러니 그들도 우임금과 같이 성인이 될 수 있음은 분명한 일이다."[11]

10 "人之性惡, 其善者僞也. 今人之性, 生而有好利焉, 順是, 故爭奪生而辭讓亡焉, 生而有疾惡焉, 順是, 故殘賊而忠信亡焉, 生而有耳目之欲, 有好聲色焉, 順是, 故淫亂生而禮義文理亡焉. 然則從人之性, 順人之情, 必出於爭奪, 合於犯分亂理而歸於暴." 『荀子』, 「性惡」편.

11 "「塗之人可以爲禹.」曷謂也? 曰: 凡禹之所以爲禹者, 以其爲仁義法正也. 然則仁義法正有可

② "그러므로 성인은 본성을 교화시켜 인위적 실천을 일으키고, 인위적 실천을 일으켜 예의를 만들고, 예의를 만들어 법도를 제정한다. 그러므로 예의와 법도는 성인에 의해서 생기는 것이다. 그러므로 성인이 대중들과 같은 점, 곧 대중들과 다름없는 것은 본성이요, 대중들과 달라서 대중을 넘어서는 것은 인위이다."[12]

사람은 누구나 인의도덕과 사회질서를 지킬 수 있으며, 그러한 인의법정을 실천한다면 우임금처럼 될 수 있다. 그러나 그러한 실천은 반드시 외적인 교육에 의해서 실현될 수 있다. 이기적인 본성을 교화하여(化性) 그 마음속에 인위적인 도덕성을 일으켜야 한다(起僞).

맹자와 순자 모두가 교육을 필수적인 단계로 요구하지만 그 방식은 다르다. 맹자에 의하면 인간에게는 선의 단초가 있기 때문에 그 단초를 길러 주는 것, 즉 본심을 보존하고 그 단초를 길러 주는 것(存心養性)이 교육이다. 그러나 순자에 의하면 굽은 나무가 반드시 댈 나무를 대고 쪄서 바로잡은 뒤라야 곧아지는 것처럼, 스승과 법도의 교육이 있어야 한다.[13] 이제 맹자와 순자의 인성론과 교육관을 대비하면 다음과 같이 될 것이다.

知可能之理. 然而塗之人也, 皆有可以知仁義法正之質, 皆有可以能仁義法正之具, 然則其可以爲禹明矣."『荀子』,「性惡」편.

12 "故聖人化性而起僞, 僞起而生禮義, 禮義生而制法度; 然則禮義法度者, 是聖人之所生也. 故聖人之所以同於衆, 其不異於衆者, 性也; 所以異而過衆者, 僞也."『荀子』,「性惡」편.

13 "故枸木必將待檃栝 烝矯然後直. 鈍金必將待礱厲然後利. 今人之性惡, 必將待師法然後正, 得禮義然後治."『荀子』,「性惡」편.

	맹자	순자
성性	본성, 본질(essence) (논리적 의미)	본능(instinct) (심리적 의미)
근본성	인성은 선하다	인성은 악하다
교육	본래 가지고 있는 선의 단초를 계발함(存心養性)	교육으로 교화하여 인위적 실천을 일으킴(化性起僞)
성인聖人	사람은 누구나 요순 같은 성인이 될 수 있다	길거리의 사람도 우임금 같은 성인이 될 수 있다

4. 사회관: 예악론禮樂論

1) 사회의 성립 원리

순자는 인간의 위대한 점은 '사회성'에 있다고 본다. 인간은 개인적으로는 특별히 뛰어난 존재라 할 수 없을지 모른다. 그러나 인간은 고대부터 공동체를 만들고 사회적 단합을 통해서 세상의 지배자가 되었다. 그래서 순자는 말한다.

> ① "힘은 소만 못하고 달리기는 말만 못한데, 소와 말은 사람에게 부림을 받으니 어째서인가? 사람은 사회생활(群)을 하지만 저들은 그러지 못하기 때문이다. 사람은 어찌하여 사회생활을 하게 되는가? 그것은 분별(分)이 있기 때문이다. 그 분별은 어찌하여 가능한가? 그것은 사회의식(義) 때문이다."[14]

② "한 사람이 살기 위해서는 여러 기술자가 만든 물품이 필요한데, 재능 있는 사람도 기술을 겸할 수 없고 아무리 뛰어나도 관직을 겸할 수 없다. 사람은 서로 떨어져 살면서 서로 의존하지 않으면 궁해지고, 사회생활을 한다고 해도 분별(분업)이 없으면 서로 다툴 것이다. 궁함은 재난이고 분쟁은 재앙이다. 재난과 재앙을 막으려면 분별을 밝혀 공동체를 이루는 것보다 더 좋은 길은 없다."[15]

인간이 세상을 지배할 수 있는 것은 공동체를 이루고 사회생활을 하기 때문에 가능하다(①). 여기서 다시 사회생활이 가능한 원리는 사람들 사이에 질서를 유지해 주는 '분分'이 있기 때문이라고 순자는 말한다. 그것은 분별력, 분업, 신분 등 여러 가지 의미를 함축하고 있다. 인간 공동체는 유기적 단합을 통해서 공고하게 사회를 유지하는데, 정신적으로는 도덕의식(義) 혹은 사회성을 가지고 있기 때문에 가능한 일이다.

②에서 순자는 사회구성의 원리를 좀 더 구체적으로 말하여 분업과 상호협조를 들고 있다. 인간은 단순히 생명을 연장하는 데 그치지 않고 의식주의 여러 측면에서 복잡한 문화생활을 영위하는데, 이것은 분업과 상호 의존에 의해서 가능하다고 한다. 그런데 사회질서를 가능하게 해 주는 '분分'과 유기적 단합이 구제적으로 제도화된

14 "力不若牛, 走不若馬, 而牛馬爲用, 何也? 曰: 人能群, 彼不能群也. 人何以能群? 曰: 分. 分何以能行? 曰: 義." 『荀子』, 「王制」편.

15 "故百技所成, 所以養一人也. 而能不能兼技, 人不能兼官. 離居不相待則窮, 群居而無分則爭; 窮者患也, 爭者禍也, 救患除禍, 則莫若明分使群矣." 『荀子』, 「富國」편.

것이 바로 예禮이다.

2) 예禮: 사회질서

공자는 도덕성으로서 인의仁義가 사회 시스템으로 구체화된 것이 예禮라고 보고, 예와 인의는 서로 표리 관계를 형성한다고 하였다. 이러한 전통을 내적으로 심화시킨 맹자는 인간의 심성에 있는 도덕이 드러난 것이 예라고 보았다. 즉 그는 예가 선천적인 근원을 갖는 것으로서, 우리의 심성에 자리 잡고 있는 사단四端 같은 것이 그 뿌리가 된다고 보았던 것이다.

그러나 순자는 예를 사회제도적 측면에 주안점을 두어 설명한다. 즉 예가 사회와 국가를 다스리는 방법(術)이 된다고 보는 것이다. 예의 기원에 관하여 순자는 말한다.

> "예는 어디에서 생겨났는가? 사람은 태어나면서부터 욕망이 있는데, 욕구하는 것을 얻지 못하면 추구하지 않을 수 없고, 추구함이 일정한 기준과 한계가 없다면 곧 다투지 않을 수 없게 된다. 다투면 혼란해지고, 혼란해지면 빈궁해진다. 선왕들은 그 혼란을 싫어했기 때문에 예의를 제정해 이들의 분계를 정함으로써 사람들의 욕망을 충족시켜 주고 사람들이 원하는 것을 달성케 하였다. 그리하여 욕망은 반드시 물건에 궁해지지 않도록 하고, 물건은 반드시 욕망에 부족함이 없도록 하여 이 두 가지가 서로 균형 있게 발전하도록 하였는데, 이

> 것이 예가 생겨난 이유이다."[16]

즉 예는 인간의 욕망과 그 대상이 되는 사물이 균형을 유지하도록 선왕들이 만든 시스템이라는 것이다. 예라는 것은 개인적으로는 욕망을 제한하면서 충족시켜 주고, 사회적으로는 분쟁을 없애고 질서를 유지해 주는 장치이다. 그래서 "나라에 예가 없으면 바르게 다스려지지 않으니, 예라는 것은 나라를 바르게 다스리는 근본이다."[17] 또한 "예는 나라를 잘 다스리는 규범이며, 강하고 굳세지는 근본이며, 위세를 펴는 길이며, 공적과 명성을 올리는 요체이다."[18]

한편 "예의 원리는 절제와 중용이다."[19] 따라서 예는 사회를 유지시키는 시스템일 뿐만 아니라 개인으로 하여금 바른 생활을 하도록 이끌어 주는 지침이기도 하다.

> "무릇 혈기와 의지와 사려가 작용하는 데 예를 따르면 잘 다스려지고 통하지만, 예를 따르지 않으면 문란하고 태만해진다. 먹고 마시고 옷을 입고 생활하고 활동하는 데에도 예를 따르면 조화가 되고 절도가 있게 되지만, 예를 따르지 않으면 서로 저촉되어 병폐가 생긴다. 용모, 태도, 진퇴, 거동에서도 예를 따르면 우아하지만, 예를 따르지 않으면 오만하고 편벽

16 "禮起於何也? 曰: 人生而有欲, 欲而不得, 則不能無求. 求而無度量分界, 則不能不爭; 爭則亂, 亂則窮. 先王惡其亂也, 故制禮義以分之, 以養人之欲, 給人之求. 使欲必不窮乎物, 物必不屈於欲. 兩者相持而長, 是禮之所起也." 『荀子』, 「禮論」편.

17 "國無禮則不正. 禮之所以正國也." 『荀子』, 「王覇」편.

18 "禮者, 治辨之極也, 強固之本也, 威行之道也, 功名之總也." 『荀子』, 「議兵」편.

19 "夫禮所以制中也." 『禮記』, 「仲尼燕居」편.

되고 저속하고 조잡하다. 따라서 사람이 예가 없으면 생존할 수 없고, 사업은 예가 없으면 성공할 수 없고, 국가는 예가 없으면 평안할 수 없다."[20]

앞에서 순자는 인간의 본성은 악하며 인위적인 노력을 통하여 선을 실현할 수 있다고 말했다. 생활의 모든 측면에서 바로잡아 줄 수 있는 기준이 예이다. 예는 개인의 생활과 사회의 질서에 필수적인 것이다. 이렇게 보면 그가 주장한 성악설과 그가 강조한 예론은 서로 잘 어울린다고 하겠다.

3) 악樂: 조화와 단합의 원리

유가에서는 예禮와 악樂을 함께 언급하여 '예악'이라고 흔히 거론한다. 우선 이 두 가지는 사회에서 상보적인 기능을 담당하는데, 예가 구분(分)하고 분별(別)하는 '질서의 원리'라고 한다면, 악은 조화(和)와 단합(同)의 원리인 것이다. 그래서 순자는 말한다.

① "음악은 종묘 가운데에서 군주와 신하, 윗사람과 아랫사람들이 함께 들으면 곧 화합하고 공경하지 않는 이가 없게 된다. 집안에서 부자와 형제들이 함께 들으면 곧 화친하지 않는

20 "凡用血氣志意知慮, 由禮則治通, 不由禮則勃亂提僈; 食飮衣服居處動靜, 由禮則和節, 不由禮則觸陷生疾; 容貌態度進退趨行, 由禮則雅, 不由禮則夷固僻違, 庸衆而野. 故人無禮則不生, 事無禮則不成, 國家無禮則不寧." 『荀子』, 「修身」편.

이가 없게 된다. 마을의 집안 어른을 모신 가운데에서 어른과 젊은이들이 함께 들으면 화순해지지 않는 이가 없게 된다."[21]

② "음악의 근본은 조화와 단합이다."[22]

사회는 여러 가지 이질적 집단이 조화를 이룬 공동체이다. 군주와 신하, 부모 형제, 어른과 젊은이 등등 서로 다른 사람들을 어울리고 단합하게 만들어 주는 것이 음악(樂)의 사회적 기능인 것이다. 이러한 음악은 예와 기능적 측면에서 중요한 상보적 작용을 담당한다. 후대에 나온 『예기禮記』에서는 이렇게 말한다.

"예禮는 백성의 마음을 절제하고, 악樂은 백성의 음성을 화평케 한다. 정치(政)로써 시행하고, 형벌(刑)로써 어김을 방지한다. 예·악·형·정의 네 가지가 세상에 두루 시행되어 어그러지는 일이 없으면 왕도 정치는 완비된다. 악은 단합을 도모하고 예는 분별을 도모한다. 단합하면 서로 친애하고 분별되면 서로 존경한다. 악(화합)을 지나치게 추구하면 방탕해지고, 예(분별)를 너무 강조하면 소원해진다. 인정을 화합시키고, 풍모를 격식화하는 것이 예·악의 역할이다."[23]

21 "故樂在宗廟之中, 君臣上下同聽之, 則莫不和敬. 閨門之內, 父子兄弟同聽之, 則莫不和親. 鄉里族長之中, 長少同聽之, 則莫不和順." 『荀子』, 「樂論」편.

22 "樂, 和同." 『荀子』, 「樂論」편.

23 "禮節民心; 樂和民聲. 政以行之; 刑以防之. 禮樂刑政, 四達而不悖, 則王道備矣. 樂者爲同; 禮者爲異. 同則相親; 異則相敬. 樂勝則流; 禮勝則離. 合情飾貌者, 禮樂之事也." 『禮記』, 「樂記」편.

순자와 그 후학들은 다른 학파에 비하여 예禮에 관하여 유난히 관심을 가지고 연구했다. 그래서 한대에 이르기까지 예에 관한 이론은 대부분 순자 계열의 작품일 것으로 학계에서는 판단한다. 위에서 인용한 『예기』의 구절도 그 내용에 있어서 순자의 예론이나 악론과 잘 연결된다고 본다. 순자학파를 비롯한 유가 전통에서는 예와 악이 사회적으로 상보적인 역할을 한다고 인식했던 것이다.

그런데 예와 악은 그 발생의 측면에서 보자면 뿌리가 같다. 고대인들의 종교 활동에서 제의와 음악은 늘 함께 있었다. 유가에 있어서도 제례의 전반적인 절차 가운데 반드시 음악이 수반되어 있는데, 이러한 이유로 '악'은 본래 '예'의 한 부분을 구성하고 있었던 것이다. 또한 후대에 와서도 예와 악은 개인의 덕성 수양에 있어서 모두 필수적인 부분들이었다.

5. 정명론: 논리 사상의 체계화

서양에 비하여 중국 사상은 인식론 분야에 관심이 적었고, 그래서 인식론이나 논리학적 주제를 다룬 사상가도 매우 적다. 공자도 '정명正名'을 주장하였지만, 그것은 어떤 명칭과 그 대상(名實)이 일치해야 한다는 취지에서 윤리적·실천적인 수준에 그쳤다. 외부 사물에 대한 의심을 전제로 그 사물에 대한 지식의 확실성을 추구하는 것이 인식론인데 유가 사상이 나온 중국은 대체로 농업사회, 혈연 공동체 사회에 바탕을 두고 있었기 때문에 일반적으로는 '소박실재론'에 머

묻고 있었다. 또 희랍에서는 폴리스에서 정치를 지망하는 사람들이 변론술을 학습했고 그래서 논리학이 발달했다. 이에 비해 중국에서는 그와 같은 사회적 요구가 적었기 때문에 명가와 묵가학파 이후에는 논리학이나 논변술이 없었다.

그나마 유가 전통에서 이 분야에 관심을 가졌던 사상가로는 고대의 순자와 송대의 주자를 들 수 있겠다. 전통적인 종교적 관념이 희미해진 전국시대 후기에 순자는 합리적 현실주의, 냉철한 자연관의 입장에서 인식론과 논리학적 주제에 상대적으로 관심을 많이 기울였던 것이다. 더욱이 그는 명가학파와 변자들의 주장들을 잘 알고 있었고 이를 정리하고자 「정명正名」편을 저술한 것이다.

1) 순자의 인식론

외부 사물에 대한 우리의 지식, 우리의 인식은 어떻게 해서 성립하는가? 우선 감각기관을 통하여 외부 사물에 대한 감각적 자료가 접수되어야 할 것이고, 다시 우리 마음이 주체적으로 분류하고 결정하는 과정을 거쳐 인식 판단이 나올 것이다. 순자는 감각기관을 천관(天官: 선천적인 기관)이라고 부르고, 우리 마음이 분류하고 판단하는 과정을 징지(徵知: 앎을 확인함)라 불렀다.

"사람의 마음(心)에는 변별능력(徵知)이 있다. 징지는 귀를 통해 소리를 알게 되고, 눈을 통해 형체를 알게 된다. 그러나 징지는 반드시 감각기관(天官)이 사물을 유에 따라 기록한 연후

> 에야 가능하다. 감각기관이 기록했지만(簿) 분류하지 못하고, 심이 증명하려 하여도 설명해 낼 수 없는 경우 우리는 '모른다(不知)'고 한다."[24]

기본적으로 우리는 오관을 통한 감각 인식을 바탕으로 외부 세계를 알게 된다. "형체와 색깔과 살결은 눈으로 차이를 구별하고, 소리의 맑음과 탁함, 악기의 가락과 기이한 소리는 귀로 차이를 구별하고, … 아프고 가렵고 차고 뜨겁고 매끄럽고 따갑고 무거운 것은 몸으로 차이를 구별한다."[25] 그러나 궁극적으로 우리 마음이 개입하여 분류하고 판단하여 앎이 확정되면 우리는 그 사물에 대하여 명칭을 부여한다.

2) 개념(名)의 체계

우리가 사용하는 개념들에는 여러 가지 층차가 있다. 가령 '한국인〈인간〈동물〈생물…' 등을 나열한다면 '한국인'이 가장 좁은 개념이고 '생물'이 더욱 포괄적인 개념이라 할 수 있다. 논리학에서는 상위 개념을 '유類 개념'이라 하고 하위 개념을 '종種 개념'이라 한다. 그런데 순자도 이러한 개념의 분류를 어느 정도 인식하고 있었다.

24 "心有徵知. 徵知則緣耳而知聲可也; 緣目而知形可也. 然而徵知必將待天官之當簿其類然後可也. 五官簿之而不知, 心徵之而無說, 則人莫不然謂之不知." 『荀子』, 「正名」편.

25 "形體色理以目異, 聲音清濁調竽奇聲以耳異, 甘苦鹹淡辛酸奇味以口異. 香臭芬鬱腥臊漏庮奇臭以鼻異, 疾癢滄熱 滑鈹輕重以形體異." 「正名」편.

"만물은 비록 수없이 많지만 때로 그 전부를 언급하고자 할 경우 물物이라고 부른다. 물이라는 것은 대공명大共名인데, 이것은 총괄하고 또 총괄하여, 더 이상 총괄할 수 없을 때 그친다. 또한 때로 한 부분을 구별하여 언급하고자 할 경우 가령 조수鳥獸라고 일컫는다. 조수라는 것은 대별명大別名인데, 이것은 구별하고 또 구별하여, 더 이상 구별할 수 없게 된 연후에 그친다."[26]

순자가 말하는 공명共名, 별명別名은 각각 논리학에서 사용하는 유 개념, 종 개념에 해당한다. 현대 논리학에서 말한다면 유 개념으로 끝까지 넓혀 가면 '존재'라는 개념에 닿게 되고, 종 개념으로 계속 좁혀 가면 종국에는 고유명사에 이른다. 위에서 순자는 가장 넓은 유 개념을 '사물(物)'이라 하였다. 여기서 보자면 그는 유 개념, 종 개념의 체계를 파악하고 있었다.

그런데 개념의 의미는 어떻게 보아야 되는가? 순자는 어떤 개념에 고유하고 고정된 의미가 정해져 있는 것이 아니며 그 의미는 사회적 습속에 의해서 정해진다고 보았다.

"이름 자체에 본래의 고정된 의미가 있는 것이 아니다(名無固宜). 이름은 약정에 의해 명명되며, 약정이 확립되어 습속이

26 "故萬物雖衆, 有時而欲無擧之, 故謂之物. 物也者, 大共名也. 推而共之, 共則有共, 至於無共然後止. 有時而欲偏擧之, 故謂之鳥獸. 鳥獸也者, 大別名也. 推而別之, 別則有別, 至於無別然後至." 「正名」편.

되면 바로 합당한 이름이며, 약정과 다르면 합당치 못한 이름이다. … 그러나 이름에는 본래 좋은 이름이 있다. 평이하여 부르기 쉬운 것이 바로 좋은 이름이다."[27]

여기서 다루는 문제는 현대적으로 보자면 '의미론'의 문제이며, 유가에서 다루어 오던 개념과 그 대상(名實)의 문제이다. 순자는 여기서 상식에 맞지 않는 명제들을 내세우는 궤변론자(辯者)를 의식하고 있는 듯하다. 어떤 개념(名)에는 고정불변적 의미가 처음부터 주어진 것이 아니며, 따라서 그 개념이 사회에서 일반적인 습속이 되면 그 이름(개념)으로 사용하면 된다. 더욱이 그 이름이 평이하여 부르기 쉽다면 좋은 이름이 될 것이다.

순자는 당시 학술의 중심이었던 직하학궁에서 지도저 역할을 한 대학자였다. 따라서 그는 이지적인 자연관, 현실적인 인간관, 구조적인 사회관, 명쾌한 언어관 등에서 놀라운 학문적 성취를 보여 준다. 그는 진정으로 중국 고대 사상의 종합자였다.

27 "名無固宜, 約之以命, 約定俗成謂之宜, 異於約則謂之不宜. … 名有固善, 徑易而不拂, 謂之善名."「正名」편.

참고 자료

순자와 아리스토텔레스

희랍의 디오게네스는 사회적 체면 등을 일체 무시하고 살았기 때문에 사람들은 그를 '개'(犬儒學派, Cynics)라고 놀렸다. 그런 그가 하루는 털 뽑은 벌거숭이 닭을 들고 플라톤에게 찾아가서 던졌다. 플라톤이 "인간은 털 없는 두발 짐승이다"라고 말한 것이 당시 알려졌는데, 이와 같이 정의하면 '털 뽑은 닭'도 '인간'이 되기 때문이다. 그런데 비슷한 이야기가 『순자』에도 나온다. "사람의 특징을 '두 발과 털 없는 것(二足而無毛)'으로만 말할 수 없다. 분별심이 있지 않으면 사람이 아니다."

더욱 흥미로운 점은 '소크라테스 → 플라톤 → 아리스토텔레스'로 이어지는 희랍 고전철학의 흐름은 '공자 → 맹자 → 순자'로 이어지는 고전 유학의 흐름과 매우 비슷하다. 공자와 소크라테스는 철학자의 전형을 보여 주어 엄청난 존경을 이끌어 낸 점, 제자들이 스승과의 대화를 기록한 점에서 일치한다. 맹자와 플라톤은 자기 스승의 전통을 최대한 이상적인 형태로 전개한 점에서 똑같다. 아리스토텔레스와 순자는 각각 자기 전통에서 너무 이상에 치우친 것을 현실의 관점으로 끌어내리고 체계화한 점에서 공통된다.

순자와 아리스토텔레스를 좀 더 비교해 보자면 다음 몇 가지 점에서 이들의 철학사적 위치는 놀랍게도 닮아 있다. ① 이들은 최초로 논문으로 글을 쓰기 시작한 '전문적인 학자'였다. 이전까지는 그저 대화한 것을 기록하는 정도였던 것이다. ② 서로 다른 주장이나 논쟁을 정리할 수 있는 '논리학'을 체계화한 점이 일치한다. 아리스토텔레스는 '삼단논법'을 체계화하였고, 순자는 개념을 바르게 사용하는 법(正名)을 체계화하였다. ③ 이들은 이전과 달리 인문학과 철학을 추구하면서도 자연학을 중시했다. 아리스토텔레스는 생물학을 비롯한 자연과학에 해박한 지식을 가지고 있었고, 순자의 자연관(天論)은 중국 철학사에서 가장 이지적이고 우수한 수준을 자랑하고 있다. ④ 이들은 고대 사상을 종합한 사상사적 위치가 일치한다. 두 사람 모두 대학교 총장에 해당하는 역할을 할 수 있는 행운도 동시에 가지고 있었다.

(김수중 교수의 철학산책, 한겨레신문, 2005. 01. 17.)

11장. 한비자韓非子: 효율적 통치를 위한 철학

1. 법가의 형성과 한비자

기원전 453년에 중원 지방에서 진晉나라의 대부이자 3경卿인 한호韓虎, 위구魏駒, 조맹趙孟이 그 나라 제후를 죽이고 영토를 셋으로 나누어 차지하면서 각각 제후로서 행세하였다. 이것이 삼진三晉의 성립 사건이다. 무력한 주나라의 중앙 왕실은 기원전 403년에 이들의 후손을 제후로 인정하였으니, 그 성씨에 따라 한韓, 위魏, 조趙의 독립된 세 나라가 등장한 것이다. 역사에서는 이 사건 이후를 '전국시대'라 부른다. 춘추시대까지 명맥을 유지하던 주나라 기본제도가 완전히 무너졌다고 보아 새로이 시대를 구분하는 것이다.

맹자는 "백성이 가장 귀하고, 국가(사직)가 다음이며, 군주는 오히려 가볍다"[01]라고 말했으니, 그는 백성의 안목에서 사상을 전개하였으며, 적어도 일반 백성을 도외시하지는 않았다. 그러나 부국강병으로 천하통일을 꿈꾸는 풍조가 일반화된 전국시대 후기에 이르면 분위기가 달라진다. 순자는 인간과 사회를 현실적으로 직시하여 사회'통치'의 관점에서 인간관과 정치 사상을 제시하였다. 일반 백성은 관리의 대상이 된 것이다. 그의 제자들인 한비자와 이사李斯는 한발 더 나아가 통치자의 관점에서 정치 사상을 전개하였다. 통치자의 리더십 확보와 효율적인 사회, 그리고 그 결과로 확보될 수 있는 부국강병이 지상의 목표였던 것이다.

크게 보아 법가 사상은 중원의 삼진三晉과 제나라에서 성행했다.[02] 신도愼到와 순자는 조趙나라 출신으로 제나라에서 학술활동을 했고, 신불해申不害와 한비자는 한韓나라에서 활동했다. 상앙商鞅은 일찍이 진秦나라에서 효공을 도와 공을 세운 법가 사상의 선구자이다.

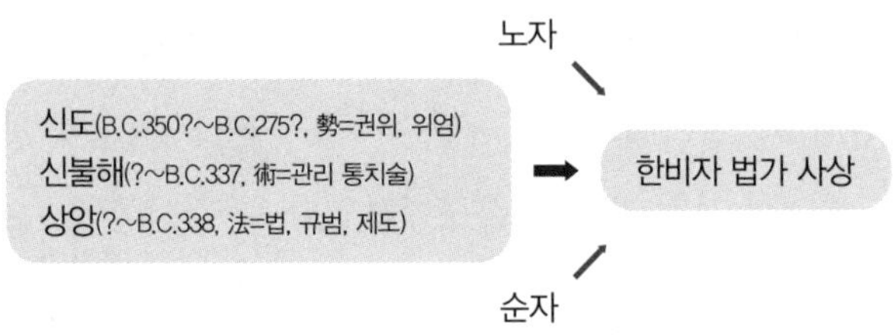

한비자(韓非子, B.C.279?~B.C.233)[03]는 법가 사상을 종합한 인물이

01 "民爲貴, 社稷次之, 君爲輕." 「盡心」 下편.

02 馮友蘭 저, 『중국철학사』(상), 박성규 옮김, 까치출판사, 1999, 497쪽.

03 '한비자'는 본래 책의 이름이며, 그 저자의 이름은 한비(韓非)이다. 그는 한(韓)나라 왕실의 서자로 태어났으며 이름은 비(非)이다. 그의 책은 다른 제자백가와 마찬가지로 『한자(韓子)』로 불리어 왔지만 후에 당나라의 한유(韓愈)도 그렇게 불렸기 때문에 혼동을 막기 위하여 지금의 책 이름으로 통용되어 왔다.

다. 그는 노자의 객관적인 도道 개념과 순자의 성악설의 인간관을 바탕으로 하고 선배 사상가들의 정치 사상을 종합하여 법가 사상을 완성하였다. 한비자와 법가 사상가들은 통치자의 관점에서 사상을 펼쳤다. 상앙이 주장한 '법' 외에도 신도가 주장한 권위(勢) 그리고 신불해가 강조한 관리 통치술(術)을 종합하여 한비자는 그의 철학 사상을 구성하였다.

한비자의 생애는 잘 알려져 있지 않다. 사마천의 『사기』, 「열전」에 나와 있는 주요 부분은 다음과 같다.

> "한비韓非는 한韓나라 여러 공자公子의 한 사람이다. 그는 형명刑名과 법술法術의 학을 좋아하였으나, 그 근본은 황노학黃老學에 바탕을 두고 있다. 한비는 말더듬이여서 입으로 말을 잘할 수 없었으나 저술은 뛰어났다. 이사李斯와 함께 순자荀子에게서 배웠는데, 이사는 자신이 한비만 못하다고 여겼다. 한비는 한韓나라가 영토가 깎이고 국력이 약해지는 것을 보고서 한왕韓王에게 여러 차례 간언하였으나 한왕은 수용하지 않았다. 한비는 왕이 국가를 다스림에 법제를 명확히 정비하고, 권세를 장악하여 신하를 제압하고, 부국강병을 위한 인재를 구하여 현명한 자에게 일을 맡기는 등의 일을 하지 않고, 도리어 경박하고 간사한 좀벌레 같은 자들을 뽑아 재능 있는 인재들 위에 앉히는 것을 보고 크게 통탄했다. 그는 유자儒者들은 글로 국법을 어지럽히며, 협객들은 무력으로 국가의 법령을 어기는 자들이라고 생각하였다. … 어떤 사람이 한비의 책

을 진나라에 전하니, 진시황秦始皇이 「고분孤憤」, 「오두五蠹」의 글을 보고서 말하였다: "아아, 과인이 이 사람을 만나서 교유交遊하면 죽어도 한이 없겠도다!" 곁에 있던 이사李斯가 말하였다: "이것은 한비가 지은 글입니다." 이에 진나라가 한을 급박하게 공격하였다. 한왕은 일찍이 한비를 등용하지 않았으나 이때에 이르러 상황이 급박해지자 곧 그를 진나라에 사신으로 보냈다. 진시황이 그를 보고 매우 기뻐하였으나 아직은 믿고 쓰지 않았다. 이때 이사李斯와 요가姚賈가 한비를 모해하기 위해서 그를 헐뜯어 이렇게 말하였다: "한비는 한나라 공자입니다. 지금 대왕은 제후국들을 병합하고자 하시는데, 한비는 결국 한나라를 위할 것이고 진나라를 위하지 않을 것입니다. 이것은 인지상정입니다. 지금 대왕께서 그를 기용하지 않고서 오랫동안 억류하다가 돌려보낸다면 그것은 스스로 화근을 남겨 두는 셈입니다. 허물을 물어 법으로 그를 처단함만 못합니다." 진시황도 그렇다고 생각하여 옥리에게 넘겨서 한비를 치죄하게 하였다. 이사는 사람을 시켜 한비에게 독약을 보내 자살하도록 하였다. 한비는 진시황에게 스스로 해명해 보고자 하였으나 만나 뵐 수가 없었다. 진시황이 뒤늦게 후회하고 사람을 시켜서 사면코자 하였으나, 한비는 이미 죽어 있었다."04

04 "韓非者, 韓之諸公子也. 喜刑名法術之學, 而其歸本於黃老. 非爲人口吃, 不能道說, 而善著書. 與李斯俱事荀卿, 斯自以爲不如非. 非見韓之削弱, 數以書諫韓王, 韓王不能用. 於是韓非疾治國不務脩明其法制, 執勢以御其臣下, 富國彊兵而以求人任賢, 反擧浮淫之蠹而加之於功實之上. 以爲儒者用文亂法, 而俠者以武犯禁. … 人或傳其書至秦. 秦王見「孤憤」·「五蠹」之

2. 한비자의 역사관과 인간관

1) 복고적 역사관 비판

법가 사상가들을 일관하는 근본 모티브는 '구제도를 현시점에 맞게 개정하자(變法)'는 이념이다. 그들의 이러한 변법의 정신은 개혁의 의지를 포함하며, 따라서 먼 과거를 '황금 시기'로 미화하던 일반적인 사상 경향과는 차별화된다.

> "이전 왕조들은 정치 이념(敎)이 지금과 달랐는데, 어째서 옛것을 본받는단 말인가? 제왕帝王은 다시 오지 않는데, 어째서 그들의 예를 따른단 말인가? 복희와 신농은 백성을 교화하되 죽이지는 않았고, 황제와 요순은 벌하여 죽이는 일은 있었지만 과도하게 연좌하는 일은 없었다. 문왕과 무왕에 이르러 시대에 맞추어 입법하고 사례에 근거하여 예를 제정했다. 예와 법을 시대에 맞게 정했고, 제도와 법령은 적합성을 따져서 제정하였다. 병기와 갑옷과 각종 기물은 사용하기에 편리하도록 만들었다.
>
> 따라서 나는 이렇게 말한다: 세상을 다스리는 방법은 한 가지

書, 曰: 嗟乎, 寡人得見此人與之游, 死不恨矣! 李斯曰: 此韓非之所著書也. 秦因急攻韓. 韓王始不用非, 及急, 迺遣非使秦. 秦王悅之, 未信用. 李斯 · 姚賈害之, 毁之曰: 韓非, 韓之諸公子也. 今王欲并諸侯, 非終爲韓不爲秦, 此人之情也. 今王不用, 久留而歸之, 此自遺患也, 不如以過法誅之. 秦王以爲然, 下吏治非. 李斯使人遺非藥, 使自殺. 韓非欲自陳, 不得見. 秦王後悔之, 使人赦之, 非已死矣." 『史記』, 「老子韓非列傳」.

일 수 없고, 나라를 편안케 한다고 하여 반드시 옛것을 본받을 필요는 없다. 은나라 탕왕과 주나라 무왕은 옛 법을 답습하지 않고도 융성했고, 은나라와 하나라의 멸망은 예를 바꾸지 않아서 그리 된 것이다. 그런즉 옛 법을 반대한다고 반드시 비난할 수는 없고, 옛 예제를 따른다고 찬양할 만한 것은 못 된다."[05]

상앙은 여기서 옛 법이나 제도를 안이하게 따르는 보수적 태도를 비판하고, 새 시대의 새로운 환경에 맞게 법과 제도를 고칠 것(變法)을 역설하고 있다. 따라서 역사가 발전한다고 직접 말한 것은 아니지만 퇴영적 태도에 대한 그의 전반적 반대는 진보적 역사관을 잉태하고 있다고 할 수 있는 것이다.

한비자는 보다 분명하게 고대, 중세, 현금의 시대를 구분하고, 고대의 원시적 사회로 돌아가려는 일체의 행위는 어리석다고 비판한다.

"상고시대에는 사람 수는 적고 오히려 짐승의 숫자가 더 많았다. 사람들은 짐승이나 곤충, 뱀 등을 이기지 못하였다. 그때 한 성인이 나와서 나뭇가지를 엮어 새 둥지 같은 집을 지으면서 여러 가지 해악을 피할 수 있었다. 사람들은 기뻐하

05 "前世不同教, 何古之法? 帝王不相復, 何禮之循? 伏羲 · 神農, 教而不誅. 黃帝 · 堯 · 舜, 誅而不怒. 及至文 · 武, 各當時而立法, 因事而制禮. 禮 · 法以時而定; 制 · 令各順其宜; 兵甲器備, 各便其用. 臣故曰: 治世不一道, 便國不必法古. 湯 · 武之王也, 不脩古而興; 殷 · 夏之滅也, 不易禮而亡. 然則反古者未必可非, 循禮者未足多是也." 『商君書』, 「更法」편.

며 그를 천하를 다스리는 왕으로 삼고 유소씨有巢氏라고 불렀다. … 지금 하후씨의 시대처럼 새 둥지 집을 짓고 나뭇가지를 비벼 불을 피우고자 한다면 곤임금과 우임금에게 비웃음을 살 것이다. 또 은·주 시대에 우임금처럼 둑을 내서 물길 트는 일을 했다면 반드시 탕왕과 무왕에게 웃음거리가 되었을 것이다. 마찬가지로 만일 누가 요·순·우·탕·무왕의 도를 오늘의 세상에 행하자며 찬미한다면 반드시 이 시대의 성왕에게 웃음거리가 될 것이다. 그러므로 성인은 옛것을 따르려고 기필하지 않으며, 고정불변의 법칙을 고집하지 않으며, 시대의 상황을 살펴서 그에 부응하는 대비책을 도모한다. 송宋나라의 어떤 농부가 밭을 갈고 있었다. 어느 날 밭 가운데에 있는 그루터기에 달아나던 토끼 한 마리가 부딪쳐 목이 부러져 죽었다. 이를 본 농부는 쟁기를 버려두고 그루터기를 지키고 앉아 다시 또 토끼가 오기를 기다렸다. 그러나 다시는 토끼를 잡지 못하고 그는 송나라의 웃음거리가 되었다. 지금 고대 선왕들의 정치 방식으로 현재의 인민을 다스리고자 한다면 모두 농부가 그루터기를 지키고 앉아 있는 격(守株待兎)이 될 것이다."06

06 "上古之世, 人民少而禽獸衆, 人民不勝禽獸蟲蛇. 有聖人作, 搆木爲巢以避群害, 而民悅之, 使王天下, 號之曰有巢氏. … 今有構木鑽燧於夏后氏之世者, 必爲鯀 · 禹笑矣. 有決瀆於殷 · 周之世者, 必爲湯 · 武笑矣, 然則今有美堯 · 舜 · 湯 · 武 · 禹之道, 於當今之世者, 必爲新聖笑矣. 是以聖人不期修古, 不法常可. 論世之事, 因爲之備. 宋人有耕者, 田中有株, 免走觸株, 折頸而死. 因釋其耒而守株, 冀復得免. 免不可復得, 而身爲宋國笑. 今欲以先王之政, 治當世之民, 皆守株之類也."『韓非子』, 「五蠹」편.

위의 인용문은 수주대토守株待兎라는 고사성어가 나온 「오두五蠹」편의 앞 부분이며, 짧은 글이지만 한비자의 신랄한 문체를 느낄 수 있다. 마치 토끼가 나무 그루터기에 와서 부딪쳐 죽은 것이 우연에 불과한 것처럼 고대에 성인들이 도덕으로 사회를 다스린 것은 소박한 시대에 한번 지나간 우연이었으며, 지금 다시 그 시대와 같은 정치를 기대하는 것은 어리석은 일이라는 것이다. 한비자는 여기서 고대의 원시적인 사회를 결코 황금 시기로 미화하지 않는다. "요임금이 천하를 다스릴 당시 띠풀을 엮어 만든 지붕은 다듬지도 않았고, 상수리나무로 만든 서까래는 깎지도 않았고, 음식은 벼를 매통에 갈아서 왕겨만 벗기고 속겨는 벗기지 않은 매조미쌀 등으로 만든 떡 모양의 밥에 채소와 콩잎으로 만든 국을 먹었다."[07] 그래서 요임금이 천하를 양보하여 선양한 일도 결코 대단한 일이 아니었다.

2) 인간관: 성악설의 심화 적용

순자의 성악설에 의하면, 인간은 철저히 이기적이고 경쟁적인 욕망의 본성을 가지고 있다. 한비자는 이러한 인간관을 계승할 뿐만 아니라, 그것을 더욱 심화시켜 사회 각 방면에 적용하였다.

> ① "수레 만드는 사람은 수레를 제작하면서 사람들이 부귀해지기를 바라고, 관을 만드는 사람은 관을 짜면서 사람이 일찍

07 "堯之王天下也, 茅茨不翦, 采椽不斲; 糲粢之食, 藜藿之羹." 「五蠹」편. 신동준 옮김, 『한비자』(하), 인간사랑, 2020, 618쪽.

죽기를 바란다. 이는 수레 만드는 사람이 어질고, 관을 짜는 사람이 악하기 때문이 아니다. 사람이 부유해지지 않으면 수레가 팔리지 않고, 사람이 죽지 않으면 관을 팔 수 없기 때문이다. 관을 짜는 사람의 감정이 남을 미워해서가 아니라 사람이 죽어야 이익을 볼 수 있기에 그런 것이다."[08]

② "무릇 일꾼을 사서 농사짓는 경우 주인이 경비를 내어 좋은 음식을 먹이고, 화폐 중에 좋은 전폐錢幣로 품삯을 주는 것은 일꾼을 사랑해서가 아니라, 이렇게 해야 일꾼들이 밭을 깊이 갈고 김맬 때 잘 매어 주기 때문이다. 일꾼이 힘써 일하여 열심히 김매 주고 농사짓는 데 기술을 다하고 밭고랑을 똑바로 해 주는 것은 주인을 사랑해서가 아니다. 이렇게 해야 고깃국이 좋아지고 받는 전폐의 질이 좋아지기 때문이다."[09]

③ "군신의 상하 관계는 부자지간 같은 혈연의 정이 없다. 도의를 가지고 신하들을 누르려 하면 반드시 틈이 생길 것이다. 하물며 부모가 자식을 대할 때도 아들을 낳으면 서로 축하하지만 딸을 낳으면 그 애를 죽여 버린다. 다같이 부모의 품 안에서 나왔지만 남자는 축하하고 여자를 죽이는 뒷날의 이점

08 "故輿人成輿, 則欲人之富貴. 匠人成棺, 則欲人之夭死也. 非輿人仁而匠人賊也, 人不貴, 則輿不售. 人不死, 則棺不買. 情非憎人也, 利在人之死也."『韓非子』,「備內」편.

09 "夫賣庸而播耕者, 主人費家而美食, 調布而求易錢者, 非愛庸客也, 曰: 如是, 耕者且深, 耨者熟耘也. 庸客致力而疾耘耕者, 盡巧而正畦陌畦時者, 非愛主人也, 曰: 如是, 羹且美, 錢布且易云也."『韓非子』,「外儲說」左上편.

> 을 생각해 보고 먼 장래의 이득을 따져 본 결과이다. 부모와 자식 사이조차 이처럼 계산하는 마음으로 서로 대하거늘, 하물며 군신 관계처럼 혈연의 정이 없는 경우에랴? 지금 학자들은 '이득을 찾는 마음'을 버리고 '서로 사랑하는 도리'에서 출발하라고 임금들에게 유세를 한다. 이것은 임금에게서 부모의 사랑보다 더 깊은 사랑을 요구하는 것이다. 이것은 군주의 은택을 따짐에 어울리지 않는 말이니, 사기이며 속임수인 것이다. 따라서 총명한 군주는 이런 주장을 받아들이지 않는다."[10]

①에서 보자면, 모든 사람은 이익을 추구한다. 이익 앞에서는 호오의 감정도 의미가 없다. 관을 짜는 사람은 많은 사람이 죽기를 속으로 바라고, 수레 만드는 사람은 많은 사람이 부자가 되어 수레를 팔아 주기를 희망한다. 그렇다고 이것으로 선악을 가릴 수는 없으니, 단지 자기 직업에서 각자 이익을 추구하는 것뿐이다. ②에서 보자면, 자기 집에 고용된 일꾼에게 제일 좋은 화폐를 지불하고 좋은 반찬을 대접하는 경우, 일꾼을 사랑해서 그런 것은 결코 아니고, 그렇게 해서 자기 일을 잘해 주어 이익을 보고자 함일 뿐이다. ③에서는 더군다나 군신 관계와 같은 사회적 관계는 철저히 계산적이며 서로 이익을 추구하는 사이이다. 따라서 임금에게 '서로 사랑하는 도리'를 요구하며

10 "今上下之接, 無子父之澤, 而欲以行義禁下, 則交必有郄矣. 且父母之於子也, 産男則相賀, 産女則殺之. 此俱出父母之懷衽, 然男子受賀, 女子殺之者, 慮其後便, 計之長利也. 故父母之於子也, 猶用計算之心以相待也, 而况無父子之澤乎? 今學者之說人主也, 皆去求利之心, 出相愛之道, 是求人主之過於父母之親也, 此不熟於論恩, 詐而誣也, 故明主不受也."『韓非子』, 「六反」편.

유세하는 지식인들의 말은 모두 사기이며 속임수에 불과하다. 순자가 말한바 인간 본성의 이기적인 특성을 사회 각 관계에 철저하게 적용하는 것이 한비자의 사회 관념이다. 그리고 이렇게 극단적인 이기주의에 기반을 두어 인의仁義와 같은 도덕성에 의한 통치를 철저히 반대하고, 신상필벌과 엄중한 법의 시행을 통한 통치를 그는 추구했다.

3. 군주의 세 가지 통치 도구

1) 법(法: 객관적 규범)

한비자는 군주가 효율적인 통치를 하기 위해서는 법法, 세勢, 술術 등 세 가지가 필수적이라고 보았다. 우선 한비자의 법 개념부터 살펴보기로 한다.

『예기』에 "예는 서인에까지 내려가지 않고, 형은 대부에까지 올라가지 않는다(禮不下庶人 刑不上大夫)"라는 말이 있으니 서주 시기 봉건제 아래서 귀족 상호 간에는 예를 통해 다스리고 서민들에게는 가혹한 형벌로 다스렸다는 점을 반영하고 있다. 이와 달리 법은 군주를 제외한 모든 사람에게 일반적으로 적용된다. 부국강병을 위한 통치술로서 법의 중요성을 제기한 사람은 한비자보다 대략 1세기 정도 선배가 되는 상앙이었다. 상앙은 말한다.

① "법이라는 것은 백성을 사랑하는 수단이며, 예는 정사를

편하게 처리하기 위한 방법이다. 성인은 나라를 강하게 할 수 있으면 옛날의 법을 본받지 않고, 백성을 이롭게 할 수 있다면 옛날의 예를 따르지 않는다."[11]

② "법이란 나라를 다스리는 저울이다."[12]

③ "군주君主는 있으나 법이 없다면 그 폐해는 군주가 없는 것과 동일하다."[13]

법은 시행 전에 먼저 나라 전체에 공표하여 규정과 기준을 알리는 것이다. 따라서 이전까지 백성들이 애매성과 주관성으로 갖게 되는 공포를 벗어나게 해 준다. 그래서 ①에서는 백성을 사랑하는 수단이 된다고 하였다. 그리고 지혜로운 성인은 옛날의 법이나 예가 현실에 맞지 않으면 따르지 않는다고 한다. 또한, 법은 나라를 다스리는 기준이며 사회의 균형이 되는 저울이 된다(②). 그래서 만일 법이 없으면 군주의 통치 의미가 반감될 것이다(③).

한비자는 상앙의 성문법 정신을 계승하여 그 공개성과 객관성을 더욱 강조하였다. 공개된 법이 일반 백성과 귀족들에게 보편적으로 적용됨으로써 우선 통치자의 임의적 주관성을 배제할 수 있고, 귀족들의 특권을 제어하는 장점이 있었을 것이다. 한비자는 말한다.

11 "法者所以愛民也, 禮者所以便事也. 是以聖人苟可以彊國, 不法其故; 苟可以利民, 不循其禮." 『商君書』, 「更法」편.

12 "法者 國之權衡也." 『商君書』, 「修權」편.

13 "有主而無法 其害與無主同." 『商君書』, 「開塞」편.

① "법이란 먼저 문서로 엮어 관부에 비치해 두어 백성에게 널리 알리는 것이다. 술術이란 군주의 마음속에 간직해 두고 여러 증거와 대조해 가며 은밀히 신하들을 통제하는 것이다. 법은 명확히 드러날수록 좋고, 술은 겉으로 드러나지 않을수록 좋다."[14]

② "법과 술術을 버려두고 자기 마음대로 다스리면 요임금 같은 성왕도 한 나라도 바로잡지 못할 것이다. 걸음쇠와 곱자를 팽개치고 짐작으로 헤아리면 해중奚仲 같은 장인도 바퀴 하나를 완성하지 못할 것이다. 자(尺)를 팽개치고 길이를 가늠하면 왕이王爾 같은 장인도 반도 적중하지 못할 것이다. 그러나 평범한 군주라도 법과 술을 준수하여 다스리고, 서툰 장인이라도 컴퍼스·곱자와 자를 사용한다면 만에 하나의 실수도 없을 것이다."[15]

①에서 한비자는 법과 술(術: 관리 통치술)을 함께 설명한다. 법은 가능하면 널리 공개하여 사회에 명확히 드러날수록 좋다. 인사관리에 이용되는 술術이 군주의 마음속에 숨겨져 있는 것과 대비된다. 법은 문서화되어 그 기준이 투명하게 알려져야 한다. 그래서 주관성이 배제되고 객관성과 보편성을 확보하는 것이 관건이다(②). 만일에 도

14 "法者, 編著之圖籍, 設之於官府, 而布之於百姓者也. 術者, 藏之於胸中, 以偶衆端而潛御群臣者也. 故法莫如顯, 而術不欲見." 『韓非子』, 「難三」편.

15 "釋法術而任心治, 堯不能正一國. 去規矩而妄意度, 奚仲不能成一輪. 廢尺寸而差短長, 王爾不能半中. 使中主守法術, 拙匠守規矩尺寸, 則萬不失矣." 『韓非子』, 「用人」편.

구가 되는 법과 술이 없이 통치를 한다면 요임금 같은 성군도 제대로 다스릴 수 없으며, 이것은 걸음쇠와 곱자라는 도구가 없으면 아무리 훌륭한 목수라도 제대로 일을 할 수 없는 것과 같다.

특히 한비자는 유가의 도덕정치를 반대한다. 도덕정치는 결국 사람에 의한 통치(人治)를 벗어날 수 없는데, 거기서는 객관성이 확보될 수 없기 때문이다. 그래서 그는 "군신 사이의 관계는 가족관계가 아니며, 계산에 의해서 나오는 것이다"[16]라고 강조한다. 그의 입장에서는 주관적 도덕을 극복해야 법의 객관성이 확립된다고 보는 것이다.

2) 술(術: 통치술, 관료 다루는 기술)

한비자가 말하는 술(術: 기술)은 좁게 말하자면 신하와 관료를 다루는 기술이다. 군주는 한 사람이지만 신하와 관료는 매우 많다. 따라서 군주가 그 많은 신하를 평가하고 다스리는 것은 불가능에 가깝다. 따라서 거기에 독특한 기술이 필요한데 그것이 술이다. 그 기술만 응용하면 보통 사람(中者)도 누구나 쉽게 다스릴 수 있다고 한다. 한비자는 말한다.

> "술術은 군주가 신하의 능력에 따라 관직을 주고, 신하가 말한 건의를 토대로 그 실적을 추궁하며, 신하의 생살권을 가지고서 여러 신하들의 능력을 시험하는 것이니, 이것은 군주가 반

16 "君臣之際 非父子之親也 計數之所出也." 『韓非子』, 「難一」편.

드시 장악해야 하는 것이다."[17]

여기서 '명분에 따라 그 실제를 추궁한다(循名而責實)'는 구절이 있는데, 이것은 공자나 순자가 말한 정명正名론을 확대 응용하는 것이다. 가령 어떤 직책(名)을 주었을 때 그 관료가 직책에 맞는 실적(實)을 내고 있는지 확인한다. 혹은 그 신하가 건의한 내용이 실효를 내고 있는지 확인한다. 그리고 그 신하나 관료에 대한 능력 평가를 군주가 쥐고 있으면, 그들은 최대한의 능력을 경쟁적으로 발휘할 것이다.

이와 같은 술 개념은 본래 한 세대 선배인 신불해가 먼저 주장한 것이었다. 신불해는 "군주는 그 근본을 조종하고 신하는 그 구체적인 내용을 다루며, 군주가 그 요점을 다스리면 신하는 상세한 내용을 처리한다"라고 말한다. 같은 취지로 한비자는 말한다.

> "훌륭한 군주는 관리를 다스리지 백성을 직접 다스리지 않는다. 실례를 들자면, 나무 밑동을 흔들어 나무 전체의 잎을 흔들고, 그물의 벼리를 당겨 그물 전체를 펴는 것이다. 불이 났을 때 불을 끄기 위해 소방관이 홀로 달려가는 방식은 논의 대상이 못 된다. 소방관이 홀로 물동이를 들고 달려가 봐야 한 사람을 이용할 수 있을 뿐이지만, 채찍을 들고 사람들을 부린다면 만 명을 부릴 수 있는 것이다."[18]

17 "術者, 因任而授官, 循名而責實, 操殺生之柄, 課群臣之能者也, 此人主之所執也." 「定法」편.
18 "故明主治吏不治民. 說在搖木之本. 與引網之綱. 故失火之嗇夫, 不可不論也. 救火者, 吏操壺走火, 則一人之用也; 操鞭使人, 則役萬夫." 「外儲說」 右下편.

한비자의 생각으로는 관리들만 효율적으로 다스린다면 큰 나라를 다스리는 것도 어려운 것이 아니다. 만일에 필요한 법망을 치밀하게 만들어 놓고 각각의 지위에 있는 신하와 관료들이 제 명분에 맞는 역할을 제대로 하고 있는지 시험하여 신상필벌을 한다면 군주는 하는 일 없이 모든 일을 수행할 수 있다. 그러기 위해서 군주는 상과 벌이라는 두 개의 칼자루만 쥐고 있으면 된다. 그리고 그것을 효율적으로 발휘하기 위해서는 권위나 위엄으로서 세勢가 필요하다.

3) 세(勢: 권세, 위엄)

한비자는 통치자의 필수요건으로 법과 술 외에 권세 혹은 위엄이라 할 수 있는 세勢가 반드시 필요하다고 보았다. 원래 세를 강조한 것은 신도愼到였나. 한비자는 신도를 인용하여 다음과 같이 말한다.

> "신자愼子는 말했다: 하늘을 나는 용은 구름을 타고, 하늘로 뛰어오르는 뱀은 안개 속을 노닌다. 구름이 개이고 안개가 걷히면 용과 뱀은 지렁이나 개미와 다를 바 없이 땅에 떨어진다. 올라타는 구름과 안개를 잃었기 때문이다. 현자가 불초자에게 몸을 굽히는 것은 권세가 가볍고 자리가 낮기 때문이다. 불초자가 현자를 복종시킬 수 있는 것은 권세가 무겁고 지위가 높기 때문이다. … 나는 이것으로 권세와 지위는 믿을 수 있으나 재능과 지혜는 부러워할 게 못 된다는 것을 알 수 있다."[19]

군주가 확고하게 정사를 시행하기 위해서는 권세 혹은 위엄이 있어야 하며 신도가 말하는 '세'는 외적인 것이고 분위기와 배경에서 저절로 우러나오는 권위이다. 한비자에 의하면 이러한 자연적인 위세는 계승되어 내려온 권위를 의미하는 것으로, 이는 즉 부친이 자식에게 물려준 권위 같은 것이다. 한비자는 이것을 받아들이면서도 거기에 인위적인 '세'를 더해야 한다고 본다. 그것은 법이 보장하는 상벌 제도이다.

> "현명한 군주가 그의 신하를 이끄는 방법은 두 가지 칼자루이다. 그것은 형刑과 덕德이다. 형과 덕은 무엇인가? 사람을 죽이는 것이 형이고 상을 주는 것이 덕이다. 신하된 사람은 형을 두려워하고 상 받기를 좋아한다. 그러므로 군주 자신이 그의 형과 덕을 관장하면 곧 신하들은 그의 권위를 두려워하고 군주에게 이롭게 행동한다."[20]

신하들에게 상벌賞罰이라는 동기부여를 함으로써 군주는 신하들로부터 세를 장악하고 효율적인 통치를 할 수 있게 된다. 따라서 군주는 세를 통하여 권력이 자기에게 집중되도록 해야 한다. "힘이 많으면 사람들이 모이고 힘이 부족하면 사람들이 다른 사람에게 간

19 "愼子曰: 飛龍乘雲, 騰蛇遊霧, 雲罷霧霽, 而龍蛇與螾螘同矣, 則失其所乘也. 賢人而詘於不肖者, 則權輕位卑也; 不肖而能服於賢者, 則權重位尊也. … 由此觀之, 賢智未足以服衆, 而勢位足以缶賢者也." 『韓非子』, 「難勢」편.

20 "明主之所導制其臣者, 二柄而已矣. 二柄者, 刑德也. 何謂刑德? 曰: 殺戮之謂刑, 慶賞之謂德. 爲人臣者畏誅罰而利慶賞, 故人主自用其刑德, 則群臣畏其威而歸其利矣." 『韓非子』, 「二柄」편.

다."[21] 따라서 군주는 권력과 세를 자기에게만 집중해야 한다. "권세는 타인에게 빌려주어서는 안 된다, 군주가 그중 하나를 잃게 되면 신하들은 그것을 백배로 휘두른다."[22]

4. 황로 사상과 법가

법가 사상은 치밀한 법망을 만들고 엄격한 직제를 통해서 효율적인 통치를 목표로 하였다. 그런데 법가를 대표하는 한비자는 '무위이치無爲而治'를 말하고 『노자』의 일부 내용에 주석까지 지어 그것을 법가 사상과 상통한다고 보았으니, 좀 혼란스럽기까지 하다.

앞서 이 장의 초두에서 사마천은 한비자를 소개하면서 "그는 형명刑名과 법술法術의 학을 좋아하였으나, 그 근본은 황로학黃老學에 바탕을 두고 있다"라고 하였다. 황제는 삼황오제의 한 사람으로서 세상의 주요 문명과 법을 처음으로 만든 인물로 전해 오는데, 그를 가탁하여 노자 사상을 새로이 해석하는 것이 황로학이다. 황로학은 전국시대에 발생하여 한漢나라 초기에 유행하였다. 법가 사상가들은 법法이 도道와 연결된다고 보며, 노자의 '무위' 사상을 자기들 방식으로 해석하였다. 한비자의 다음 구절을 보자.

"무릇 각종 사물은 모두 그에 적합한 일이 있으며 재능 또한

21 "力多卽人朝, 力寡卽朝於人." 『韓非子』, 「顯學」편.
22 "權勢不可以借人, 上失其一, 臣以爲百." 『韓非子』, 「内儲說」 下편.

모두 그에 적합한 용도가 있다. 그러므로 모든 사람이 적합한 곳에 처하면 군신상하는 저절로(無爲) 다스릴 수 있다. 가령 닭에게 아침을 알리게 하고, 고양이에게 쥐를 잡게 하듯이 각 신하들의 능력을 사용하면 군주는 더 할 일이 없어진다. 만일 군주가 어떤 분야에 뛰어난 재능이 있어 이것을 함부로 드러내면 일이 복잡해질 뿐이다. 군주가 자만심으로 능력을 자랑하면 신하들은 속임수로 아부한다. 군주가 언변과 총명함을 좋아하면 신하는 바로 그런 재능을 이용한다. 이렇게 되면 상하의 역할이 바뀌어 나라는 잘 다스려지지 않는다."[23]

즉 군주는 모든 사람을 적재적소에 두어 각기 자기 할 일을 하게 하며, 본인은 아무 일도 하지 않으니 '무위無爲'를 실현하는 것이 된다는 것이다. 각 신하들의 능력을 사용하면 임금은 더 할 일이 없다. 그래서 결국 노자가 말한 것처럼 '아무것도 행하지 않지만 이룩하지 못할 것이 없다(無爲而無不爲).' 이런 해석으로 한비자는 법가의 입장을 노자 사상에 연결시켰다.

법가의 황로학은 직하학궁을 중심으로 형성되어 나온 절대군주를 위한 통치술이다. 한비자에게 큰 영향을 준 신도와 신불해는 직하학궁의 주요 인물로 활동했다. 이들에 의하면 군주는 실제로 '무위無爲' 하면서, 오직 '형명刑名'의 술術로 모든 신하들로 하여금 각자 스스

23 "夫物者有所宜, 材者有所施, 各處其宜, 故上下無爲. 使雞司夜, 令狸執鼠, 皆用其能, 上乃無事. 上有所長, 事乃不方. 矜而好能, 下之所欺: 辯惠好生, 下因其材. 上下易用, 國故不治." 「揚權」편.

로 책임을 맡아 일하게 할 뿐, 그들의 일에 간여함이 없이 자유방임해야 한다는 것이다.

한편 황로학은 여러 학파를 종합하여 새로운 융합을 추구하였기 때문에 유가, 법가, 묵가, 명가의 주장들을 서로 상통하도록 연결하였다. 법가가 언급하는 '형명刑名'은 '실제 형편과 명문'을 의미한다. 그들은 신하로 하여금 자기가 한 말(名), 또는 그 소명은 반드시 실천적 행위, 즉 형形을 통하여 드러나야 한다고 주장한다. 이 형명刑名학에 의하면, 군주는 신하들이 한 말이나 그 말의 명분(名)을 근거로 하여 그들이 실제로 행한 행위의 실질(實)에 대한 책임을 묻도록 제도를 만든다. 그래서 군주 본인이 작위할 일이 없으니 노자가 말한 '무위이무불위無爲而無不爲'가 된다. 노자 사상을 자기들 식으로 해석한 것이다.

황로학도 시대와 지역에 따라 서로 다른 특성이 있었다. '직하황로학'과 달리 '남방 황로학'은 도가의 내부 분화에서 발생하였는데 이들은 초나라 문화의 영향으로 초현실적이고 낭만적인 특성을 가지고 있다. 앞서 우리는 『장자』 33편 중에 6, 7편이 황로학파의 내용을 포함한다고 말한 바 있다. 『장자』에 나오는 한 대목을 통하여 남방황로학의 분위기를 음미해 보자.

> "제왕의 덕은 천지를 근원으로, 도덕을 주인으로, 무위를 법칙으로 삼는다. 무위가 천하에 작용하면 여유가 있지만 유위有爲가 천하에 작용하면 부족이 있다. 그러므로 옛사람들은 무위를 귀하게 여겼다. 군주가 무위하고 백성도 무위하면 백성이 군주와 덕을 같이하는데 결국 백성은 신하 역할을 못 한

다. 백성이 유위하고 군주도 유위하면 군주가 백성과 덕을 같이하는데 그러면 군주는 제대로 주군 역할을 못 한다. 군주는 반드시 천하를 무위로 다스리고, 백성은 천하를 위해 유위로 쓰이는 것이 불변의 도이다. 그러므로 옛날에 훌륭하게 왕노릇 한 사람은 천지를 감쌀 만한 지식이 있어도 스스로 사려하지 않았고, 만물을 다 묘사할 언변이 있어도 스스로 말하지 않았고, 온 천하를 다 맡아 처리할 능력이 있어도 스스로 하지 않았다. 하늘이 낳지 않아도 만물은 스스로 생겨나고, 땅이 키우지 않아도 만물이 자라듯이, 제왕은 함이 없었지만(無爲) 천하는 잘 다스려졌다." [24]

5. 한비자 사상의 의의와 한계

맹자는 말했다. "오로지 도덕적인 선만 가지고는 정치를 하기에 부족하고, 강제적인 법만 가지고는 시행할 수 없다."[25] 훌륭한 사회를 이루기 위해서는 내적인 도덕성과 외적 제도인 법이 모두 필요하다는 것을 맹자는 의식하고 있었던 것이다. 그러나 역사의 흐름에서

24 "夫帝王之德, 以天地爲宗, 以道德爲主, 以无爲爲常. 无爲也, 則用天下而有餘. 有爲也, 則爲天下用而不足. 故古之人貴夫无爲也. 上无爲也, 下亦无爲也, 是下與上同德, 下與上同德則不臣. 下有爲也, 上亦有爲也, 是上與下同德, 上與下同德則不主. 上必无爲而用天下, 下必有爲爲天下用, 此不亦之道也. 故古之王天下者, 知雖落天地, 不自慮也. 辯雖彫萬物, 不自說也. 能雖窮海內, 不自爲也. 天不產而萬物化, 地不長而萬物育, 帝王无爲而天下功." 『莊子』, 「天道」편.

25 "徒善不足以爲政 徒法不能以自行." 『孟子』, 「離婁」 上편.

보자면 전국시대 이후 전쟁이 더욱 장기화, 격화되고 모든 나라가 부국강병에 전력을 기울이는 분위기에서 도덕성 부분은 희미해지고 강력한 권력을 옹호하는 사상이 등장하게 된다.

순자도 사회제도를 중시하여 예禮를 크게 강조했지만, 그 제자들인 한비자, 이사 등은 전제군주를 위한 사상을 추구하게 되었다. 결과적으로 그들의 사상은 진나라에 채택되어 천하통일을 이루었고, 한나라 이후에도 전제 권력들은 겉으로 법가를 비판하면서도 법가의 유혹을 완전히 버리지는 못하였다.

실제로 법가는 장점들도 가지고 있었다. 우선 역사관에 있어서 최초로 복고적 관점을 반대하고 역사가 발전한다는 관점을 제시했다. 동서를 막론하고 근대 이전에는 고대를 황금기로 보는 역사관이 일반적이다. 기독교의 '에덴동산'도 그렇고 유가의 '요순시대' 관념도 그렇다. 그것에 비하여 한비자는 인간이 바로 역사의 주체라는 점을 확실하게 파악하였다. 이전의 '천명天命' 사상에는 왕권신수설 같은 요소가 내포되어 있었지만, 법가에서는 역사의 주체를 인간으로 파악하는 발전이 있었다. 이와 아울러 모든 제도와 법을 시대에 맞게 바꾸고 개혁해야 한다는 '변법變法' 사상은 이후 역사에서 매우 긍정적인 역할을 하기도 하였다.

또한 법가 사상가들은 법의 무차별적 적용을 제시하였으니, 이는 특권층의 횡포를 줄이는 데 매우 중요한 역할을 하게 되었다. 귀족의 세력이 약화됨에 따라 일반 대중의 세력은 적어도 부분적으로 성장한다. 또한 객관적인 법의 시행은 권력자들의 주관적 판단과 처리를 막아 주는 장점도 있었다.

그러면 한대 이후로 왜 법가는 비판의 대상이 되었는가? 법가는 철저히 전제 권력의 입장에서 제시된 사상이다. 결국 춘추전국시대 이후 발전해 온 인문정신이 크게 꺾이지 않을 수 없었다. 인류 역사의 차축시대에 해당하는 그 시기에 자유로운 인문정신, 창의적 사상들이 괄목하게 발전되어 가고 있었는데 그것이 막히게 된 것이다. 이러한 환경에서 역사가와 지식인들이 법가를 좋게 평할 수는 없었을 것이다.

제2부

현대적 관점에서 본 중국철학의 주제들

1장. 주역, 중용, 사이버네틱스 – 역용易庸 사상의 현대적 해석 시론

1. 서론

오늘날 동양철학의 역할은 무엇일까? 사회에서 동양철학이 수행하는, 할 수 있는 기능이란 무엇일까? 물론 철학 무용론이 제기된 것은 어제오늘의 일이 아니며 특히 현대에 와서 이 주제는 매우 빈번히 나타난다. 그러나 동양철학은 서양철학과 또 다른 고민이 있음을 솔직히 인정하지 않을 수 없다. 서양에서는 '근대'라는 과정을 통하여 그 문제의 심각성을 어느 정도 완화해 왔으니, 환언하자면 근대 이후 오랫동안 이미 '철학 무용론'에 대한 답변을 준비해 온 셈이다. 그러나 동양철학은 어떤가? 대부분의 연구자들이 전통 문헌들 속에 묻혀서 살아가는 일종의 역사학자로 만족하는 것은 아닌가?

이렇게 반성해 볼 때, 근래 중국 지식인들의 시도들은 우리에게 신선감을 준다. 과거 봉건사회에 대한 혁명적 청산을 실현했던 중국에서는 그만큼 전통철학에 대한 정리에서도 대범했다. 70년대 말에 개혁 개방을 표방한 이래 중국은 세계에 문호를 열면서 다시 현대의 사조들을 과감히 받아들이고 있으며, 이러한 분위기에서 전통과 현대의 연결을 시도하고 있는 것이다. 그래서 그들은 전통에 대해 '고위금용(古爲今用: 옛것을 오늘에 이용한다)'의 입장을 택한다.

80년대에 들어서 세계로 창을 열고 바라보기 시작한 중국의 지식인들은 다양한 방법론 혹은 사상을 탐색하였는데, 가장 많은 지식인들의 호감을 산 이론은 이른바 '삼론三論'으로 시스템이론(系統論), 사이버네티스(控制論), 정보이론(信息論)이었다. 전통문화에 대한 전반적 반성의 붐(文化熱) 속에서 그들은 각 분야에서 현대적 연결을 대범하게 시도하고 있는 것이다.

이러한 작업은 특히 그들이 전통문화의 정수로 평가하는 중국의학, 곧 한의학 분야에서는 상당한 진척이 있었다. 그 내용은 삼론을 비롯한 현대 과학의 성과를 응용하여 한의학 이론을 새로이 해석해 보고자 하는 것이 주류이다.[01] 필자는 한의학뿐만 아니라 중국 사상의 한 원천인 『주역周易』도 사이버네틱스를 원용한 해석이 가능하리라 본다. 생물 유기체의 메커니즘에 대한 연구에 영향을 받은 사이버네틱스에서는 평형(平衡: equilibrium)을 매우 중요시한다. 이 점은 한의학이 병을 '음양이 조화를 잃은 것(陰陽失調)'으로 보아 인체 시스템의 조화와 평형을 통하여 건강을 찾고자 하는 입장과 일치한다. 그런데

01 진콴타오(金觀濤)저, 김수중 외 편역, 『중국문화의 시스템론적 해석』, 1994, 天池 참조.

더 근원적으로 나가 보면 이러한 특징은 『주역』에서 '강유剛柔의 중정中正'을 추구하는 사유와 기본적으로 상통하며, 그것은 바로 전통적 중용中庸 사상과 맞닿게 되는 것이 아닐까.

역용易庸의 세계관이나 한의학적 인간관에는 '중中'이나 '평平'의 관념이 기본적으로 깔려 있으며, 그런 점은 바로 사이버네틱스의 '평형'이나 '항상성'의 개념으로 해석할 수도 있지 않을까.

본 논고에서는 이러한 문제 의식에서 출발하여 사이버네틱스와 『주역』, 『중용』이 공유하는 점을 찾아보고 이를 바탕으로 역용 사상의 핵심적 내용을 재음미하여 보고자 한다.

2. 사이버네틱스의 주요 관점

사이버네틱스Cybernetics라는 말의 어원은 희랍어 'kybernetes'이며, 그것은 '키잡이(調舵手)' 혹은 '관리자'를 의미한다. 이 말이 일반화된 것은 미국인 수학자 위너(Norbert Wiener: 1894~1964)가 『사이버네틱스: 동물과 기계에 있어서 제어와 통신의 과학』[02]이라는 책을 출판한 이후이다.

사이버네틱스는 기계와 대뇌 그리고 사회구조 사이에 매우 흥미 있고 유익한 공통성 혹은 공통 언어가 있다고 보며, 그 공통 언어 혹은 공통 규칙들을 연구한다. 협조와 조절 그리고 제어와 통신에 관

02 Norbert Wiener, *Cybernetics: or Control and Communication in the Animal and the Machine*, 1948(1965), M.I.T. Press.

계된 분야는 모두 사이버네틱스의 연구대상이지만, 특히 대상 시스템이 복잡한 것일수록 사이버네틱스는 더욱 진가를 발휘한다.[03] 사이버네틱스는 구체적인 물질의 구조나 운동 형식 및 에너지 전환 과정을 연구하지 않으며, 그 주된 연구대상은 시스템의 정보 및 제어 과정이다. 동물이든 기계의 제어 시스템이든 그 공통적 특징은 정보의 변환과 피드백에 있다고 그들은 본다.

1) 피드백Feedback 원리[04]

먼저 가장 기초가 되는 개념으로 피드백 원리에 관해 살펴보자. 피드백이란 어떤 입력과 출력의 과정에서, 출력 결과가 다시 입력되어 되먹여지는 과정을 가리킨다.

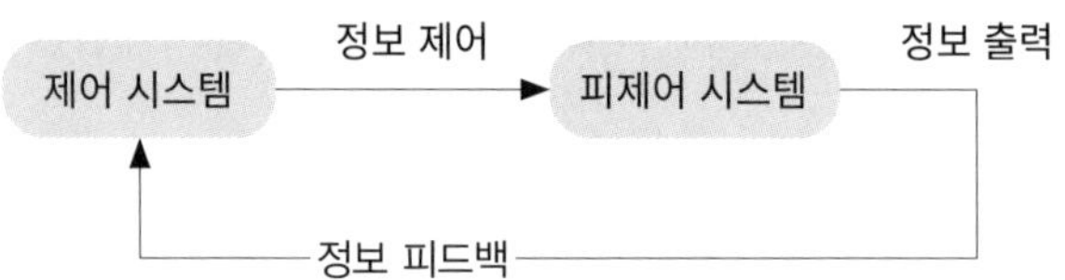

피드백 현상은 우리 주위에서 흔히 볼 수 있는데, 예를 들자면 집안의 난방 시스템을 들 수 있다. 난방 시스템으로 말하면, 온도를 어느 기준까지 가열하여 유지하는 제어 시스템이다. 가열이 계속되어 기준 온도에 이르면 바로 그 출력 결과가 입력에 영향을 주어 더

03 Ashby, *An Introduction to Cybernetics*, John Wiley & Sons Inc., N.Y., 1957, pp.4~5.
04 Norbert Wiener, 위의 책, p.95ff. 참조.

이상 가열하지 않도록 가열기(제어 시스템)가 작용한다. 또 다른 예로, 잘못 설치된 마이크의 경우를 보자. 이때의 제어장치는 소리를 확대시키는 기능을 한다. 그런데 출력된 소리가 다시 입력되어 확성된 소리가 입력부에 되먹여지면 재확대되는 과정이 순간적으로 반복되어 불협화음을 낸다. 후자의 경우처럼 출력이 입력에 되먹여질 때 상승적·적극적으로 작용하는 경우를 '정正피드백(positive feedback)'이라 하고, 전자 즉 난방 시스템처럼 출력이 입력에 되먹여질 때 부정적·소극적으로 작용하는 경우를 '부負피드백(negative feedback)'이라 한다.

정피드백은 피드백 신호가 시스템의 행위를 제어 목표에서 더욱 일탈逸脫하게 만들어 시스템이 불안정 상태로 가게 하는 데 비해, 부피드백은 피드백 신호가 시스템의 행위를 제어 목표에서 일탈되지 않도록 하여 시스템으로 하여금 안정 상태로 가게 한다. 그래서 피드백 제어의 최대 장점은 시스템으로 하여금 신속하게 안정 상태나 평형에 도달하게 하는 데 있다.

가령 유기체가 수많은 항목에서 항상성을 유지할 수 있는 것은 바로 그 부피드백 원리에 의존한다. 예를 들어 체온이라는 항목에서 보았을 때, 운동을 하여 체온이 너무 높아지면 우리 몸은 땀을 내어서 열을 식히며, 체온이 기준 이하로 내려가면 몸속의 포도당을 산화하여 체온을 높인다. 이와 같은 부피드백 작용을 통하여 우리 몸은 일정한 체온을 유지하는 것이다.

2) 안정성(Stability) 이론[05]

어떤 대상을 제어한다는 것은 그 대상이 목표에 이르러 안정되게 하는 일이다. 그런데 안정성은 일거에 확보되는 것은 아니며, 부피드백 원리에 따라 평형에 도달하면서 이루어지게 된다. 특히 외적 환경과 내적 조건들이 항상 변화하기 때문에 안정성은 정적(static)이라기보다 동적(dynamic)이다. 좀 더 자세히 말한다면 어떤 평형 상태(state of equilibrium)에서 일정한 일탈 영역을 허락하고 그 일탈 영역 안에서의 평형을 안정 상태로 보는 것이다. 여기서 허락되는 일탈 범위를 "안정 영역"이라고 부른다.

어떤 시스템의 평형은 늘 안정적일 수 없다. 내적, 외적인 변화 속에서 안정을 깰 수 있는 요소들이 부단히 발생하기 때문이다. 하나의 시스템을 어떤 상태로부터 다른 상태로 이동하게 하는 작용을 '간섭(disturbance)'이라 하는데, 시스템이 어느 기준 이상의 간섭을 받게 되면 본래의 구역으로 돌아갈 수 없게 되어 안정성이 파괴된다.

한편 시스템의 안정성을 '항상성(Homeostasis)'이라고도 부른다. 특히 생물 유기체들은 수많은 항목에서 항상성을 유지하며 그럼으로써 장기간 자기의 정체성(identity)를 유지한다. 개방 시스템으로서 생물체는 신진대사를 통해 필요한 항상성을 훌륭하게 유지하는 능력을 가지고 있다.

05 Ashby, 앞의 책, p.73ff.

3) 동형구조(同型構造: isomorphism)[06]

사이버네틱스 이론은 시스템 이론과 불가분의 관계에 있으며 후자에 의해서 더욱 발전된 개념들도 있다.

일반시스템이론의 창시자 버틀란피(Ludwig von Bertalanffy: 1901~1971)는 구조를 "부분의 질서"라고 부르는 동시에 기능을 "과정의 질서"라고 불렀다. 시스템의 구조가 시스템 내부 각 요소들의 상호작용의 질서를 보여 준다고 한다면, 시스템의 기능은 시스템이 외계에 대하여 작용하는 과정의 질서를 보여 준다고 할 수 있다. 즉 시스템의 기능이란 어떤 시스템과 외부 환경 사이에 물질, 에너지, 정보가 수입(入力)되고 변환(出力)되는 관계다.[07]

그런데 어떤 시스템들은 일정한 구조를 공유한다. 가령 빌딩과 그 청사진은 논리적 구조상 상응하는 점이 있다. 물론 어떤 빌딩에 대한 청사진은 유일한 것은 아니다. 어떤 부분의 설계는 중앙투사법이 될 수도 있고 평행투사법이 될 수도 있는 것이다. 그럼에도 불구하고 빌딩과 청사진 사이에는 공통된 어떤 구조가 있다. 이것을 '동형구조'라 한다. 하루에 밤과 낮이 있는 것은 일년에 겨울과 여름이 있는 것과 구조가 같으며 우리는 그것을 '음양'으로 볼 수 있다. 이러한 사유를 폭넓게 사용한 경우가 동양적 세계관일 것이다. 『주역』은 자연이나 인간의 만사를 64가지 괘, 즉 64가지의 패턴이나 하위 시스

06 Ashby, 앞의 책, p92, 97; 버틀란피 저, 『일반체계이론』, 현승일 옮김, 민음사, 39쪽 이하; 馮國瑞, 『系統論, 信息論, 控制論與馬克思主義認識論』, 北京大出版部, 1991, 106쪽 이하.

07 馮國瑞, 위의 책, 108쪽 이하 참조.

템들로 분류할 수 있다고 본다. 전통문화에서 오행五行 관념은 인간과 자연의 무수히 많은 범주들에 적용되었는데 그것은 동형구조의 한 전형이라 하겠다.

4) 흑상(黑箱: black box) 이론[08]

흑상黑箱이란 그 내부 구조를 일시적으로 직접 관찰할 수 없고 단지 외부에서만 인식할 수 있는 시스템을 말한다. 흑상 개념은 상대적이다. 한편으로 그것은 인식 주체인 인간의 경험, 기술, 인식이 다른 것에 기인하는데, 이 경우에는 동일한 객체도 어떤 때는 흑상이고 어떤 때는 흑상이 아니다. 다른 한편으로, 동일한 객체라 해도 인류의 전체 인식 수준이나 인식 수단 및 인식 능력의 발달에 따라 처음에는 흑상이었던 것이 후에 흑상이 아닌 것으로 되기도 한다.

흑상을 사용하는 것은 사이버네틱스의 주요한 방법이다. 때로는 한 시스템에 대한 입력과 출력만 보고 그 시스템의 내부 구조나 상태는 고려할 필요가 없는 경우가 있다. 또 때에 따라 어떤 복잡한 시스템이 환경과 주고받는 반응을 기능상으로만 고찰하고 그 시스템 내부의 물질적 기초나 부분 요소들을 고려할 필요가 없는 경우가 있다. 이럴 때 사람들은 편리하게 문제를 처리하기 위하여 때때로 흑상 방법을 사용한다.

특히 생물 유기체와 같이 극히 복잡한 시스템에 대한 제어에

08 Ashby, 앞의 책, pp.87~117; 雷順群, 앞의 책, 53쪽 참조.

이 방법은 매우 유용하다. 해부학을 거의 사용하지 않으면서 인체를 진단하고 치료하는 한의학적 방법은 흑상 이론이 적용되는 훌륭한 예라고 할 수 있다.

3. 시중時中과 역동적 평형

1) 『주역』과 『중용』의 상관성

『주역』은 역사적으로 오래되었을 뿐만 아니라 내용으로 보아도 중국문화의 주요한 뿌리가 된다. 『주역』은 본래 점서로 형성되었다가 춘추전국시대를 거치면서 윤리적, 형이상학적인 내용을 포함하게 되었으며 특히 이런 내용은 『십익十翼』 혹은 『역전易傳』이라 불리는 일종의 주석서에 풍부히 전해 오고 있다.[09] 철학적인 해석이 가해 지면서 『주역』은 비교적 체계적인 도덕 형이상학도 함축하게 되었다.

그런데 강유剛柔, 곧 음양을 가지고 모든 것을 풀이하는 역에서 추구되는 목표는 한마디로 말한다면 '중中'이었다. 특히 『역전』에서는 이 점이 크게 부각된다. 『역전』 중에서도 비교적 일찍이 성립한 『단전彖傳』과 『상전象傳』에 의하면 역의 정신은 강유剛柔의 '중中'을 얻는 것이었다. 단사(彖辭: 단전의 문장)와 효사(爻辭: 효를 풀이하는 문장)가 길吉하다

09 여기서 翼이나 傳은 모두 註를 의미한다. 원래는 『易經』과 『易傳』이 구분되지만 후대에는 두 가지를 합쳐 통상 『周易』이라 칭해 왔다. 송대 이후 성리학자들에 의해 회자된 것은 오히려 철학적 내용을 많이 함축하고 있는 『易傳』 부분이 월등히 많았다.

고 판단한 것은 모두 강유의 중中을 얻은 경우였으며, 따라서 '중'이 곧 『주역』의 도덕적 이상이었다.[10]

『주역』에 조예가 깊었던 청대清代의 혜동(惠棟: 1697~1758)은 이렇게 말한다.

> "역易의 도리는 심원하구나. 그러나 그 정신을 한마디로 요약한다면 시중時中이라 하겠다. 공자가 『단전彖傳』을 지었는데 '시時'를 말한 것이 (64괘 중에서) 24괘요, '중中'을 말한 것이 35괘이다. 또 『단전』에 '시'를 말한 것이 6괘이고, '중'을 말한 것이 36괘이다. '시'를 말할 때는 시時, 대시待時, 시행時行, 시성時成, 시변時變, 시용時用, 시의時義, 시발時發, 시사時舍, 시극時極 등으로 언급하고 있다. 또 '중'을 말할 때는 중中, 중정中正, 정중正中, 대중大中, 중도中道, 중행中行, 행중行中, 강중剛中, 유중柔中 등으로 언급하고 있다. 그리고 몽괘蒙卦의 경우에는 시와 중을 합하여 시중時中을 말하고 있다."[11]

이상에서 보면 '중中'이나 '중정中正'이 강조되어 '시중時中'이 추구됨을 볼 수 있다.[12] 시중은 어떤 상황에서 가장 시의적절한 것, 그 상

10 武内義雄, 『易と中庸の研究』, 東京, 岩波書店, 1942, 136쪽.

11 惠棟, 「易漢學」. 여기서는 馮友蘭, 『中國哲學史』 上, 472쪽을 재인용.

12 구체적으로 彖傳, 象傳의 上篇에서만 두드러진 보기를 몇 개 들면 다음과 같다.
需有孚光亨, 貞吉, 位乎天位, 以正中也. (需, 彖)
酒食貞吉, 以中正也. (需, 九五象)
訟有孚窒 中吉, 剛來而得中也 … 利見大人, 尙中正也. (訟, 彖)
師, 衆也. 貞,正也. 能以衆正, 可以王矣. 剛中而應, 行險而順. (師, 彖)
比, 吉也. 元筮元永貞无咎, 以剛中也. (比, 彖)

황에 가장 잘 조응되고 조화를 이루는 것을 뜻한다. 그런데 이것은 곧 유가에서 말하는 '중용中庸'이다. 그래서 예부터 주역과 중용은 '표리表裏'가 된다고 하였다.[13] 일찍이 박종홍 교수는 이렇게 말한 적이 있다.

> "나는 『중용』은 유가철학의 개론이요, 『주역』의 경문經文은 그 각론이요, 『십익十翼』은 그에 대한 해설이라고 본다. 다시 말해 『주역』은 중용 사상을 여러 경우에 있어서 전개시킨 것, 그리고 그것의 철학적 해명을 시도한 것이라고 보는 것이다. 따라서 『주역』은 중용 사상과 떼어서 생각할 수 없는 것이요, 또 동양의 중용 사상을 알려면 『주역』을 문제로 삼지 않을 수 없다고 생각한다."[14]

우선 역사적으로 볼 때, 『역전』과 『중용』이 같은 자사子思학파에서 나왔다는 것은 철학사가들이 많이 주장한 바이므로 여기서는 별도로 거론할 겨를이 없다.

우리의 관심은 『주역』과 『중용』에서 추구된 '중中'을 어떻게 해석할 것인가에 있다. 사실 주자학에서는 '중中'을 어마어마하게 중요

顯比之吉, 位正中也. (比, 九五象)
文明以健, 中正而應, 君子正也. (同人, 彖)
大有, 柔得尊位, 大中而上下應之. … 應乎天而時行, 是以元亨. (大有, 彖)
不終日貞吉, 以中正也. (豫, 六二象)
大君之宜, 行中之謂也. (臨, 六五象)
剛自外來而爲主於內, 動而健. 剛中而應, 大亨以正. (無妄, 彖)
黃離元吉, 得中道也. (離, 六二象)

13 吳怡, 『中庸誠的哲學』, 臺北, 東大圖書股份有限公司, 1976, 52쪽.

14 朴鍾鴻, 「중용의 사상」, 현암사, 『대학, 중용』 부록.

한 것으로서 곧 '도道'와 일치되는 것으로 전통적으로 여겨 왔다. 주자는 「중용장구서中庸章句序」에서 이렇게 말한다.

"상고로부터 성인이 하늘을 이어받아 인간의 도리를 세우니 그 도통道統의 전해짐이 다음과 같이 경전에 나타나 있다. '오로지 그 중中을 잡으라(允執厥中)'는 명제는 요임금이 순임금에게 준 것이고, '인심은 위태롭고 도심은 은미하니 오로지 전일하여 그 중中을 잡으라(人心惟危道心惟微, 惟精惟一允執厥中)'는 명제는 순임금이 우임금에게 전한 바이다."

특히 뒷부분의 명제를 '16자심전十六字心傳'이라고 하여 주자학이든 양명학이든 신유학자들이 도통의 핵심으로 평가해 온 것은 주지의 사실이다. 한편 이와 더불어 『서경書經』, 「홍범洪範」편의 황극皇極에 대한 내용도 마찬가지로 핵심적인 '심전心傳'으로 중시되어 왔다. 필자가 보기에는 「홍범」편에 나오는 아랫부분에 '중中'자의 본질을 알게 해 주는 중요한 열쇠가 있다.

"다섯 째는 군주의 법칙으로 임금이 그가 다스리는 법을 세우는 것입니다. (五, 皇極. 皇建其有極) … 한쪽에만 치우침이 없고 기울어짐이 없이 임금의 의로움을 좇으며, 혼자만 좋아하는 일이 없이 임금의 도를 힘쓰십시오. 혼자만 싫어하는 일이 없이 임금의 길을 좇으십시오. 자기편으로 기울거나 치우침이 없으면 임금의 길은 넓고도 넓으리이다. 치우침이 없고 기울어짐이 없으면 임금의 길은 평평하리이다. 반대됨이 없고 치우침이 없으면 임금의 길은 바르고 곧으리이다."[15]

여기서 보면 황극, 곧 임금이 지켜야 할 법칙의 내용은 소박하게 '치우침이 없이 평정한 마음을 항상 유지할 것'으로 요약된다. 이것이 바로 '중中'이다.[16] 그런데 고래로 이 부분은 지나치게 형이상학화·신비화되어 왔다. 사실 신유학에서 도통의 핵심이라 여긴 '윤집궐중允執厥中'도 바로 관리자로서 항상 치우침이나 사사로움이 없이 공평무사하게 정치를 하도록 충고해 준 것에 다름 아닐 것이다. 실제로 『중용』의 서두에서 '중中'의 덕을 실천한 사람으로 첫 번째로 든 경우가 다음과 같은 순임금의 실천이다.

"순임금은 참으로 지혜로운 사람이다. 순임금은 묻기를 좋아하고 가까이 일상적인 언론을 살피기를 좋아했다. 그는 악을 덮어 주고 선을 드러내며, 그 두 극단을 파악하여 중도(中)를 택하여 백성을 다스리는 데 썼으니, 이것이 순임금의 위대한 점이다."[17]

즉 순임금은 악을 덮어 주고 선을 드러내 사람들이 선의 쪽으로 가도록 권면했다. 그런데 선악의 두 극단을 피하고 중도中途를 택

15 『書經』, 「洪範」편. 번역은 平凡社, 新完譯 四書五經(1986, 서울)에 따랐음.
16 皇極을 九疇의 다섯 번째에 배당한 것도 다섯이 아홉의 중간이라는 점과 관련된다.
17 『中庸』 6장.

했다는 것은 무슨 뜻인가? 개인적으로는 선악의 중간이 아니라 선을 단호하게 택하여 실천해야 될 것 아닌가? 그렇다. 여기서 말하는 것은 주로 신민臣民을 관리하는 정치인에게 해당된다. 이 부분은 위 인용문 바로 앞에 나오는 다음 부분을 읽으면 이해할 수 있다.

> "도가 행해지지 않음을 알 것 같다. 지자知者는 지나치고 우자愚者는 못 미치는 것이다. 도가 밝혀지지 않음을 알 것 같다. 현자는 지나치고 불초자는 못 미치는 것이다."[18]

세상에는 지, 우(知, 愚), 현, 불초(賢, 不肖) 등 다양한 사람들이 있다. 지나친 이상주의도 혹은 현실주의도 정치가가 택할 바른 도리가 못 된다. 실제로 우리는 그 동기가 도덕적이고 이상적이라 하더라도, 지나치게 유토피아에 경도된 정치가 인간에게 행복을 가져다주기보다는 오히려 현실 인간을 억압한 경우들을 역사에서 본다. 지혜로운 정치가 혹은 관리자는 '중中'을 택한다. 그런데 여기서 강조되는 '중中'은 사이버네티스의 '평형'과 비교해 볼 수 있다.

2) 중용과 사이버네틱스

본래 유학은 제왕의 학學, 혹은 지위가 높은(有位之人) 군자의 학學이었다. 그런데 여러 가지 입장에 있는 무수히 많은 신민臣民을 다스

18 『中庸』 4장.

리기 위해서, 곧 관리하기 위해서는 사사로운 집착이나 선입견 그리고 욕심이나 파당성을 버리는 것이 무엇보다 중요했다. 따라서 유가의 전통에서 강조되는 '중中', 중용 등이 사이버네틱스에서 중시하는 '평형'과 매우 유사하게 된다. 즉 전통적인 '시중時中'의 개념은 현대의 '역동적 평형(dynamic equilibrium)'의 관념과 아주 흡사하다고 할 수 있다. 사이버네틱스, 곧 제어와 통신의 과학이란 일종의 관리술이라 할 수 있으며, 그 목표는 어떻게 하여 정보를 정확히 입수하여(入力) 필요한 조치를 할 것인가(出力)를 연구하는 데 있기 때문이다. 그것은 상황을 공평무사하고 정확하게 파악하여 필요한 관리를 베푸는 정치술과 기본적인 구조가 일치한다.

이제 '중中'의 개념을 '평형'으로 풀이하고 보면, '중'에 관한 전통적인 여러 해석들도 그 의미가 더욱 분명해진다. 잘 알려진 바대로 정이천程伊川은 "치우치지 않음을 중中이라 하고 바뀌지 않음을 용庸이라 하니, 중은 천하의 바른 도리이고 용은 천하의 정해진 이치이다"[19] 라고 풀이했고 이에 근거하여 주자朱子는 이렇게 말한다.

> "중中이란 치우치거나 기울지 않고, 지나치거나 모자람이 없는 것을 가리키는 개념이다. 용庸이란 평범하고 항상된 것이다."[20]

현대적인 시각에서 이해하자면, '중'이란 어떤 시스템의 평형(Equilibrium)이며 '용'이란 그 항상성(Homeostasis)을 나타낸다고 해석할 수

19 "不偏之謂中, 不易之謂庸. 中者天下之正道, 庸者天下之定理."
20 "中者, 不偏不倚無過不及之名. 庸, 平常也."

있다.

유가 사상에서 보자면, 제왕 혹은 군자가 '사사로움이나 편파성이 없는 바른 정치를 베푼다'는 것은 곧 그 주체가 사회적인 일을 처리함에 있어서 '마음에 치우침이나 편벽됨이 없다'는 것과 같다. 달리 말해 정치가 올바로 되기 위해서는 먼저 그 정치를 베푸는 통치자의 마음이 올바라야 한다. 여기서 중용의 문제는 심성心性의 중화中和 문제로 나타난다. 그래서 『중용』은 첫 부분에서 말한다.

> "희로애락의 정情이 작용하기 이전을 중이라 하고, 작용하여 절도에 맞는 것을 화라 한다. 중은 천하의 근본이며, 화는 천하에서 가장 보편적인 도이다. 중과 화가 제대로 이루어지면, 천지가 제자리를 잡고 만물이 순조롭게 생육될 것이다."[21]

'중용'이 윤리나 정치의 측면에서 제시된 이상이라면, '중화中和'는 심리적, 내면적 측면에서 제기된 이상이다. 즉 중화란 우리 마음의 이상적인 제어, 곧 마음의 사이버네틱스에서 추구되는 목표이다. 사이버네틱스에 의하면 현실세계에 존재하는 시스템은 완벽할 수 없으며, 단지 허용되는 일탈 영역 안에 있을 때 정상으로 평가된다. 현실적인 인간으로서, 희로애락의 작용을 거울에 사물이 비치듯이 완벽하게 수행한다는 것은 거의 어렵다. 단지 어느 정도 모범적으로 그것을 조화시킨 상태가 존재할 뿐이다. 『중용』에서는 전자 곧 선험적,

21 『中庸』 1장.

원리적인 것을 중中이라 하고 후자 곧 경험적, 현상적인 것을 화和라 한 것이다.

그런데 위에서 우리는 군주가 정치를 바로 하는 것은 곧 사사로움이나 편견이 없이 자기 마음을 바로 쓰는 것과 같다고 했다. 즉 유가에서 정치적으로 중용을 실현한다는 것은 통치자가 그 성정에 있어서 중화를 실현함을 의미했다. 더 확대하자면, 유가는 보편적인 도덕성을 인정하고, 나를 통해 남도 헤아릴 수 있다는 전제를 가지고 있는 셈이다. 그래서 『중용』 작자는 이렇게 말한다.

> "시경詩經에서 이르길 '도낏자루를 찍을 때, 그 기준은 멀리 있지 않다'고 하였으니, 도낏자루를 잡고서 도낏자루를 벨 때 제대로 보지 않고 오히려 멀다고 하기 쉽다. 그러므로 군자는 사람을 다스릴 때 (자기를 헤아려) 인지상정人之常情을 기준으로 하며(以人治人) 그것이 달성되면 그친다."[22]

도낏자루 찍는 사람에게 자루의 기준이 바로 자기 손안에 있는 것처럼, 정치하는 사람은 바로 자기의 성정을 통찰하여 그것을 기준으로 남도 파악하고 다스릴 수 있다. 즉 모든 사람에게 공통된 성품(人性, 人之常情)이 있다는 것이다. 이를 『중용』에서는 도덕 형이상학으로 심화하여 천명天命과 일치하는 것으로 본다. 그래서 『중용』은 첫 장에서 "하늘이 품부하여 준 것을 성품이라 하며, 자기 성품을 따른

22 『中庸』 13장.

것을 도라 하고, 도의 내용을 정리한(品節) 것을 가르침(教)이라 한다"[23] 라고 시작한다. 가령 개가 통상 멍멍 짖는 성품이 있듯이 사람도 자기 나름의 천성을 가지고 있으며, 그것이야말로 도를 실현할 바탕이 된다고 한다. 여기서 말하는 인간의 성품은 사이버네틱스의 관점에서 말하면 곧 인간의 항상성이 될 것이다. 즉 중용에서는 사물의 본성 혹은 항상성이 선천적 근거를 가지고 있다고 주장한다.

한편 역용易庸의 중용·평형 사상은 정치나 심성의 영역에 국한되지 않고 자연 그 자체에 대한 이해에도 적용되었다. 주역적 사유에서 보자면 삼라만상의 생성·변화는 음양의 화합과 조화에 있다고 한다. 어떤 괘의 성격을 파악하는 원칙으로 앞서 언급한 중정(中·正) 외에도 '비比'와 '응應', 곧 상호감응의 변수가 또한 길흉의 기준이 된다. 말하자면 주역은 자연 자체를 일음일양一陰一陽의 '조화'와 '역동적인 평형'으로 파악한 것이다.

4. 역용易庸과 흑상 이론

어떤 사람들은 중국문화에는 방법론이나 인식론이 결여되었다고 말한다. 사실 이런 지적이 전혀 근거가 없는 것도 아니다. 왜냐면 중국철학에서는 대체로 소박실재론적 태도가 널리 받아들여졌기 때문이다. 소박실재론적 인식 태도를 취하면 존재론에 있어서도 본

23 "天命之謂性, 率性之謂道, 脩道之謂教." 『中庸』 1장.

체와 현상 사이의 긴장이 없어진다. 니담에 의하면 중국적 세계관은 일종의 현상론이었다. 서양철학이 "그것은 본질적으로 무엇인가?" 라고 물었다면, 중국인은 "그 기원, 기능 및 결말에 있어서 그것은 다른 일체의 것과 어떻게 관계되는가? 그리고 또 우리들은 그것에 어떻게 반응해야 할 것인가?"라고 물었다.[24] 중국인은 말하자면 어떤 대상이 우리와 혹은 타자와 어떻게 관계하는가에 주로 관심이 있었다. 따라서 서양철학에는 존재론이 발전했지만 중국의 경우는 그러지 못했다. 이런 점 때문에 중국철학은 "형이상학을 단호하게 회피"[25]하였으며, 그래서 지나친 형이상학적 논쟁에 빠지지 않을 수 있었다.

필자가 볼 때, 유가의 인식론적 입장으로 말한다면 대체로 위의 주장이 성립한다고 생각한다. 그러면 유가의 인식론적 태도가 갖는 의의를 현대적으로 재음미해 보자. 결론부터 말한다면 유가의 인식론적 입장은 우선 사이버네틱스의 흑상 이론과 상통하는 점이 많다. 이제 이 점을 살펴보자.

공자는 세계의 실체 혹은 형이상학적 문제에 대한 언급에는 매우 소극적이었다. 그래서 제자들은 공자로부터 "문물제도(文章)에 관한 것은 들을 수 있었지만, 인간의 본질(性)이나 자연의 근본(天道)에 대해서는 들을 수가 없었다."[26] 이러한 공자의 인식론적 태도는 사이버네틱스의 흑상 이론의 입장과 매우 유사하다. 흑상 이론에 의하

24 Joseph Needham 저, 『중국의 과학과 문명』 II, 이석호 외 옮김, 을유문화사, 284쪽.

25 Joseph Needham 저, 위와 같음. 불교의 영향을 받아 화엄 사상이나 선불교를 부분적으로 흡수한 성리학의 경우는 예외적이라 하겠다. 그러나 청대 고증학이나 조선 후기 실학에서 성리학의 사변성을 비판하고 근본 유학으로 돌아가자고 주장한 점을 고려해 보면 니담의 이 명제는 대체로 성립한다고 하겠다.

26 "子貢曰 夫子之文章 可得而聞也 夫子之言性與天道 不可得而聞也." 『論語』, 「公冶長」편.

면 세계는 하나의 흑상이다. 그러나 흑상 이론이나 공자의 입장이 불가지론은 아니다. 흑상 이론에서는 흑상黑箱, 회상灰箱, 백상白箱이 상대적이라고 본다.[27] 즉 우리가 '알 수 있는 것'은 상대적이며 단계적으로 발전한다고 본다. 어느 일정한 단계에서 말한다면, 우리가 알 수 있는 것도 있고 아직 알 수 없는 것도 있다. 일반적으로 우리가 아는 것들은 아직 알지 못하는 것들에 의해 둘러싸여 있다. 공자의 말로 하자면, "아는 것을 안다고 하고 모르는 것을 모른다고 하는것, 이것이 앎이다."[28] 공자의 이런 합리적인 태도는 순자荀子에 와서 더욱 분명히 표현되었다.

> "하늘에 대한 지식은 구체적으로 나타나 확인할 수 있는 것에 그치고, 땅에 대한 지식은 농사에 필요한 것에 그치고, 사시四時에 대한 지식은 생장수장生長收藏의 때를 아는 데 그치고, 음양에 대한 지식은 다스려 화합할 수 있는 정도에서 그친다. 자연에 대한 기술적인 지식은 담당자들이 맡고 (군자는) 사람의 도리를 다할 뿐이다."[29]

> "그 이루어진 현상은 쉽게 알 수 있지만, 그 무형의 근본(원인)

27 그 내부 구조를 알 수 있는 시스템을 백상(白箱, white box)이라 한다. 상대적으로 어떤 시스템에 대해서 부분적으로만 알고 완전히 이해하지는 못할 때 그 대상을 회상(灰箱, grey box)이라 한다. Norbert Wiener, *Cybernetics: or Control and Communication in the Animal and the Machine*, 1965년 개정판, M.I.T. Press, p.80 참조.

28 "子日 由誨女知之乎 知之爲知之 不知爲不知 是知也." 『論語』, 「爲政」편.

29 "所志於天者, 已其見象之可以期者矣. 所志於地者, 已其見宜之可以息者矣. 所志於四時者, 已其見數之可以事者矣. 所志於陰陽者, 已其見和之可以治者矣. 官人守天, 而自爲守道也." 『荀子』, 「天論」편.

은 알 수 없는 것, 이것이 자연(天)이다. 오로지 성인聖人만이 자연의 본질을 알려고 하지 않는다."[30]

즉 지혜로운 사람은 어느 범위 안에서 지식을 추구한다. 자연의 본성이나 본질에 대해 함부로 말하거나 추구하는 것은 지혜롭지 못하다. 자연은 우리가 알 수 없는 것은 아니로되 우리가 아는 것은 한계를 가지고 있다. 그 한계를 무시하고 함부로 이야기하는 것은 지혜롭지 못하다는 것이다. 두 번째 인용구의 마지막에서 성인만이 자연의 본질을 알려고 추구하지 않는다는 명제는 간단하면서도 그 내포하는 바가 의미심장하다. 그러면 그것은 어떤 점에서 의미심장하며, 유가 윤리설의 근간인 역용易庸과는 어떻게 연결되는 것인가?

이와 관련하여 필자는 두 가지를 지적하고자 한다. 첫째, 역용에서는 현상을 통해서 본체를 알 수 있다는 믿음이 있다. 이것은 한의학의 장상론臟象論과 유사한데,[31] 『중용』에서는 이를 「비이은費而隱」장에서 잘 표현하고 있다.

"군자의 도는 널리 드러나면서도(費) 은미(隱)하다. 그래서 우부우부愚夫愚婦로서도 알 수 있지만 그 지극한 것에 이르러서

30 "皆知其所以成, 莫知其無形, 夫是之謂天. 唯聖人爲不求知天." 위와 같음.

31 한의학에서는 인체 내부의 변화가 반드시 외부에 표출된다고 보며, 보이지 않는, 즉 감각으로 알아낼 수 없는 것들도 관찰과 오감을 통해 판단할 수 있다고 본다. 이 점은 한의학의 장상론(臟象論)에 가장 잘 나타난다. 장상론이란 오장육부의 변화를 진단하거나 그 조절을 체표를 통해 수행하는 방법을 말한다. 여기서 '상(象)'은 인체 밖에 나타난 모습을 가리키고 '장(臟)'은 속에 감추어진 것을 의미한다. 우리는 배 속의 주요 장부를 '오장(五臟)'이라고 말하는데, '장(臟)'과 '장(藏)'은 중국 의학서에서 서로 통용되었다.

는 성인聖人이라도 알 수 없는 게 있으며, 우부우부로서도 실천할 수 있지만 그 지극한 것에 이르러서는 성인이라도 실천할 수 없는 것이 있다. 우주(天地)의 거대함에 대해서도 군자(사람)는 오히려 작다고 본다. 그래서 군자가 큰 것을 말하면 천하天下로도 실을 수가 없고, 작은 것을 말하면 아무도 더 이상 쪼갤 수 없다. 『시경詩經』에서 이르기를 '솔개는 날아서 높이 하늘에 이르고, 물고기는 연못 깊은 곳까지 헤엄쳐 들어간다'고 했으니 이는 상하上下로 드러남을 말한 것이다. 군자의 도는 우부우부에서 비롯되지만 그 지극함에 이르러서는 전 우주에 드러나는 것이다."[32]

여기서 비費는 도가 드러난 측면(用之廣: 朱子)을, 그리고 은隱은 숨어 있는 측면(體之微)을 가리킨다. 진리는 우리의 감각에 드러나 있으면서도 숨겨져 있다. 이것은 기본적으로 한의학의 '장상臟象' 개념과 같은 사유이다. 현상과 본체는 동일한 것의 두 측면이다. 사이버네틱스의 입장에서 말하자면, 세계는 지극히 복잡한 시스템이지만 우리가 알 수 없는 것은 아니다. 복잡한 시스템을 이해하기 위한 방법으로 제시된 것이 흑상 이론이었다. 즉 일정한 입력과 출력을 통해서 단계적으로 대상의 내부를 파악해 들어가는 것이다. 그런데 이것은 시간적인 축에서 말한 것이다. 그것을 논리 공간의 축에서 해석하자면, 보

32 "君子之道 費而隱. 夫婦之愚 可以與知焉, 及其至也 雖聖人 亦有所不知焉. 夫婦之不肖 可以能行焉, 及其至也 雖聖人 亦有所不能焉. 天地之大也 人猶有所憾. 故君子 語大 天下 莫能載焉, 語小 天下 莫能破焉. 詩云 鳶飛戾天 魚躍于淵言其上下察也. 君子之道 造端乎夫婦 及其至也 察乎天地." 『中庸』 12장.

이는 부분을 통해서 보이지 않는 부분을 알아낸다는 이야기가 되며, 현상을 통해 본질을 파악한다고 표현될 수도 있다. 『중용』에서 보자면 경험적인 인도人道는 경험을 넘어서는 천도天道와 연결되어 있다.

둘째, 역용易庸에서는 지식론에 있어서 일종의 실용주의적 입장을 택한다. 이 문제를 이해하기 위해서는 유가가 일종의 상황 윤리라 할 '시중時中의 윤리'를 주장한다는 점에 주목할 필요가 있다. 유가 사상은 기본적으로 윤리 의식에 바탕하여 성립하기 때문에 "어떻게 행동할 것인가" 혹은 "어떻게 살 것인가" 하는 문제가 무엇보다도 앞선다. 그래서 우리의 지식도 '어느 상황에 필요한 지식'이 단계적으로 요청될 뿐인 것이다. 위 인용문에서는 "우부우부로서도 실천할 수 있지만 그 지극한 것에 이르러서는 성인이라도 실천할 수 없는 것이 있다"라고 하였다. 말하자면 우리의 인식이 항상 '어떤 범위 내에서의 인식'인 것처럼 우리의 실천도 '어떤 범위 내에서의 실천'이다. 곧 완벽한 실천은 이론상으로만 가능하지 현실적으로는 성인이라도 불가능한 것이 있다. 그래서 공자는 "천하 국가도 잘 다스릴 수 있고 벼슬도 사양할 수 있고 하얀 칼날을 밟을 수 있을지 몰라도 중용을 실천할 수는 없다"[33]라고 하였다. 사이버네틱스에서 말하는 평형이 일정한 일탈 영역 안에서의 '역동적 평형'인 것처럼, 중용의 실천도 '일정한 범위 안에서의 실천'인 것이다.

그런데 현상 속에 본체가 드러난다고 보는 이런 입장에서는 결국 평범하고 일상적인 길을 택하고, 편벽되거나 기이한 쪽을 피하

33 "子曰: 天下國家 可均也, 爵祿 可辭也, 白刃 可蹈也. 中庸 不可能也." 『中庸』 9장.

도록 권하게 된다. 그래서 공자는 "은벽한 것을 찾거나 괴이한 행동을 하는 것(索隱行怪)"을 피한다고 했다.[34] "지혜에 있어서는 그 높고 밝음을 지극히 하고, 생활에 있어서는 평범한 중용을 택한다(極高明而道中庸)"라는 『중용』의 구절이야말로 '중국철학의 정신'이다.[35] 일상 속에 본체가 드러나 있으며 평범한 것이 진리라는 동양적 신념은 여기서 나오는 것이다.

5. 맺는말

우리는 지금까지 전통 사상의 유기적 관점을 잘 보여 주는 '중용'의 사상을 현대적 언어로 해석해 보았다. 예부터 『주역』은 각론이요, 『중용』은 총론이라고 할 만큼 역용易庸은 불가분의 상관성을 가지고 있었다. 그런데 두 가지를 묶어 주는 '중中'의 사상은 곧 사이버네틱스의 평형이나 항상성의 개념과 극히 유사하다.

동서와 시대의 차이에도 불구하고 『주역』, 『중용』, 사이버네틱스가 이렇게 근본 성격에서 상통할 수 있는 것은 그들이 모두 유기체적 세계관과 연관되어 있기 때문이다.[36] 사실 동양의 전통적 세계관

34 『中庸』 11장.

35 馮友蘭 저, 『중국철학사』, 정인재 옮김, 형설출판사, 26쪽.

36 사이버네틱스의 성립을 알린 *Cybernetics*(1948)라는 저술에서 저자 위너는 이 책을 하버드 의과대학의 Rosenblueth 박사에게 바치고 있으며 서론에서 이 책이 그와의 공동연구에서 산출된 것임을 자세히 설명하고 있다. 그런데 Rosenblueth는 W.B. Cannon 박사와 오랜 동료이자 공동연구자였다. 결국 『사이버네틱스』에 커다란 영향을 미친 W.B. Cannon의 *Wisdom of the Body*(1932)는 우리 몸이 가지고 있는 뛰어난 항상성 유지 기능에 대해 깊이 연구하고 있다. 이 책에 의하면 우리 몸은 수많은 항목에서 항상성을 유지한다. 가령 혈액에 포함된 수분,

에서는 전체의 상호관계와 균형을 무엇보다도 중시해 왔다. 카프라가 『새로운 과학과 문명의 전환』에서 시스템론적 시각을 하나의 대안으로 제시하고 그 전형으로 한의학을 예로 든 것도 바로 그 유기적·전체적 시각 때문일 것이다.

근대 과학 혹은 서구 근대의 세계관은 지나치게 인간과 자연을 분리하고 자연을 수많은 가지들로 분리하여, 모든 것을 분석하고 환원하는 쪽으로 치달았다. 그래서 현대 문명에는 원자론적 시각과 환원주의적 방법이 깊이 스며들어 있다.

그런데 근래에 우리의 건강한 삶은 크게 위협을 받고 있으며, 심지어는 인류의 생존 자체가 나날이 심각해지고 있다. 이제 환경문제는 우리가 부딪친 일차적 모순이라 해도 과언이 아닐 것이다. 그렇다면 우리는 다시 전체론적(holistic) 시각에서 인간과 자연을 비롯하여 세계를 유기적으로 헤아려 볼 필요가 있지 않은가. 이런 점에서 전통사상은 오늘날 재음미할 가치가 있다고 믿는다.

* 이번 장은 계간 『과학사상』 9호(1994년, 여름호)에 실린 필자의 글이다.

염분, 당, 지방, 칼슘 등등이 일정한 비율의 항상성을 유지하고 있음을 이 책은 각각 하나의 장(章)에서 분석한다. 인체뿐만 아니라 일반적인 생물학적 항상성과 사회적 항상성에 대해서도 이 책은 이미 설명을 시도하고 있다. W.B. Cannon 저, 『からだの智恵』, 館 澄江 외 옮김, 東京(講談社), 1981(1993) 참조.

2장. 유가의 덕목들과 도덕원리

1. 서론: 덕의 윤리

근대 이후 인간에 관한 학문들이 여러 분과로 나뉘면서 '인간'에 관한 지식들은 폭발적으로 증가하였다. 그러나 역설적으로 그러한 지식들은 '인간의 본질'을 밝혀 주기보다는 오히려 그것에 대한 우리의 견해를 더욱 불확실하고 애매하게 만들고 있다. '윤리'라는 분야로 범위를 좁혀 놓고 보더라도 우리는 비슷한 논리를 주장할 수 있을 것이다. 근대화와 더불어 전통적 종교와 문화는 급격한 타격을 받았고, 여러 가지 다원적인 문화와 가치관 속에서 대부분의 사람들은 더욱 혼란과 불확실성 속에 빠져들고 있다고 해도 과언이 아니다. 지금 우리가 가지고 있는 것은 하나의 일관성 있는 도덕철학이나 윤리 체계가 아니라 이전의 여러 가지 전통들의 조각들뿐이다.[01]

그런데 근래에 일부 학자들은 다시 아리스토텔레스적인 '덕'의 개념을 중심으로 윤리학을 재편하고자 시도하고 있다. 본래 그리스 사람들은 어떤 사람이 좋은 사람이며 어떠한 삶이 훌륭한 삶인가 하는 문제를 중심으로 윤리학을 발전시켜 왔다. 아리스토텔레스에 따르자면 훌륭하고 행복한 삶을 살기 위해서는 덕 있는 사람이 되어야 한다. 이러한 '덕의 윤리학(virtue ethics)'은 고전적인 서양 윤리학의 전통을 형성해 왔다.

그러나 영국의 공리주의자들과 칸트로 대표되는 서양의 근대 윤리학은 그 주된 관심이 '사람'이 아니라 '행동'이었다. 사람의 성품에 관심을 가지는 것이 아니라 행동에 일차적인 관심을 가졌기 때문에 근대 윤리학에서는 핵심적인 개념이 '덕'이 아니라 '옳음'과 '그름'이었다. 즉 그들의 관심은 행동의 정당화였다.[02]

그런데 도덕을 합리적으로 정당화하려고 한 이 '계몽주의의 프로젝트'는 실패로 끝났다. 이 프로젝트가 실패한 이유는, 맥킨타이어에 의하면, 근대 도덕 철학자들이 서로 다른 전통에 뿌리를 두고 있는 이 요소들 사이의 갈등을 충분히 의식하지 못했기 때문이다. '도덕률'도 역사를 가지고 있고, '인간성'의 개념도 역사를 가지고 있지만 이 두 요소의 관계는 오직 이것들의 역사적 조명 속에서만 의미를 갖는다.[03]

유가 사상이 '덕 중심의 윤리관'을 가지고 있었다는 점을 상기할 때, '덕의 윤리학'의 부활은 우리에게 고무적이라 하지 않을 수 없

01 알래스데어 매킨타이어 저, 『덕의 상실』, 이진우 옮김, 문예출판사, 1997, 19쪽 참조.
02 최병태, 『德과 規範』, 교육출판사, 1996, 154~155쪽.
03 알래스데어 매킨타이어 저, 위의 책, 99쪽; 최병태, 위의 책, 160쪽.

다. 이제 우리는 이 글에서 먼저 유가적인 덕의 발생과 본래 의미를 검토하고 기본적인 덕목들을 살펴볼 것이다. 그런데 덕목들은 일반적으로 매우 포괄적이어서 일의적으로 성격을 규정하기가 곤란한 점이 많기 때문에 우리는 유가 윤리의 저변에 깔려 있는 그 구조적 틀을 분석할 필요가 있다. 이런 의도에서 필자는 유가의 도덕원리를 나름대로 살펴보고, 이에 따라 유가의 덕목들을 재검토할 것이다. 이런 과정을 통하여 우리는 마지막으로 유가의 덕목과 윤리에 대한 재음미를 시도해 보고자 한다.

2. 원시 유가의 덕목들[04]

1) 중국 고대사회와 '덕'

덕이나 덕목들은 사회적 특성에 따라 상대적이다. 따라서 중국 고전사회에서의 덕 개념의 형성을 적실히 이해하기 위해서는 덕 개념에 대한 역사적 고찰이 필요하다.

04 동양적 전통에서 '덕(德)'이라는 개념은 매우 다양한 의미들을 함축하고 있다. 크게 보자면 그 의미는 다음 두 가지로 요약된다. ① 우선 '덕'이란 '도덕성', '덕성'을 의미하며, 이것이 바로 우리의 관심의 대상이 되는 철학적인 의미가 될 것이다. ② 다음으로 덕은 '능력'을 의미하며, 특히 사회적 능력, 카리스마적 능력을 뜻한다. 지금 우리가 쓰는 표현 중 '덕분(德分)', '덕택(德澤)', '은덕(恩德)' 등에 그 의미가 남아 있다. 전통적으로 유가 주석서에서는 '德=得'이라는 해석이 많다. 두 글자가 중국 발음이 같기 때문에 이 표현이 더 선호되었겠지만, 그에 따르면 '덕'이란 어떤 '능력의 터득', '능함', '힘' 등등이다.
이러한 '덕(德)'의 개념이 공교롭게도 희랍의 'arete' 개념과 "아주 잘 합치한다"라는 사실은 흥미롭다. 황경식, 『개방사회의 사회윤리』, 철학과 현실사, 1995, 673쪽 참조.

덕德의 고자古字는 '悳'이다. 갑골문에 보이는 덕德 자는 현재의 직直 자로 그것은 눈(目)을 중심으로 하는 어떤 이미지이다. 상나라(商代)까지는 '덕'이 어떤 주술적 종교적 의미와 관계가 있었던 것으로 보이며 특히 금문金文이나 『상서尙書』에 자주 나오는 '명덕明德'이라는 표현도 '덕德'과 '명明'의 밀접한 관련을 시사한다.[05] 신의神意를 체현한 무축왕巫祝王으로서의 '본다(直)'는 행위를 기실 조선신祖先神이 보는 것으로도 해석할 수 있다면, 덕의 주체는 조선신을 비롯한 천상계의 신이라고 볼 수 있다. 따라서 복사卜辭에 보이는 덕의 처음 글자인 '直'은 본래 신의 '밝은 눈' 또는 '빛나는 눈'을 상형한 글자라는 해석도 가능하다.[06] 원초적 관념에서의 덕이란 태양신 또는 태양의 밝은 눈(明目)을 지닌 천제天帝가 베푸는 생명력이며, 선진先秦 및 진한秦漢의 문헌에서 생명력으로서의 덕의 분시자分施者로 설명되는 성인의 원초적 면모는 태양신 또는 태양의 눈을 가진 제帝와 매우 흡사하다. 우선 성聖의 자의字義를 분석해 보자면 "성聖이란 총이聰耳와 함께 명목明目을 아울러 소지한 존재를 지칭하는 어휘였으며 또한 그의 '명목'은 태양신에서 연원했다"[07]라고 볼 수 있다.

그런데 은주 교체기를 통하여 상제나 천 관념에 큰 변화가 있었으며, 이에 따라 덕의 관념에도 커다란 변화가 발생한다. 새로운 지배자로 등장한 주나라 사람들은 하늘을 대리하여 이 세상을 다스

05 何新 저, 『神의 起源』, 홍희 옮김, 동문선, 18쪽.

06 이성구, 「中國古代의 呪術的 思惟와 帝王統治」, 1996, 서울대대학원(박사논문), 65쪽 참조. 오늘날까지 우리는 神을 지칭하여 '神明', '天地神明'이라고 표현하는데, 거기에도 태양신을 중심으로 한 종교적 사고가 남아 있는 것이다. 何新 저, 위의 책, 42, 50쪽 참조.

07 이성구, 위의 논문, 77쪽. 『中庸』 31章에 보이는 "唯天下至聖爲能聰明, 睿知, 足以有臨也."도 이와 관련이 있다.

릴 수 있는 권리인 '천명天命'을 받는 일이 항상적이거나 고정적일 수 없으며[08] 상제나 천은 오직 덕 있는 사람에게 천명을 준다고 주장하였다. 이것은 처음에는 새로 등장한 자기의 권력을 합리화하는 '정치적 천명 사상'으로 발생했지만 후에는 '도덕적 천명 사상'으로 이어졌다. 『국어國語』에서 "천도는 사사로운 친함이 없으며 오직 덕 있는 사람이 그것을 받는다(天道無親, 唯德是授)"[09]라고 했듯이 서주 시대에 상제는 오직 덕 있는 자에게만 천명을 수여한다는 인식이 정립되었다. 요컨대 천자로 인정받기 위해서는 덕의 보유가 필수적으로 전제되어야 한다.

주초에 현인으로서 주라는 새 왕조의 정비에 큰 공헌을 한 주공周公은 소공召公에게 다음과 같이 충고해 준 것으로 문헌에 기록되어 있다.

> "불행히도 하늘은 은殷에 멸망을 내리니, 은나라는 이미 그 천명을 잃었고 우리 주가 그것을 받았다. 그러나 주나라의 기업이 오래도록 아름답게 이어질지 나는 감히 알 수 없다. 하늘은 믿을 수 없으니(항상되지 않으니), 우리가 불행하게 끝날지도 감히 알 수 없다. … 하늘은 믿을 수 없으니, 우리가 문왕文王의 덕을 이어 나가면 하늘도 문왕이 받은 천명을 버리지 않을 것이다."[10]

08 "天命靡常."『詩經』; "天命不于常."『尙書』.

09 『國語』, 「晉語」 六. 『左傳』 僖公 5年條의 "故周書曰, 皇天無親, 惟德是輔…"도 이와 흡사한 기술이다.

10 "弗吊天降喪于殷, 殷旣墜厥命, 我有周旣受. 我不敢知曰, 厥基永孚于休, 若天棐忱. 我亦不敢

하늘이 은을 멸망시키고 주에 천명을 주었지만, 하늘이 항상 주의 편을 들어 주는 것은 아니기 때문에 항상 조심하고 수덕修德해야 한다는 것이다. 그래서 천명을 받은 문왕의 훌륭한 덕을 이어받아 행함으로써 왕업王業도 계속될 것이라고 충고하고 있다. 주초의 사상을 반영하는 『상서尙書』의 여러 편들을 비롯하여 『좌전』, 『국어』 등에 반복적으로 나오는 위와 같은 주장은 유학의 역사에 매우 중요한 역할을 하고 있다. 그것은 유학의 근본 특성이라 여겨지는 '수덕修德'과 '덕치德治'의 사상이 이러한 역사적 맥락에서 발생했기 때문이다.

그러면 왕에게 덕이 있는지, 혹은 덕치를 했는지의 여부는 어떻게 가려지는 것인가. 그것은 백성들의 민심을 통해 드러나게 마련이다. 왜냐면 "하늘은 백성들이 보는 것을 통해 보고, 하늘은 백성들이 듣는 것을 통해 듣기"[11] 때문이다. 결국 "백성들이 원하는 바를 하늘은 반드시 따르게 되므로"[12] 여기서 민본사상民本思想이 나오게 된다.

2) 원시 유가의 덕목들

수덕의 주장은 수신 사상으로 이어지고 마침내 유가의 도덕 형이상학의 기초가 되었다. 그런데 수덕의 강조는 가치의 내면화 경향을 가져왔다. 중국의 철학자 머우쭝싼(牟宗三, 1909~1995)은 이렇게 말한다.

知曰, 其終出于不祥. … 天不可信. 我道惟寧王德延, 天不庸釋于文王受命." 『尙書』, 「君奭」.

11 "天視自我民視, 天聽自我民德." 『尙書』, 「泰書」 中편; 『孟子』, 「萬章」 上편.

12 "民之所欲 天必從之." 『尙書』, 「泰誓」; 『左傳』 襄公 31年.

중국철학이 도덕성을 중시하는 것은 '우환의식憂患意識'에 그 근거를 두고 있다. 중국인의 우환의식은 특별히 강렬해서 이 우환의식으로부터 도덕의식이 생겨난다.

여기서 '우환憂患'이라는 것은 '기杞나라 사람들이 하늘이 무너질까 봐 근심했다'는 그런 기우杞憂는 아니며, 더구나 '높은 지위를 얻을까 또는 얻은 지위를 놓칠까' 하는 그런 따위의 통속적인 근심은 더욱 아니다. '소인은 깊이 척척戚戚하는 근심이 있지만 군자는 영원히 그 마음이 탕탕蕩蕩하여 그런 근심이 없다.' 오직 근심하는 것은 재화나 권세의 부족에 대한 것이 아니요, 덕이 아직 덜 닦이지 않았나 배움이 아직 덜 미치지 않았나 하는 '덕'과 '학學'의 미진한 점에 대한 근심뿐이다.[13]

주초에 수덕의 사상이 나오면서 중국적 도덕의식의 특성이라 할 '우환의식'이 발생했으며 이와 더불어 "인간의 신앙의 근거도 점차 신으로부터 자기 행위의 근신과 노력으로 전이되어 갔다. 그 근신과 노력은 주초에 '경敬', '경덕敬德', '명덕明德' 등의 관념 아래 표현되었다."[14] 이때의 '경'은 종교적인 '경건'과 유사하면서도 다르다. 종교적인 경건이 자아를 해소하여 철저히 신에 몰입하는 것이라면, 주초에 강조된 경은 사람의 정신이 고도로 집중되어 자기의 책임의식 아래 관능적인 욕망 등을 해소하고 자기 주체의 적극성과 이성 작용을 드러내는 것이다. 경건 혹은 공경 등으로 해석할 수 있는 '경'은 이후로

13 牟宗三 저, 『중국철학의 특질』, 송항용 옮김, 동화출판사, 1983, 25쪽.
14 徐復觀, 『中國人性論史』, 徐復觀全集1, 臺灣商務印書局, 1969(1984), 22쪽.

유가의 주요한 덕으로 취급되어 왔는데, 거기에는 부분적으로 종교적인 요소가 남아 있다고 하겠다.

내면적 집중을 강조하는 덕목으로 경과 더불어 중요한 것이 '성誠'이다. 정성, 진실, 성실 등으로 해석될 수 있는 성은 『중용』 등에서 유가 도덕 형이상학의 핵심으로 나오고 있다. 이제 천은 종교적 대상보다는 오히려 형이상학적 근거로서 해석된다. 『맹자』나 『중용』에 의하면, 천, 곧 자연은 이치에 어그러지는 법이 없다. 그래서 "성실 그 자체는 천도天道요, 성실하려고 노력하는 것이 인도人道이다."[15] 『대학』에서는 아래와 같이 성을 해설하고 있다.

> "성의誠意, 즉 마음을 성실하게 한다는 것은 스스로 속이지 않는 것이니, 가령 나쁜 냄새를 싫어하고 아름다운 얼굴을 좋아하는 것과 같다. 이를 일러 '스스로 흡족함'이라 하니, 그러므로 군자는 반드시 그 내오를 삼가야 한다."[16]

여기서 보자면 성이란 자기기만이나 자아분열이 없이 자아가 고도로 집중된 상태를 가리킨다. 특히 자기 노력을 강조하는 경향을 가진 유가 사상에서는 '성'이야말로 가장 중요한 덕목이 되었다.

한편 유가의 윤리와 사상은 주대에 형성되었는데 주는 혈연 봉건사회였기 때문에, 유가의 윤리 혹은 덕에는 '가족'과 '사회'라는

15 "誠者天之道也 誠之者人之道也."『中庸』 20장; "誠者天之道也 思誠者人之道也."『孟子』,「離婁」 上편.

16 "所謂誠其意者 毋自欺也. 如惡惡臭 如好好色. 此之謂自謙. 故君子 必愼其獨也."『大學』 6장.

두 가지 차원이 골격을 형성하게 된다.

가족적인 인간관계는 이른바 '천륜天倫'으로서, 가르치거나 노력하지 않아도 저절로 애정이 우러나오게 된다. 대표적인 덕목은 부모에 대한 자식의 '효孝', 자식에 대한 어버이의 '자慈', 그리고 형에 대한 동생의 '제悌' 등이다. 정다산丁茶山은 『대학』에 '명덕'이라 표현된 유교의 근본적인 덕목은 효·제·자 삼덕三德에 그친다고 보았다.[17] 다른 덕목들은 이 세 가지의 응용이나 확대로 보는 것이다.

그런데 사회적인 인간관계는 가족의 경우와 달리 인위적인 노력을 필요로 하며 대표적인 덕목으로는 '충忠'과 '신信'을 들 수 있다. 여기서 흔히 지적되는 것이 '충'의 의미 왜곡이다. 즉 진한 이후 봉건제국의 성립과 더불어 그 개념은 '임금에 대한 헌신'의 의미로 왜곡되어 내려왔다. 그러나 '충'의 본래의 의미는 '中+心', 곧 속마음으로서 진심을 가리키는 것이었다.[18] 주자학에서 '자기를 다함(盡己)'으로 풀이한 것처럼 '충'에는 또한 사사로움을 극복한다(勝私, 克己)는 공公의 의미가 포함되어 있었다. 그리고 또 다른 덕목인 '신信'은 붕우 사이의 신의를 가리키며 종교적인 믿음과는 성격이 다르다. '믿음(信義)'의 덕은 모든 사회적 관계의 기초이며,[19] 전통적으로는 중앙으로서의 토土가 오행의 기초가 되듯이 신의 덕은 모든 덕의 기초가 된다고 해석되어

17 "明德也 孝弟慈." 『大學公議』. 이을호, 『다산경학사상 연구』, 을유문화사, 1981, 212쪽 참조.

18 가령 『논어』에 증자의 말 중에 "남들과 더불어 사회적인 일을 도모함에 진실되지 못했는지". 자기가 반성한다고 할 때 우리는 '충(忠)'의 본래의 의미를 발견할 수 있다. "曾子曰: 吾日三省吾身. 爲人謀而不忠乎. 與朋友交而不信乎. 傳不習乎." 『論語』, 「學而」편.

19 "사람으로서 신의(信)가 없다면 그에게 무슨 쓸모가 있을지 알지 못하겠다. 큰 수레에 멍에가 없다든가 작은 수레에 멍에막이가 없다면 그것이 어찌 운행될 수 있겠는가?(子曰: 人而無信 不知其可也 大車無輗 小車無軏 其何以行之哉)", 『論語』, 「爲政」편.

왔다. 신은 흔히 충과 연결하여 '충신忠信'이라는 표현으로 『논어』 등 고전에서 많이 사용된다. 진실과 믿음은 어느 사회에 있어서나 인간 관계의 기본적인 요구인 것이다.

이제 유교에서 각 개인에게 요구하는 근본적인 덕목들을 살펴보기로 하자. 한대 이후로 유가의 기본적인 덕목들로 흔히 '오덕五德' 혹은 '오상五常'이라 지칭된 인仁·의義·예禮·지智·신信이 있다. 그것은 맹자가 말한 인의예지에 동중서(董仲舒: B.C.176?~B.C.104)가 신을 더하여 정형화한 것이다. 한나라 이후 인·의·예·지·신은 각각 오행의 목·금·화·수·토에 조응되어 설명되었다.

그중에서도 '인仁'은 다시 덕목들 가운데서도 가장 우선시되었다. 그것은 맹자가 '측은지심惻隱之心'으로부터 나온다고 말했듯이 기본적으로는 타인에 대한 관심, 애정, 동정심을 갖는 것으로서 도덕적 행위의 근간이 되는 덕이다. 좁은 의미에서 '인'은 사랑, 애정 등을 가리키지만 넓은 의미에서 그것은 인간에게 요구되는 덕목 전체이다. 진영첩(陳榮捷: 1901~1994)은 전자를 'benevolence', 후자를 'humanity'로 표현하고 타케우치(竹內照夫)는 '인'의 개념을 '애정(愛の仁)'과 '덕성(德の仁)'으로 나눈다.[20] 후대의 성리학자들은 후자, 곧 넓은 의미에서의 인에는 의·예·지가 모두 포함된다고 생각했다.

'의義'는 맹자가 '수오지심(羞惡之心: 자기의 잘못을 반성하여 수치심을 느끼고 사회적 불의를 보고 미워하는 마음을 갖는 것)'에서 나온다고 말했듯이 정의감과 의협심에 바탕을 둔 덕이다. 그것은 어떤 상황에 있어서 마땅함(宜

20 신정근, 「고대 중국 '仁' 사상의 형성과 발전에 관한 연구」, 서울대대학원(박사논문), 1999, 56~57쪽.

當), 공정함, 공의公義 등을 의미한다. 유가에 있어서 '의'는 흔히 '리利'와 대비되어 설명된다. 그래서 '사私=리利'와 '공公=의義'는 서로 짝이 되는 개념이다. '인仁'의 반대개념이 '불인(不仁: 몰인정, 사람답지 못함)'인 점과 대비하여 보면, '인', '의' 두 가지 덕목의 성격이 더욱 뚜렷이 구별된다. 인이 사람의 심성에 관련된다면, 의는 사람의 행위와 관련된다.[21]

'예禮'는 맹자가 '사양지심辭讓之心'이라고 표현한 것처럼 양보하는 마음이다. 예는 근본적으로 절제의 원리이다. 인간의 욕망은 무한하여 반드시 절제가 필요하다. 그런데 음식남녀飮食男女의 욕망은 인류가 생존하는 데 불가결한 것이다. 따라서 유가에서는 불교처럼 욕망을 없애라고 말하지 않으며, 대신에 '중용'의 원리에 따라 절제하도록 한다. 그래서 공자는 말한다. "공손하되 예가 없으면 고생스럽고, 신중하되 예가 없으면 두려워하는 것이 되며, 용감하되 예가 없으면 무질서가 되고, 정직하되 예가 없으면 옹졸함이 된다."[22] 중용의 원리에 따라 인간이 지켜야 할 규범을 제도화한 것, 그것이 예의 체계이다.[23] 또 '예'는 좁은 의미에서는 하나의 덕목이지만 그것을 펼치면 제도와 문화가 된다.[24] 인의가 실질적인 덕목들의 핵심이라면 '예'는 그것의 외적인 측면이다. 그래서 공자는 "군자는 의義로써 바탕을 삼고 예禮에 따라 행한다"[25]라고 말한다. 즉 인의가 내용이라면 예는 형식이 되기 때문에 인의와 예는 내용과 형식이라는 표리의 관계에 있다.

21 인(仁)과 의(義)를 대비하여 상론하는 것은 뒤의 4장에서 다룰 것이다.

22 "恭而無禮則勞. 愼而無禮則葸. 勇而無禮則亂. 直而無禮則絞." 『論語』, 「泰伯」편.

23 "夫禮所以制中也." 『禮記』, 「仲尼燕居」편.

24 유가 문화를 흔히 '예악(禮樂)'으로 대변하기도 한다. 사회를 지탱해 주는 이 두 가지를 대비하여 보자면, '예(禮)'가 견제와 분별의 원리인 데 비하여 '악(樂)'은 조화와 단합의 원리이다.

25 "君子義以爲質 禮以行之." 『論語』, 「衛靈公」편.

끝으로 '지智'는 도덕성에서 인식의 측면에 주안점을 둔 덕목이다. 맹자가 '시비지심是非之心'이라고 정의한 것처럼 그것은 옳고 그름을 따지는 마음이다. 사람은 자기의 행위이건 남의 행위이건 그것이 옳은지 그른지 분별하는 도덕성을 가지고 있다. 이러한 '도덕적 판단력'은 후천적 교육에 의해서 더욱 확충되어야 하지만 근본적으로는 선천적으로 품부받는다고 원시 유가는 생각한다. 맹자는 그것을 '양지良知'라고 표현한다. "사람이 배우지 않고도 할 수 있는 것이 양능良能이요, 생각하지 않아도 알 수 있는 것이 양지이다. 어린애도 그 어버이를 사랑할 줄 모르는 자가 없으며 커서는 그 형을 공경할 줄 모르는 자가 없으니, 어버이를 사랑함은 인이요, 윗사람을 공경함은 의이다. 이것은 천하에 보편적이다."[26]

3. 유가의 도덕원리

1) 맹자: '양주·묵자'의 극복과 '도통道統'의 확립

유가 사상사에서 자기 정체성을 강하게 의식한 시기로 우선 전국시대와 당송시대를 들 수 있다. 어떤 존재이든 위기에 처했을 때 가장 자기 정체성 의식이 강해지기 마련이다. 당대에는 불교와 도교가 성행하였고 유학은 매우 쇠미했다. 이런 상황을 '위기'로 파악한

26 "孟子曰人之所不學而能者 其良能也 所不慮而知者 其良知也. 孩提之童 無不知愛其親也 及其長也 無不知敬其兄也. 親親仁也 敬長義也 無他 達之天下也." 『孟子』, 「盡心」 上편.

한유(韓愈: 768~824)는 이른바 유가의 도통설을 세웠고[27] 송대의 신유학자들은 자기들이 도통을 이어받은 것으로 자임했다. 그런데 이들은 모두 공자의 계승자로 맹자가 그 도통을 이어받은 것으로 여겼다.

이에 앞서 맹자는 자신이 공자의 도를 이어받아 공자 사상의 핵심을 파악하고 있다는 자긍심이 충일했다. 그런데 맹자는 도통의 위기를 의식할 때 양주와 묵자를 늘 거론했다.[28] 왜 그랬을까? 맹자는 양묵을 매우 크게 의식하고 있었으니, "천하의 여론이 양주를 따르지 않으면 묵자를 따르고 있다"[29]라고 말하는 데서도 알 수 있다. 그런데 과연 맹자가 말한 것처럼 당시에 양주와 묵자의 사상이 천하의 여론을 반분하고 있는 상태였을까? 왜 맹자는 이들을 그렇게 크게 의식했을까? 그것은 맹자가 말했듯이, 그들이야말로 공자 사상의 가장 위험한 대적자들이기 때문이다. 그런데 필자의 생각에, 그들은 현실적으로 세력을 가진 적대사라기보다는 유가 윤리설을 정립하는 데 있어서 논리적으로 매우 주요한 라이벌들이었다.

> "양주楊朱는 자기 생명을 최우선으로 중시하는 윤리(爲我) 사상을 품고 있었으니, 그는 터럭 하나를 뽑아서 천하를 이롭게 한다고 해도 그런 일을 하지 않았다.

27 "斯道也何道也. 曰斯吾所謂道也. 非向所謂老與佛之道也. 堯以是傳之舜, 舜以是傳之禹, 禹以是傳之湯, 湯以是傳之文武周公, 文武周公傳之孔子, 孔子傳之孟軻, 軻之死, 不得其傳焉." 韓愈, 「原道」.

28 "楊墨之道 不息 孔子之道不著 是邪說誣民 充塞仁義也." 『孟子』, 「滕文公」 下편; "逃墨必歸於楊, 逃楊必歸於儒. 歸, 斯受之而已矣. 今之與楊 墨辯者, 如追放豚, 旣入其苙, 又從而招之." 『孟子』, 「盡心」 下편.

29 "天下之言 不歸楊則歸墨." 『孟子』, 「滕文公」 下편.

묵자墨子는 모든 사람을 똑같이 사랑하는 윤리(兼愛) 사상을 품고 있었으니, 이마에서 발끝까지 자기 몸이 닳아 없어지도록 천하를 이롭게 하는 일이라면 실천하였다.

자막子莫이라는 사람은 그 중간적인 입장(執中)을 택하였으니, 중간을 택하는 것이 도에 가깝지만 만일 그것이 상황에 따른 변통성이 없이 중간만을 택하는 것이라면 오히려 하나만 고집하는 것이 된다. 하나만 고집하는 것을 미워함은 그것이 도道를 해치기 때문이니 자칫 하나만 고집하여 백 가지를 버릴 수 있는 것이다."[30]

위 인용문에서 맹자는 좀 과장된 듯이 보이는 세 가지 입장을 설정하여 이를 비판하고 있다. 특히 양주의 위아爲我, 묵자의 겸애兼愛를 대립적으로 거론하면서, 요순에서 공자로 이어지는 도통의 위기를 『맹자』에서 세 번이나 반복하여 논하고 있다.[31] 이는 무엇을 의미하는 것일까? 결론부터 말하자면 맹자는 양주나 묵자의 입장을 설정하고 이들을 종합적으로 지양함으로써 유가 윤리의 이론 구조를 분명하게 세우고자 한 것이다.

양주는 노장의 선구가 되는 사상가이다. 앞선 인용문에서도 보았듯 맹자는 그를 "자기 몸의 터럭 하나를 뽑아서 천하를 이롭게

30 孟子曰, "楊子取爲我, 拔一毛利而天下, 不爲也. 墨子兼愛, 摩頂放踵, 利天下, 爲之. 子莫執中. 執中爲近之. 執中無權, 猶執一也. 所惡執一者, 爲其賊道也, 擧一而廢百也." 『孟子』, 「盡心」 上편.

31 위의 인용 외에 "聖王不作, 諸侯放恣, 處士橫議, 楊朱 墨翟之言盈天下. 天下之言不歸楊, 則歸墨. …", 「滕文公」 下편; "逃墨必歸於楊, 逃楊必歸於儒. 歸, 斯受之而已矣. 今之與楊墨辯者, 如追放豚, 旣入其苙, 又從而招之." 「盡心」 下편.

한다고 해도 그런 일을 하지 않았다"라고 말했다고 한다. 양주의 철학적 핵심은 자기의 생명을 가장 중시하는 것으로 세상의 명예나 재물 등 그 어떤 것도 내 생명보다 중요할 수 없다(輕物重生). 따라서 양주의 입장에서는 모든 사람은 자기 중심으로(爲我), 자기의 생명 의지에 따라 사는 것이 최선이며 서로 간섭하거나 강요가 있어서는 안 된다.

한편 묵자는 최초로 공자의 라이벌이 되었던[32] 사상가이다. 맹자가 묵자를 평하여 "이마에서 발 끝까지 자기 몸이 닳아 없어지도록 천하를 이롭게 하는 일이라면 실천하였다"라고 하였듯이 묵자는 보편적 박애주의자이다. 그는 사람이나 집단이 서로 싸우거나 전쟁하는 것이야말로 서로에게 가장 큰 해가 된다고 보아 반전·평화주의를 주장하였고, 또한 평생 이를 실천하였다. 또 그는 사람들이 서로 싸우는 원인이 서로 차별하고 차등(別)을 두는 데 있다고 보고 차별 없는 사랑(兼愛)만이 그 해결책이라고 보았다. 그는 강력한 사회적 연대를 추구하였다.

2) 유가 윤리의 이론 구조

맹자가 볼 때 그들은 인간이 마땅히 따라야 할 도리의 일부만을 각각 고집하고 있었다. 지금 우리가 맹자를 비롯한 유가의 입장에서 한 개인의 행동방향을 정하는 원칙을 추출해 본다면 다음 세 가지로 말할 수 있을 것이다.

32 "世之顯學, 儒 · 墨也. 儒之所至, 孔丘也. 墨之所至, 墨翟也." 『韓非子』, 「顯學」편.

무엇보다도 세계에서 가장 중요하고 귀중한 것은 나의 몸과 생명이며, 모든 인식과 실천의 출발도 나 자신으로부터이다(구심求心의 원칙).

그러나 인간은 자기의 사사로움을 극복하고 가족, 나라, 천하로 실천을 넓혀 나감으로써 궁극적으로 대동大同사회를 추구할 때 가치 실현을 최대화할 수 있다(원심遠心의 원칙).

그런데 정작 맹자가 공자를 이어 도를 자각했다고 자부하는 점은 이 두 가지 명제를 극복하는 그의 세 번째 원칙에 있었다. 양주는 첫 번째 원칙을, 그리고 묵자는 두 번째 원칙을 이념으로 삼았으니 맹자가 볼 때 그들은 도리의 일부만을 고집하는 우를 범하고 있다. 그러면 언뜻 서로 모순되어 보이는 두 원칙을 맹자는 어떻게 종합할 수 있었는가? 맹자는 공자가 인의 실천방법으로 제시한 충서와 중용의 도에 의하여 앞의 두 가지를 변증법적으로 지양하고 새로운 단계로 나아갈 수 있었다(상호성相互性의 원칙).

(1) 구심求心의 원칙

자기를 중심으로 삼는 '구심의 원칙'은 이하의 두 가지 측면을 함축한다.

① 나의 몸과 생명이 세상에서 가장 먼저 긍정되어야 한다.

김충열 교수는 『유가윤리강의』를 다음과 같은 문단으로 시작하고 있다.

우리는 먼저 생명의 고귀함을 반성하는 데서부터 도덕을 이해해야 한다. 왜냐하면 이 세상에서 모든 것의 중심이 되는 것이 바로 내 자신이요, 내 자신의 기본적인 실재가 바로 나의 생명이기 때문이다.

내가 없다면 이 세상은 나의 세상으로 존재하지 않는다. 즉 내가 있고서, 다시 말하면 나의 의식이 있고서 비로소 이 세상은 나의 대상으로, 나아가서 나의 의지의 실현장으로 펼쳐지게 마련이다. 그러므로 나의 존재, 곧 나의 생명은 나에게만은 이 세상 전체보다도 귀중한 것일 수밖에 없다.[33]

그렇다. 유가는 무엇보다도 자아와 생명을 긍정하는 입장을 취한다. 유교에서는 인간이 이 세상에 태어난 것을 최고의 축복이라고 보는데 유교가 가진 종교적인 성격으로서 제일 먼저 거론되는 '효孝'의 사상도 이와 관련되어 있다. 효의 실천으로 모범이 되었던 증자曾子가 임종할 때의 흥미로운 에피소드가 『논어』에 기록되어 있다. 그는 죽음이 가까워짐을 알고 제자들을 불러 "나의 발을 펴고 나의 손을 열어 보아라" 하고 말한다.[34] 부모가 낳아 준 몸을 평생 동안 잘 지키어 온전한 상태로 죽음에 임하는 것이 효도의 근본이므로, 효도를 완수한 기쁨을 제자들에게 직접 확인토록 한 것이다.

나는 나를 낳아 준 부모와 또 더욱 근원이 되는 천지에 대하여 은혜를 입고 있으며, 이에 대해 감사하고 나를 지키는 것을 우선적인

33 김충열, 『유가윤리강의』, 예문서원, 1997, 37쪽.

34 曾子有疾 召門弟子曰 "啓予足 啓予手. 詩云 戰戰兢兢 如臨深淵 如履薄氷. 而今而後 吾知免夫, 小子!" 『論語』, 「泰伯」편.

의무로 생각해야 한다. 자신이 부여받은 육신은 자기만의 것이 아니라 부모가 물려준 것으로서 부모의 것이기도 하다. 이런 점에서 자신의 생명도 자신의 마음대로 할 수 있는 것이 아니다. 인간은 개인으로서 고립된 존재가 아니라 부모를 통하여 조상과 연결되고 자식을 통하여 후손으로 연결되는 한 매듭이기에 자신을 지켜야 할 역할과 책임이 있는 것이다. 따라서 인간은 인간다운 가치를 지키기 위하여 자신의 육신이나 생명을 버릴 수 있지만, 인간이 인간으로서 존재하기를 포기하는 행위는 용납되지 않는다. 자기의 생명에 대한 가치와 정당성을 인식하는 것은 인간의 존재 이유에 대한 기초가 되는 것이다.[35]

② 모든 인식과 실천의 출발점으로서 실존적 자아를 자각해야 한다.

『논어』의 첫 부분에 다음과 같은 말이 나온다. "남이 알아주지 않아도 성내지 않으면 또한 군자가 아니랴!(人不知而不慍, 不亦君子乎!)" 가치는 근본적으로 정신적이고 내면적인 것에 뿌리를 두고 있다. 공자는 이러한 방향으로 학문하는 것을 '위기지학爲己之學'이라 하여 '위인지학(爲人之學: 남을 의식하고 하는 학문)'과 대비시킨다.[36] 이와 관련하여 "돌이켜 자기 안에서 구하라(反求諸己)"라는 말은 원시 유가의 문헌에 두루 나오고 있다.

> 공자가 말했다: "활 쏘는 일이 군자와 닮은 점이 있다. 정곡을 맞히지 못하면 돌이켜 자기 안에서 구한다." 군자의 도는 비

35 금장태, 『유교사상의 문제들』, 여강출판사, 1990, 19~20쪽 참조.

36 "子曰 古之學者爲己, 今之學者爲人." 『論語』, 「憲問」편.

유컨대 멀리 감에 반드시 가까운 데서 시작하고 높이 오름에 반드시 낮은 데서 시작하는 것과 같다.[37]

인仁이라는 것은 활 쏘기와 같으니, 활 쏘는 사람은 자기를 바로 한 뒤에 쏘는데 쏘아서 적중하지 못하면 자기를 이긴 자를 원망하지 않고 돌이켜 자기 안에서 책임을 구할 뿐이다.[38]

모든 것은 나의 책임이고 내 탓이다. "나에게 오는 모든 화禍와 복福은 내가 불러들이지 않은 것이 없다."[39] 그래서 위로 천자로부터 아래로 서인에 이르기까지 모든 사람은 '수신修身'을 근본으로 삼아야 한다.[40]

⑵ **원심遠心의 원칙**

타자를 중심으로 보는 '원심의 원칙'은 다음 두 가지 명제를 함축한다.

① 우리는 실천에 있어서 이기심을 극복하여 사사로움을 버려야 한다(大公無私).

유가의 관점에서 보자면 사사로움(私)의 극복이 도덕의 관건이며 우리는 소아小我적 안목과 인식을 극복해야 한다. 『예기』에서 공자는 이렇게 말한다. "하늘은 만물을 덮어 줌에 있어서 사사로움이 없

37 『中庸』 14~15장.
38 『孟子』, 「公孫丑」 上편.
39 "禍福無不自己求之者." 『孟子』, 「公孫丑」 上편.
40 "自天子以至於庶人 壹是皆以脩身爲本." 『大學』, 經文.

으며, 땅은 만물을 실어 줌에 사사로움이 없으며, 해와 달은 만물을 비춤에 있어서 사사로움이 없다."[41] '공평무사公平無私'라는 말은 유교 문화권에서 일상어가 되어 있다. '극기복례(克己復禮: 자기의 사사로움을 극복하여 예로 돌아감)'의 구체적인 내용으로 공자는 다음과 같은 것들을 들었다. "예에 맞지 않거든 보지도 말고, 듣지도 말고, 말하지도 말고, 실천하지도 말라(非禮勿視 非禮勿聽 非禮勿言 非禮勿動)." 우리는 공평한 예에 따라야 하며 사사로운 욕망이나 관심은 극복되어야 한다.

② 우리는 인식에 있어서 자기의 관점을 무한히 넓혀 나가야 한다.

인간은 욕망을 가진 존재이며, 욕망은 부단히 우리를 유혹하고 끌어들인다. 따라서 우리가 자기라는 사사로움에 빠지기 쉬운 것은 마치 모든 물체가 매 순간 땅에 떨어지려고 하는 것과 같다. 그런데 각 개인의 경지와 국량에 따라서 우리가 사물을 보는 관점의 범위는 다르다. 맹자에 의하면 우리는 관점을 무한히 넓혀야 하며 '천하'의 관점에 도달했을 때 '대장부'라 할 수 있다. "천하의 넓음에 거居하며, 천하의 관점에서 바른 곳에 위치하며, 천하의 대도大道를 행하여, 자기의 포부가 달성되면 백성들과 함께하고 달성되지 아니하면 자기 홀로 그 도를 실천하여, 부귀도 유혹하지 못하고 빈천도 마음을 움직이지 못하고 위협과 무력도 그를 굽힐 수 없을 때, 이런 사람을 대장부라 한다."[42] 맹자는 또 자기 마음에 조금도 부끄러움이나 굽힘이 없

41 "天無私覆, 地無私載, 日月無私照. 奉斯三者以勞天下, 此之謂三無私." 『禮記』, 「孔子閒居」.

42 "居天下之廣居 立天下之正位 行天下之大道. 得志 與民由之, 不得志 獨行其道. 富貴不能淫 貧賤不能移 威武不能屈. 此之謂大丈夫." 『孟子』, 「滕文公」 下편.

어서 호연지기가 저절로 길러지면 천인합일의 경지에 갈 수 있다고 한다. 『예기』에서는 사사로움이 극복된 이상사회를 '대동'사회로 제시하고 있다.

⑶ 상호성相互性의 원칙

서로 대립되는 구심의 원칙과 원심의 원칙이 맞서 있을 때, 이를 조정할 수 있는 방법이 상호성의 원칙이다. 상호성의 원칙은 다음 두 가지 내용을 포함한다.

① 유가 윤리의 황금률: 서로 입장을 바꾸어 놓고 생각한다.

개인적인 생각에 치우치거나 일방적으로 어떤 일을 결정하는 오류에서 벗어날 수 있는 원리가 역지사지易地思之이다. 가령 우임금과 직稷이라는 신하와 공자의 제자 안회가 각각 처신한 것들을 평하면서 맹자는 "그들은 입장을 서로 바꾸어 놓았더라도 모두 그렇게 행동했을 것이다(易地則皆然)"라고 말한다.[43] 유가의 사상가들은 역지사지할 수 있는 이성의 능력이 사람에게 보편적으로 있다고 믿는다. 이를 통해서 우리는 객관적인 도리에 맞게 처신할 수 있는 것이다.

그런데 이런 관점을 먼저 제기한 것이 공자의 '충서忠恕'라 할 것이다. 충서에는 두 가지 측면이 있으니, 소극적인 측면(恕)으로는 "남이 나에게 해서 내가 원하지 않는다면 나도 그런 일을 남에게 베풀지 않는다"[44]라는 것이고, 적극적인 측면(忠)으로는 "내가 서고자 하

43 "禹 稷 顏回同道. 禹思天下有溺者, 由己溺之也, 稷思天下有飢者, 由己飢之也, 是以如是其急也. 禹 稷 顏子易地則皆然." 『孟子』, 「離婁」 下편. 또 같은 편에서 曾子와 子思의 처신을 평하면서 '易地則皆然'이라 말한다.

44 "子貢 問曰 有一言而可以終身行之者乎? 子曰 其恕乎. 己所不欲 勿施於人." 『論語』, 「衛靈公」편.

는 위치에 남을 세워 주고, 내가 달성하고자 하는 일을 남에게 달성케 한다"[45]라는 것이다.

맹자는 같은 '류類'에 있어서는 본성이 서로 같다[46]고 보기 때문에 똑같은 인류人'類'라면 서로 입장을 바꾸어 놓아도 판단이 일치할 것으로 본다. 따라서 나의 경험을 미루어 헤아려 남들에게까지 적용하여 실천하면 된다는 것이다.

나아가 이러한 취지를 『대학』에서는 '혈구지도絜矩之道'로 제시한다.

> "윗사람들이 해서 싫은 바를 아랫사람에게 하지 말며, 아랫사람들이 해서 싫은 바를 윗사람들에게 하지 말라. 앞사람이 해서 싫은 바를 뒷사람에게 하지 말며, 뒷사람이 해서 싫은 바로 앞사람을 대하지 말라. 오른편 사람이 해서 싫은 바를 가지고 왼편 사람을 사귀지 말고, 왼편 사람이 해서 싫은 바로 오른편 사람을 사귀지 말라. 이러한 것을 혈구지도(絜矩之道: 이성의 척도로 재는 도리)고 한다."[47]

② 현실에서의 실천: 물은 웅덩이를 채우고 흘러간다(盈科而進).

이것은 구심의 원칙과 원심의 원칙을 지양하여 종합하는 현실

"忠恕違道不遠. 施諸己而不願, 亦勿施於人." 『中庸』 13장.

45 "夫仁者 己欲立而立人, 己欲達而達人." 『論語』, 「雍也」편.

46 "故凡同類者 擧相似也." 『孟子』, 「告子」 上편.

47 "所惡於上 毋以使下. 所惡於下 毋以事上. 所惡於前 毋以先後. 所惡於後 毋以從前. 所惡於右 毋以交於左. 所惡於左 毋以交於右. 此之謂絜矩之道也." 『大學』 10장.

적 원리이다. 이타적인 태도는 매우 필요하지만, 현실적 제한을 가진 인간으로서는 절차를 가지고 시행할 수밖에 없다. 맹자는 이런 점을 물이 흐르는 것에 비유하였다.

> "서자가 맹자에게 물었다: 공자는 물에 대하여 '물이여, 물이여!'라고 자주 감탄했다고 하는데, 물에서 어떤 의미를 취하신 것입니까?
> 맹자가 대답하였다: 원천이 있는 샘물은 졸졸 흘러 밤낮으로 그치지 않으니 웅덩이를 채우고 흘러가서 바다에까지 이른다. 근원이 있는 것은 이와 같으니, 이런 점을 취하신 것이다."[48]

사랑을 베풂에 있어서도 완급의 순서가 있다. 심지어는 "요순과 같은 성인의 지혜도 만물에 두루 한 것은 아니니 그것은 먼저 알아야 할 일들이 있기 때문이다. 또 요순과 같은 성인의 인仁도 모든 사람에 두루 한 것은 아니니 그것은 어진 이에 대한 사랑을 우선하기 때문이다."[49]

마찬가지 관점에서 맹자는 타자에 대한 우리의 사랑이 "가족

48 "徐子曰: 仲尼亟稱於水曰 水哉水哉, 何取於水也? 孟子曰: 原泉混混 不舍晝夜, 盈科而後進放乎四海. 有本者如是, 是之取爾." 『孟子』, 「離婁」 下편.
이 비유에서 맹자가 강조하는 초점은 근원이나 뿌리가 있어야 한다는 점이다. 그러나 『맹자』의 다른 곳에서 그는 도에 뜻을 둔 사람은 먼저 안으로 충만해야 밖으로 드러날 수 있음을 말하고 있는데, 그는 "웅덩이를 채워야 흘러가는 물의 성질(流水之爲物也 不盈科 不行, 「盡心」 上편)"에 깊은 인상을 받은 듯하다.

49 "堯舜之知而不徧物, 急先務也. 堯舜之仁不徧愛人, 急親賢也." 『孟子』, 「盡心」 上편.

(親親) → 이웃(仁民) → 사물(愛物)에 대한 사랑"으로 순서적으로 확대되어야 한고 주장하였으니[50] 이른바 '방법적 차별애'이다. 묵자가 말한 겸애는 하나의 목표로서는 대단히 훌륭하지만 그것이 현실성을 갖기 위해서는 순서를 가질 수밖에 없다. 또 우리가 사회에 대해 베풀어야 할 사명도 "수신修身 → 제가齊家 → 치국治國 → 평천하平天下"의 순서를 갖지 않을 수 없다고 유가에서는 본다. 물론 궁극적인 목표는 '대동' 사회의 실현이다.

4. 유가 도덕의 재음미

1) 덕목들과 도덕원리의 관계

이상에서 우리는 유가의 덕목들을 나열하고 또 도덕원리들을 검토해 보았다. 그런데 이 두 항 사이에는 어떤 관련이 있을까?

덕목은 우선 명사 형태로 흔히 거론된다. 그러나 그 의미에서 보자면 덕목은 어떤 명제가 함축된 것이라 보아도 될 것이다. 예컨대 '사랑', '절제' 등의 덕목은 '이기심을 극복하고 타자를 사랑하라', '너의 행위에 있어서 욕망을 따르지 말고 삼가하라' 등등의 의미를 함축하고 있는 명제로 보아도 좋을 것이다.

이런 관점에서 이제 독립되어 있는 듯이 보이는 유가의 덕목

50 "孟子曰 君子之於物也 愛之而弗仁, 於民也 仁之而弗親. 親親而仁民 仁民而愛物."『孟子』, 「盡心」上편.

들을, 위에서 우리가 정리한 도덕원리와 관련지어 생각해 보자.

(1) 인仁과 '구심求心의 원칙'

인은 가족적 사랑(天倫)에서 출발하며, '구심의 원칙'에 조응된다.

공자 이래 유가의 핵심적인 교리로 부각된 '인'의 개념은 매우 다의적으로 사용되었기 때문에 일의적으로 정의하는 것이 불가능한 것처럼 보인다. 『논어』에서만 100회 이상 등장하는 이 개념을 공자는 엄격한 정의 없이 사용하였다. 더군다나 맹자 이후로는 인의仁義의 개념이 함께 사용된 경우가 많기 때문에 심지어는 인과 의를 같은 의미로 사용하기까지 한다. 그러나 본래적인 의미로 말하자면 두 가지는 엄격히 다르며 오히려 매우 대립적인 면들을 가지고 있다.

필자가 보기에 인仁은 근본적으로 '가족적 사랑'에서 출발한다. 그런데 혈연적 가족사랑이란 '자기애'의 연장이며 이는 자연 발생적인 것이다. 따라서 도덕원리로 말하자면 그것은 '구심의 원리'에 속한다.

공자가 인을 '애인(愛人: 남을 사랑하라)'이라고 대답했을 때 언뜻 보아 그것이 이타利他의 정신이 아닌가 반문할 수 있다. 물론 유교적 사랑의 정신을 대표하는 '인'에는 이타적 성격이 있다. 그러나 그 사랑이 우선 가족사랑에서 출발하기 때문에 이것은 본질적으로 자기애의 연장인 것이다.

『논어』에 보면, 처음 「학이」편의 1장에서 '학學'의 성격을 말하고서 바로 2장에 다음과 같은 말이 이어진다.

"유자有子가 말하기를 그 사람됨이 효도하고 공경(孝弟)하면서 윗사람을 거역하기 좋아하는 자는 적다. 윗사람에게 거역하기 좋아하지 않는 사람으로 난동을 일으키기 좋아하는 사람은 있은 적이 없다. 군자는 근본에 힘쓰나니 근본이 서면 도가 나오는 것이다. 효도와 공경이야말로 인을 실천할 근본일진저!"[51]

『논어』 전체의 편집에서 학學의 일반적 성격을 말하고, 이어서 바로 '효제孝悌'를 근본 덕목으로 강조하는 것은 무슨 의미를 갖는가? 공자나 그 제자들은 역시 혈연사회에 바탕하여 이의 확대로 사회 기강을 세우고자 했던 것이다. 그러므로 위에서 보는 바와 같이 인의 본질은 바로 효제가 될 수밖에 없다. 다산이 유교의 근본적인 덕은 효孝·제弟·자慈에 지나지 않는다고 파악한 것도 바로 이 점을 정확히 본 것이다.

후대에 주자朱子는 인을 '사랑의 이치(愛之理)'라고 정의하였다. 그런데 주자는 호랑이와 이리 등 짐승도 인의 이치를 가지고 있다고 하였다.[52] 그것은 아마도 호랑이와 이리 등 육식동물이 밖에서 잡아먹은 음식물을 토해서 어린 새끼를 먹이는 상황에 대한 관찰에서 나온 결론일 것이다. 말하자면 인의 원초적인 측면은 심지어 짐승도 가지고 있다. 그것은 곧 자연적으로 우러나오는 가족사랑의 정이며, 부

51 "有子曰 其爲人也 孝弟 而好犯上者 鮮矣. 不好犯上 而好作亂者 未之有也. 君子務本 本立而道生. 孝弟也者 其爲仁之本與!", 『論語』, 「學而」편.

52 "虎狼之仁, 豺獺之祭, 蜂蟻之義, 卻只通這些子, 譬如一隙之光." 『朱子語類』 권4.

자지간의 이러한 사랑은 '천륜'인 것이다.

인간이 원초적으로 자기애와 이의 확대인 가족애를 갖는 것은 마치 물리학의 제1법칙인 관성의 법칙처럼 어떤 존재도 벗어날 수 없는 천리이다. 위에서 우리는 이를 '구심의 원리'라 명명하였다. 전통적인 덕목 가운데 '명철보신', '자중자애', '존심양성' 등도 이와 같은 사고와 관련되어 있다고 생각한다.

⑵ 의義와 '원심遠心의 원칙'

의는 사회질서(人倫)의 이념이며, '원심의 원칙'에 조응된다.

인이 자연적으로 우러나오는 사랑(人之常情)에 바탕을 둔 것이라면, 의義는 인위적이고 당위적인 성격을 갖는다. 공자가 반복적으로 강조한 것이 인이라면, 의는 맹자에 이르러 강조된 개념이다. 우리는 『맹자』에서 '인'과 '의'를 대비시키는 구절들을 자주 보게 된다.

① "어버이를 사랑하는 것은 인이요, 어른을 공경하는 것은 의이다."[53]

② "사람이라면 누구나 '차마 하지 못하는 바'가 있으니, 그러한 거부감 없이 할 수 있는 범위에 드는 것들이 인에 속한다. 사람이라면 누구나 '하지 않는 바'가 있으니, 그러한 거리낌 없이 행하는 바의 범위에 드는 것들이 의에 속한다."[54]

53 "親親仁也 敬長義也." 「盡心」 上편.

54 "人皆有所不忍 達之於其所忍 仁也. 人皆有所不爲 達之於其所爲 義也." 「盡心」 下편.

③ "인이라는 것은 사람다움이니 어버이 사랑이 제일 중요하고, 의라는 것은 마땅함이니 어진 사람을 받드는 것이 제일 중요하다."[55]

④ "인의 실질은 어버이 섬김이다. 의의 실질은 형을 따르는 것이다."[56]

⑤ "갓난아이라도 그 어버이를 사랑할 줄 모르는 법이 없고, 그가 장성해서는 그 형을 공경할 줄 모르는 법이 없다. 어버이 사랑은 인이고, 어른 공경은 의이다."[57]

인과 의를 대비할 때, 우선 가장 두드러진 점은 인이 '가족사랑'에 바탕하고 있는 데 반해 의는 사회적 차원에 바탕을 두고 있다는 점이다(①, ②, ③). 인이 자발적·자연적인 데 비하여, 의는 사회적·의도적인 것이다.

그런데 같은 가족사랑 안에서도 『맹자』는 '어버이 사랑'과 '형(윗사람)에 대한 공경'을 구별하고 있다(④, ⑤). 전자는 철없는 젖먹이도 하는 일이요, 후자는 어느 정도 분별력이 생겼을 때 가능한 것이다.[58]

55 "仁者人也 親親爲大 義者宜也 尊賢爲大." 『中庸』 20장.

56 "仁之實事親是也 義之實從兄是也." 「離婁」 上편.

57 "孩提之童 無不知愛其親也 及其長也 無不知敬其兄也. 親親仁也 敬長義也 無他 達之天下也." 「盡心」 上편.

58 근래에 김주성 교수는 이 점을 잘 밝혀 주고 있다.
"맹자의 독창성은 의를 인과 같은 위치로 끌어올렸을 뿐만 아니라, 인과 의의 본질을 새롭게 규정했다는 데 있다. 공자는 인을 중심으로 정치철학을 전개했으나, 맹자는 의를 인과 쌍벽을 이루는 위치로 끌어올리고 나아가 의를 중심으로 정치철학을 전개하였다. … 공자는 인의 본질 맹자는 오륜을 말할 때도 "부자유친父子有親, 군신유의君臣有義"라 하였으니 의義는 사회적 관계(君臣)에 요구되는 덕목이다. 또 전통적으로 오행과 오상을 대응시킬 때, 인은 '봄의 생기(木)'이고 의는 '가을의 살기(金)'라고 주장된다.

인과 의의 차이를 의식적으로 구별한 것은 맹자에 와서 뚜렷해졌다. 그러나 『논어』에 나오는 '의'의 관념들도 사리私利와 대립된 공의公義의 의미로 주로 쓰였다.[59] 분명한 것은 『논어』에서도 이미 의라는 개념은 주로 가족관계가 아니라 사회적 맥락에서 사용되었다는 점이다.

이상에서 볼 때 유가의 의의 정신은 사회적 당위로서 나온 개념이며, 이것은 인과 구별되어 '원심의 원칙'에 조응된다고 할 수 있다. 맹자가 '집의集義'에 의하여 호연지기를 가진 대장부의 정신을 주장하는 데서도 우리는 이 점을 어렵지 않게 찾을 수 있다.

(3) 예禮, 지智와 '상호성相互性의 원칙'

예는 도덕성의 외적 측면이며 지는 인식의 측면으로서 실천이성이라 할 수 있다. 이 두 가지 덕목들은 위에서 거론된 '상호성의 원칙'에 조응된다.

을 효도와 공손 양쪽에 두었으나, 맹자는 이를 분리하여 효도를 인의 본질로, 공손을 의의 본질로 삼는 새로운 개념 구도를 만들어 냈다. … 이렇게 의의 본질을 형제 관계에 둔 맹자는 형제 관계를 사회 관계로 확대시킨다." 「저스티스와 義」, 계간 『사상』, 1998년 봄호, 173~174쪽.

59 "見義不爲 無勇也." 「爲政」편.
"見利思義 見危授命." 「憲問」편.
"不義而富且貴 於我 如浮雲." 「述而」편.
"子路曰 不仕無義 長幼之節 不可廢也 君臣之義 如之何其廢之." 「微子」편.
"欲潔其身而亂大倫 君子之仕也 行其義也 道之不行 已知之矣." 「微子」편.

앞서 우리가 보았듯이 서로 반대가 되는 제1, 제2의 원칙을 지양하여 종합하는 원칙이 '상호성의 원칙'이며 이때 사용하는 방법이 바로 충서와 중용이었다.

그런데 예는 중용의 정신을 사회제도로 체계화한 것이다. 현실성에 바탕을 둔 유가의 입장에서는 수기修己와 치인治人의 현실적인 필요성에서 그러한 제도화가 성립했을 것이다.

그리고 역지사지나 충서의 방법을 인식의 측면에서 지적한 것이 '지智'의 덕이다. 인간은 본래 도덕적 판단력(是非之心), 곧 선천적인 실천 이성(良知良能)을 가지고 있다. 이것은 상호성의 원칙을 성립하게 해 주는 인식론적인 바탕이라 하지 않을 수 없다. 이치에 밝음과 현명함 그리고 지혜와 관련된 여러 가지 덕목들이 모두 이 범주에 속한다고 하겠다.

일반 사람은 항상 하나의 갈등 구조 속에서 어떤 일을 결정하게 된다고 할 수 있다. 우리는 상황을 저울질하여 누구나 납득할 만한 길을 택할 때 옳게 행동하는 것이 된다. 이렇게 '어떤 상황에 가장 적합한 것'이 바로 유학의 '시중時中'이며, 이를 철학적 원리로 말하자면 '중용'이라 할 것이다. 그것은 어느 일방으로 치우치지 않고 공평한 도리에 따를 수 있는 원리이다. 그런데 매사에 역지사지하여 어떤 판단을 내려야 하지만, 반복되는 일상적인 일들에 대해서는 중용이 되는 선에서 어떤 가이드라인을 미리 정해 놓으면 유용할 것이다. 특히 애매한 경우나 미묘한 경우까지도 현인들이 미리 생각해서 관습으로 정해 놓으면 사회질서에 큰 도움이 될 것이다. 유학에 있어서 그러한 가이드라인이 바로 '예'라 할 수 있다. 예란 중용을 제도화한 것이며,[60] 따라서 예를 따름으로써 우리는 나의 입장이나 상대의 입장에 치우치지 않고 중용을 지킬 수 있게 된다고 본다. 앞의 역지사지가 주로 나와 상대 사이에서 균형을 유지하는 것이라면, 중용(중화)은 복합적인 모든 변수, 모든 참여 요소에 있어서 조화를 이루는 것을 지칭한다고 하겠다.

2) 유가 윤리설의 특성

이제 다시 맹자 윤리설에 주요 단서가 된 양주나 묵자의 입장을 검토해 보자. 양주처럼 '구심의 원칙'만 고집하게 되면 이른바 '윤리학적 이기주의(Ethical egoism)의 입장에 가깝게 되는데 서양의 경우 에피쿠로스Epicurus, 니체Nietzsche 등이 이러한 범주에 든다.'[61] 맹자는 이런 견해를 가진 양주를 비판하여 "사회성이 결여되어 있다(無君)"라고 지적하였다.

한편 묵자처럼 '원심의 원칙'만을 존중하면 '윤리학적 보편주의(Ethical universalism)'[62]나 유토피아적 사회주의에 가깝게 될 것이다. 맹자는 이들이 인지상정人之常情으로서 사람이 누구나 갖고 있는 "가족에 대한 애정을 무시한 것(無父)"이라고 지적하였다.[63]

현대 윤리학의 개념으로 분석해 보자면 '윤리학적 이기주의'나

60 "夫禮所以制中也." 『禮記』, 「仲尼燕居」편.

61 K. Frankena, *Ethics*, Prentice-Hall, New Jersey, 1973, pp.15~20.

62 위와 같음. K.Frankena는 그 대표적인 사람들로 Bentham, Mill 등 영국의 공리주의자들을 들고 있다.

63 "楊氏爲我, 是無君也, 墨氏兼愛, 是無父也. 無父無君, 是禽獸也." 『孟子』, 「滕文公」下편.

'윤리학적 보편주의'는 각각 개인의 이익을 최우선하느냐, 사회 전체의 이익을 최우선으로 하느냐에 차이가 있을 뿐 우리가 행동의 목표로서 어떤 이익을 추구한다고 보는 점에서 공통되며 따라서 이 두 입장은 모두 '목적론적 윤리설(Teleological theories)'에 속하게 된다.[64]

극단적인 두 입장을 비판한 맹자는 그 중간을 택하지도 않는다. 말하자면 맹자는 그 두 입장을 지양하여 전혀 다른 원리를 택한다. 즉 맹자에 의하면 개인의 이익이나 사회 전체의 이익 등이 우리 행동의 옳고 그름을 밝히는 기준이 될 수는 없으며, 오히려 각각의 상황에서 우리가 마땅히 따라야 할 당위(義)가 객관적으로 있다는 것이다. 말하자면 맹자는 목적론적 윤리설에 따르기보다는 '의무론적 윤리설(Deontological theories)'에 가까운 편이다. 우리가 누구나 보편적으로 인정할 수 있는 당위로서 의와 예의 체계가 있다고 맹자는 믿었다. 여기서 상황에 따른 각각의 의나 예를 도출해 내는 원리가 바로 역지사지, 혈구지도, 영과이진, 중용 등을 방법으로 하는 '상호성의 원칙'이었던 것이다.

양주(위아爲我)	묵자(겸애兼愛)	맹자
윤리학적 이기주의	보편적 박애주의	위아와 겸애를 지양한 방법적 차별애
상호불간섭, 개인주의	공리주의, 공동체주의	개인과 공동체를 지양한 의(예)의 체계

64 K. Frankena, 앞의 책, 14쪽 이하 참조.

이상의 논의를 윤리학의 입장에서 정리하면 다음과 같이 될 것이다.

공자는 포괄적으로 '인'을 내세웠지만, 맹자는 '인'과 '의'를 보다 분명히 구분했다. 인이 인지상정에 가까운 덕임에 비하여 의는 좀 더 냉정한 사회공의에 주안점을 둔 것으로 분화된다. 신정근에 의하면 "맹자가 공자와 비교해서 '인'의 범위를 축소시키고 '의'의 범위를 확장시켰다고 할 수 있다. 즉 맹자는 '의'를 가족과 사회관계에 동시에 적용함으로써 가족 윤리의 폐쇄성을 넘어서려고 기도한다."[65]

『논어』에서 공자는 '인' 개념을 중심으로 유가 윤리를 설명하였다. 그렇다면 유가 윤리설은 '인의 체계'라 할 수 있다. 그런데 맹자는 '의' 개념을 더욱 강조하였으니, 어찌 보면 그의 윤리설은 '의의 체계'라 할 것이다. 그런데 우리가 인과 의는 엄격한 의미에서 대립적인 것이라 하였으니, '인의 체계'와 '의의 체계'는 서로 대립적인 것인가? 그렇지 않다. 오히려 두 가지는 방향은 다르지만 실질 내용은 같은 것이다. 비유컨대, 서울에서 부산으로 가는 지름길은 부산에서 서울로 가는 지름길과 방향은 다르지만 실질 내용은 같다. 여기서 종합을 가능케 해 주는 것이 바로 윤리적 문제에 있어서 나침반이 되는 상호성의 원칙 혹은 중용의 원리이다.

그런데 거기에는 혈연 중심의 사회였던 주대의 사회 구조가 배경으로 남아 있다. 시마다 겐지는 이 점을 다음과 같이 재미있게 표현하고 있다.

65 신정근, 위의 논문, 241쪽.

유교에는 옛날부터 '부자천합(父子天合: 부자 등 가족관계는 하늘이 맺어 준 것이다. 해석-필자)'에 대해서 '군신의합(君臣義合: 군신 등 사회적 관계는 의로 맺어진 것이다. 해석-필자)'이라는 명제가 있다. 『예기』「곡례」편에서는 만약 부모가 잘못된 행위를 할 경우, 자식은 '세 번을 간청해도 듣지 않으시면 울면서라도 그에 따른다(子之事親也, 三諫而不聽, 則號泣而隨之).' 그러나 임금에 대해서는 '세 번을 간해서 듣지 않으면 그를 떠난다(爲人臣之禮, 不顯諫, 三諫而不聽, 則逃之)'는 구절이 있다. 유교적인 세계(天下)는 이른바 국가와 가족(개인)과의 두 개의 중심을 갖는 타원형이다.[66]

시마다 겐지는 유교 윤리가 두 개의 중심을 갖는 타원형이라고 보며 이는 유교 윤리의 특성을 잘 드러낸 표현이라고 하겠다. 지금 와서 우리가 보자면 분명히 그러한 특성을 인정하지 않을 수 없다. 그러나 정작 공맹이나 주자·퇴계 등 유가의 도덕철학에 천착했던 당사자들이 이 점을 인정할 것인지에 대해서는 회의적이다. 그들은 분명히 유교 윤리는 하나의 원리에 의해서 통일된(중심 원을 하나만 갖는) 체계라고 말할 것이다. 중심이 하나인가 둘인가는 관점의 문제일 수 있다. 그러나 적어도 유가 윤리의 생산자들은 그것이 중용이나 충서 등 하나의 원리에 의해 일관되어 있다고 주장해 왔던 것이다.[67]

66 시마다 겐지(島田虔次) 저, 『주자학과 양명학』, 김석근 외 옮김, 까치, 1986, 38쪽.

67 "子曰: 參乎 吾道 一以貫之. 曾子曰: 唯. 子出 門人 問曰: 何謂也. 曾子曰: 夫子之道 忠恕而已矣." 『論語』, 「里仁」편.

5. 맺는말

이상에서 우리는 유가의 덕목들과 윤리원칙들을 검토하였다. 여기서 보자면 유가 윤리는 현실 속 인간이 직면하게 되는 몇 가지 이중 구조를 그대로 반영하는 한편, 또 그 양면을 지양하여 새로운 원리를 제시하면서 체계화되고 발전해 온 것을 알 수 있다.

먼저 공자는 서주시대 이래 전통적으로 내려온 '예'에서 내용과 형식을 구분했다. 공자에 의하면 예를 지키는 것도 필요하지만 그것을 실천하는 마음이 더 중요하다. 여기서 공자가 강조한 것이 '인'이다. 공자에 의하면 '인(의)'과 '예'는 내용과 형식이라는 표리 관계를 이룬다. 이런 맥락에서 '내용(內)'과 '형식(外)'이라는 두 측면이 드러난다.

또 유가의 윤리설은 다른 측면에서 보자면 가족 윤리와 사회 윤리의 양면성을 반영한다. 다산茶山 선생이 유학을 '수기修己·치인治人'의 학문으로 말하곤 했던 것처럼, 유가 윤리는 근본적으로 개인(가족) 윤리와 사회 윤리의 종합이다. 전통적인 유교 사회에서 강조된 '효'나 '충'은 바로 그러한 두 축을 대표한다.

결과적으로 유가 윤리는 내와 외, 가족과 사회라는 두 가지의 이중 구조를 가진다는 과제를 안고 있다. 그러면 경우에 따라 대립된 두 가지가 상충되어 서로 배타적일 때는 어떻게 할 것인가? 이것이 유가 윤리설의 근본과제였다고 하겠다.

공자·맹자를 비롯한 원시 유가는 이러한 문제들에 천착함으로써 유가 윤리설을 보다 심화시키고 결국 아시아적 사회의 전통이 된 유가 윤리의 체계를 세웠다. 우리가 본 논문에서 시도한 바는 그들 이론의 논리 구조를 심층에서 보다 명시적으로 드러내고자 한 것이었다.

* 이번 장은 철학연구회에서 발간하는 『철학연구』 51권(2000)에 「원시 유가의 덕목들과 도덕원리」라는 제목으로 실린 필자의 논문이다.

3장. 동양적 삶의 방식과 범주의 문제

1. 문제제기

불교용어 중에 '일수사견一水四見'이라는 말이 있다. 물이라는 동일 대상도 보는 주체가 누구냐에 따라 전혀 다른 네 가지로 보인다는 것이다.[01] 우리의 인지구조는 삶의 조건과 상황에 따라 달리 형성된다. 따라서 서양 사상의 주요 개념들과 동양의 그것은 일치하지 않는다. 가령 희랍에는 '자유', '권리' 등의 개념이 있었지만 중국 고대사회에는 거기에 일치하는 개념이 없고, 중국에서는 '효孝', '인仁' 등의 개념이 일반적으로 사용되었지만 그에 일치하는 단어가 희랍에는 없

01 천인(天人)은 물을 보석으로 보고, 사람은 물로 보고, 아귀는 피고름으로 보고, 물고기는 집으로 본다. "唯識學中常用之譬喩. 同一水, 天人看來是寶飾莊嚴之寶池; 凡人見之, 則是水池; 而在餓鬼眼中乃一池膿血; 魚則視之爲最佳居所."『攝大乘論釋』卷四.

다. 그것은 지리적 조건에 따라 삶의 방식(Ways of living)이 서로 달랐기 때문이다. 상업이 상당한 비중을 차지한 희랍 도시국가들에서는 각 시민의 자유나 권리 개념이 자연스럽게 대두되지만, 농촌의 혈연 공동체가 기반이 되는 중국 고전사회에서는 가족질서와 친족 개념이 중시되는 게 당연했던 것이다.

이러한 비교적 관점에서 서양철학의 '범주(Category)' 개념과 그에 상응하는 동양의 개념들을 찾아보고, 그 차이와 배경을 규명하며, 나아가 세계관적 의의를 음미하고자 하는 것이 이 글의 의도이다.

2. 카테고리와 홍범구주

이제 서양 사상의 'Category'와 이를 번역한 『서경』의 '홍범구주洪範九疇'에 관하여 먼저 알아보자.

희랍철학에서 카테고리Kategorie는 최고 유개념의 뜻이며, 이에 대하여 최초로 체계적으로 서술한 사상가는 아리스토텔레스이다. 아리스토텔레스는 삼단논법을 포함한 고전 논리학을 처음으로 정리하여 체계화하였고 그의 논리적 분석은 '개념'을 중심으로 형성되었다. 가령 어떤 명제를 구성하는 주어와 술어는 개념들이다. 그는 개념들이 유와 종의 층차적 계열을 형성하고 있다고 보았으며, 어떤 개념의 '정의定義'는 '유+종차'로 표현된다고 하였다. 한편 그는 개념들을 분류하면서, 우리들이 명제 속에서 연결 짓는 개념들이 항상 전형적인 그룹으로 정돈된다는 사실을 발견했다. 이에 근거하여 그는 '범주표'를 만들었다. 그것은 진술 형식의 10가지 도식이다. 범주에는 '실체'와 '속성'이 있는데, 속성에는 9가지가 있기 때문에 결국 범주는 10가지가 되며 나열하면 다음과 같다.[02]

실체, 양, 성질, 관계, 장소, 시간, 위치, 상태, 능동, 수동

아리스토텔레스는 범주를 그저 논리적인 요소로만 보지 않고, 존재론적인 요소로도 보았다. 범주는 존재의 형식이기도 하다.

칸트는 『순수이성비판』에서 인간의 이성이 지닌 한계를 지적하고, 인간 인식에 선험적 형식을 주장하였다. 그에 의하면 인간은 대상을 있는 그대로 인식하는 것이 아니며, 오히려 우리의 인식이 대상의 관념을 만들어 낸다는 것이다. 칸트에 의하면 우리는 감성을 통해 얻은 감각을 범주를 사용하여 지성(Verstand: 오성)으로 인식하고, 초경험적인 것은 이성으로 인식한다고 한다. 감성은 어떤 물자체를 지각하는 능력이며, 범주는 이러한 감각을 인식하게 하는 하나의 틀이다. 따라서 감성과 지성은 인간이 지각하는 데 있어 없어서는 안 되는 필수적인 요건이다.

칸트는 인식론에서 형식과 질료를 구분하였다. 여기서 감성의 형식이 시간과 공간이며, 사유 판단, 곧 오성의 형식이 12범주이다. 그는 형식논리학의 판단표에 근거하여 4개 항목의 12범주를 제시하였는데, 그것은 다음과 같다.

02 요한네스 힐쉬베르거 저, 『서양철학사』(상), 강성위 옮김, 이문출판사, 1983, 213~216쪽 참조.

분량(단일성, 다수성, 총체성)

성질(실재성, 부정성, 제한성)

관계(실체, 원인과 결과, 상호 관계)

양상(가능성, 현실성, 필연성)

칸트에 의하면 범주는 감성의 소여를 사고에 의해 인식에까지 다다르게 하는 사고의 선천적 형식이다.

'범주'에 관한 두 사상가의 생각이 일치하는 것은 아니지만, '인식이나 판단의 형식'으로부터 그것을 도출해 냈다는 점에서는 공통된다. 이렇게 볼 때 서양 사상의 '범주' 문제는 근본적으로 인식론이나 논리학적 작업의 연장선상에서 제시된 것이다. 그런데 동아시아의 전통에는 인식에 대한 이러한 비관적·비판적인 사유가 발달하지 못했다. 서양 고전 사상이 존재론이나 인식론을 중심 주제로 발전해 온 데 비하여, 동아시아의 전통에서는 정치학이나 윤리학적 주제가 고전 사상의 관심거리였다.

동아시아의 고전인 『서경書經』, 「홍범洪範」편에는 '홍범구주洪範九疇'가 서술되어 있다. 홍범은 대법大法을 말하고, 구주는 9개 조條를 말하는 것으로, 즉 9개 조항의 큰 법이라는 뜻이다. 주나라 무왕(武王: B.C.1076~B.C.1043)이 기자箕子에게 선정善政의 방안을 물었을 때 기자가 이 홍범구주를 제시하였다고 하며, 그 구체적 항목은 다음과 같다.

오행五行·오사五事·팔정八政·오기五紀·황극皇極·삼덕三德·

계의稽疑·서징庶徵·오복五福과 육극六極

① 오행: 수水·화火·목木·금金·토土를 지칭한다.

② 오사: 외모, 말, 보는 것, 듣는 것, 생각하는 것을 지칭한다. 외모는 공손해야 하고, 말은 조리가 있어야 하며, 보는 것은 밝아야 하고, 듣는 것은 분명해야 하며, 생각하는 것은 지혜로워야 한다.

③ 팔정: 양식 관리, 재정 주관, 제사 관리, 백성 교육, 범죄 단속, 손님 대접, 양병 및 백성의 땅 관리를 말한다.

④ 오기: 해(歲)·달(月)·날(日)·별(辰)·역법曆法의 계산을 지칭한다.

⑤ 황극: 임금의 법도로서 임금이 정치의 법을 세우는 것이다. 자기 쪽으로 치우치거나 기울어짐이 없으면 왕도는 넓고도 넓을 것이며, 기울어지거나 치우침이 없으면 왕도는 평평平平할 것이고, 위배되지 않고 편벽되지 않으면 왕도는 바르게 될 것이다.

⑥ 삼덕: 정직·강극剛克·유극柔克을 말한다. 평화스럽고 안락할 때에는 정직을 중시하고, 강하고 굴복하지 않을 때에는 강극을 중시하며, 화합할 때에는 유극을 중시해야 한다. 침잠할 때에는 강剛함으로써 극복하고, 높고 밝음에는 유柔함으로써 극복하는 것이다.

⑦ 계의: 복卜과 서筮의 점을 치는 사람을 임명하고 그들에게 점을 치게 하는 것을 말한다.

⑧ 서징: 비·맑음·따뜻함·추움·바람 및 계절의 변화를 지칭하는 것이다. 이 다섯 가지 날씨의 변화가 알맞게 조화를 이루면 모든 초목은 무성할 것이다.

⑨ 오복과 육극: 오복은 수壽·부富·강녕康寧·유호덕攸好德·고종명考終命을 말하고, 육극은 횡사요절·질병·근심·빈곤·악·약함을 지칭한다.[03]

여기에 나열된 바에서 보자면, '홍범구주', 즉 '범주'는 제왕이 훌륭한 정치를 하기 위해 점검해야 할 큰 항목들이다. 유가 사상의 내용이 주로 사회 윤리적인 것이라면, '홍범구주'는 정치적인 큰 항목, 곧 대강大綱이라 하겠다.

이상에서 살펴본 바와 같이, 서양철학의 'Kategorie'를 '범주範疇'로 번역한 것은 내용상 좀 엉뚱하다고 하겠다. 그렇다고 지금 찾아도 적합한 번역어가 떠오르지 않는다. 'Kategorie'가 철학적 사유의 근본 개념을 의미한다고 볼 때, 동양 사상에서 근본 개념으로서 '홍범구주'가 이에 조응한다고 번역자들은 보았을 것이다. 이런 점에서 두 가지는 내용은 다르지만 형식에 있어서 최소한의 공통성을 갖는다고 하겠다. 그러면 동양과 서양은 사유 방식에서 왜 이렇게 큰 차이가 생겼을까? 이 문제는 후반부에서 좀 더 깊이 논하기로 한다.

3. 존재 세계에 대한 동양의 대분류

논리학적 관점에서 개념을 유개념과 종개념의 체계로 정리하고자 하는 사상이 중국에도 없었던 것은 아니다. 서양에 있어서 개념의 체계를 잘 보여 준 '포르피리우스의 나무'와 유사한 사유 방식은 순자에 의해서 제시되었다. 중국철학사에 있어서 순자의 위치는 서양 철학사에 있어서 아리스토텔레스의 위치와 매우 유사하다. 아리스토

03 『한국민족문화대백과』「홍범구주」항을 참조하여 요약함.

텔레스가 플라톤의 지나친 이상주의를 수정하여 그의 철학을 현실과 상식에 조응하도록 해석하고 논리학의 기본개념들을 정리한 것처럼, 순자는 맹자의 관념적 이상주의를 비판하고 유가 사상을 현실의 예와 경험에 조응하도록 체계화하는 한편 논리학이나 논쟁술의 개념들을 정리하여 「정명正名」편을 지었다. 다음에서 순자가 제시한 '공명共名'과 '별명別名'은 각각 유개념, 종개념에 해당한다. 그는 이렇게 말한다.

> 사물이 같으면 이름이 같게 하고, 다르면 이름이 다르게 한다. 한 글자로 나타내기에 충분하면 단독명(單)으로, 한 글자로 나타내기에 충분하지 못하면 복합명(兼)으로 한다. 단명(單名)과 겸명(兼名)이 상호 모순되지 않으면 유개념(共)을 사용하는데, 이 경우 서로 방해되면 안 된다. 다른 사물은 마땅히 다른 이름을 붙여 주어야 하기 때문에 다른 사물로 하여금 각자 다른 이름을 가지게 하여 혼란이 있어서는 안 된다. 이는 같은 사물에 대해 같은 이름을 붙여 주는 것과 마찬가지이다.
>
> 따라서 만물은 비록 수없이 많지만 때로 그 전부를 언급하고자 할 경우 즉 물物이라고 일컫는다. 물物이라는 것은 최고의 유개념(大共名)이다. 추론하여 유개념을 얻으면 (그 상위에) 또 다른 유개념이 있게 되어, 더 이상 포용할 수 없는 데까지 추론한 뒤에야 그치게 된다. 어느 경우 예를 들자면 '조鳥', '수獸'라고 말할 수 있다. '조', '수'는 '상위의 개별명'(大別名)이다. 이것을 추론하여 더 개별화시키고 구별하여 개별적 개체(別)를 얻는 것을 더 이상 할 수 없는 데에까지 이르러서 멈추게 된다.[04]

여기서 보자면 순자는 사물의 이름에 위로 유개념(共名)이 있고 아래로 종개념(別名)이 있으며 이들이 층차를 이룬다는 것을 의식하고 있었다. 그리고 그 최고 유개념이 '사물(物)'이라고 밝히고 있다.

한편 순자는 세계의 존재자들을 크게 분류하면서 인간의 의미를 밝히기도 했다. 그는 말한다.

> "물이나 불과 같은 무생물은 에너지(氣)는 있지만 생명성(生)은 없다. 식물(草木)은 생명성은 있지만 지각(知)은 없다. 동물(禽獸)은 지각이 있지만 도의(義)가 없다. 인간은 에너지, 생명성, 지각, 도의를 모두 가지고 있으니 세상에서 가장 귀한 영장이다."05

이와 같이 인간과 다른 존재와의 구별 속에서 인간이 만물의 영장임을 밝히는 담론은 주자朱子에 와서 더욱 자세히 언급되었다. "하늘이 사물을 내놓음에 있어서 혈기와 지각을 가진 것은 사람과 동물뿐이다. 혈기, 지각은 없지만 생기生氣를 가지고 있는 것은 식물이다. 생기가 전혀 없으면서도 형질形質이나 맛과 냄새(臭味)를 가지고 있는 것은 무생물(枯槁)이다. 이렇게 보자면 그 나뉨은 서로 다르지만 그

04 "同則同之, 異則異之. 單足以喻則單, 單不足以喻則兼; 單與兼無所相避則共; 雖共不爲害矣. 知異實者之異名也, 故使異實者莫不異名也, 不可亂也, 猶使同實者莫不同名也. 故萬物雖衆, 有時而欲無舉之, 故謂之物; 物也者, 大共名也. 推而共之, 共則有共, 至於無共然後止. 有時而欲徧舉之, 故謂之鳥獸. 鳥獸也者, 大別名也. 推而別之, 別則有別, 至於無別然後止."「正名」편.

05 "水火有氣而無生, 草木有生而無知, 禽獸有知而無義, 人有氣有生有知亦且有義, 故最爲天下貴也."『荀子』,「王制」편.

이치는 같지 않음이 없다. 단 그 나뉨이 달라지면 거기에 깃든 이치도 다르지 않을 수 없다. 그러므로 인간은 가장 신령하여 오상五常의 덕성을 갖추고 있다. 동물은 어두워서 그것을 갖추고 있지 않다. 식물과 무생물에는 결코 지각이 없지만 각 사물의 이치는 갖추지 않은 게 없다."[06]

이제 존재계에 있어서 인간의 지위를 논한 순자와 주자의 주장을 간략히 하나의 도표로 나타낸다면 다음과 같이 될 것이다.

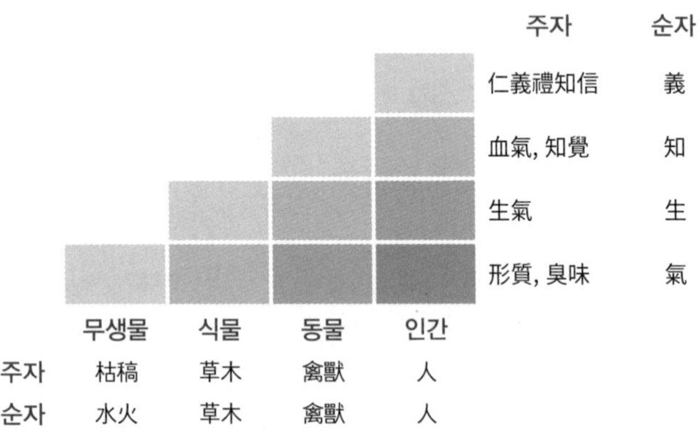

여기서 보자면, 세계에는 무생물, 식물, 동물, 인간 등의 단계가 있으며, 인간만이 지성과 도덕성을 완전히 갖추고 있다. 이러한 분류는 아리스토텔레스와 매우 유사한 점이 있다.[07]

06 "天之生物有有血氣知覺者人獸是也. 有無血氣知覺而但有生氣者草木是也. 有生氣已絕而但有形質臭味者枯槁是也. 是雖其分之殊而其理則未嘗不同, 但以其分之殊則其理之在是者不能不異. 故人爲最靈而備有五常之性. 禽獸則昏而不能備. 草木枯槁則又并與其知覺者而亡焉. 但其所以爲是物之理則未嘗不具耳." 『朱熹集』 卷五十九 答余方叔.

07 아리스토텔레스에 의하면 생물은 무생물과 달리 영혼(psyche)을 가지고 있는데, 여기에는 몇 가지 단계가 있다고 보았다.

4. 류類와 유추類推[08]

인도-유럽문명에서 고대부터 발견되는 문법학이 중국에는 없다. 한자 문화권에서는 문자에 대해서는 일찍부터 관심이 많았지만 형식적인 문법학에 대한 연구는 없었다. 또 서양에서는 희랍시대부터 (형식) 논리학이 발달되어 있었지만 중국문화에서는 그러지 못했다. 동양문화에서 발달된 추론 형식은 유추類推 혹은 '비류比類'였다.

어떤 하나의 패턴을 비슷한 대상들에 확대하여 적용하는 방법을 한의학에서는 '취상비류取象比類' 혹은 간단히 '비류'라 한다. 그것은 하나의 직관적인 아날로지analogy이다. 비류에는 크게 두 가지가 있다. 하나는 대소大小의 관계이다. 『황제내경』에서는 가령 사람의 몸은 확대하면 한 사회가 되고 더 확대하면 우주가 된다고 한다. 그래서 "치신治身을 알면 치국治國도 안다"라고 말한다. 그런데 이러한 비류법은 중국문화에 극히 광범위하고 일반적이라 할 것이다. 가령 유가의 수신修身·제가齊家·치국治國·평천하平天下는 동일한 구조가 각각 신, 가, 국, 천하로 확대되는 과정으로 인식되었다.

다른 하나는 어떤 하나의 패턴 혹은 구조가 정해졌을 때, 그것을 유사한 다른 경우들에 적용하는 것이다. 가령 '음양'은 주야, 남녀, 선악 등등 수많은 경우들에 적용되었다. 류類는 작은 것일 수도 있고 큰 것일 수도 있다. 때로는 3(天地人 등), 5(五行), 10(十干), 12(十二支) 등으

식물: 식물 영혼
동물: 식물 영혼 + 감각 영혼
인간: 식물 영혼 + 감각 영혼 + 이성 영혼

08 이 부분은 김수중, 「동양철학과 매체」, 『정보사회의 철학적 진단』, 철학과현실사, 1999 참조.

로 범주가 나뉘기도 한다.

맹자는 학문 방법으로 '지류(知類: 류를 구별함)'를 중시했고 순자는 '통류(統類: 계통적으로 류의 질서를 세움)'를 중요시했다.

먼저 맹자는 인간의 보편적인 성질(人性)이 규정될 수 있음을 주장하면서 다음과 같은 논리를 편다.

> "무릇 같은 류類의 것들은 모두가 서로 비슷하니, 어찌 인간에 있어서만 의심하리오? 성인聖人도 나와 더불어 동류자同類者이다. 그래서 (옛 현인) 용자龍子는 '발의 크기를 알지 못하고 짚신을 만들더라도 나는 그것이 삼태기는 되지 않을 것임을 안다'고 하였으니, 이는 천하의 발에 공통성이 있기 때문이다."09

짚신의 크기에 다양함이 있지만 그러나 짚신과 삼태기의 '류'는 분명히 구별된다. 같은 류에는 공통된 본질(相似=性)이 있기 때문이다. 따라서 인간의 수많은 다양성에도 불구하고 '사람'이라는 류에는 사람의 본질(性)이 공통적으로 규정될 수 있다고 맹자는 주장하고 있다. 맹자가 날카로운 논변으로 고자告子를 비롯한 논적들을 논파함에 있어서 제일 중요하게 사용한 방법은 바로 위와 같이 류의 같음과 다름을 분별하는 것이었다.

한편 순자에 이르게 되면 개념의 보편과 특수에 관한 기본적인 인식이 있었다. 그는 개념 중의 최고 범주를 '물物'이라 칭하고 일

09 "故凡同類者 擧相似也. 何獨至於人而疑之. 聖人與我同類者. 故龍子曰不知足而爲屨我知其不爲蕢也, 屨之相似天下之足同也." 『孟子』, 「告子」 上편.

반적으로 사물을 구분하는 보통명사의 예로 '조(鳥: 새)', '수(獸: 짐승)' 등을 들었다. 그는 '통류統類'라는 개념을 많이 사용하였는데, 이는 사물에 내재하는 공통된 이치를 말한다.

> "성인이 속지 않는 것은 무엇 때문인가? 성인은 자기의 기준으로 헤아린다. 그러므로 사람으로 사람을 헤아리고, 마음(情)으로 마음을 헤아리고, 범주(類)로서 범주를 헤아리고, 말로 그 공적을 헤아리고, 모든 것을 도로서 보기 때문에 고금의 도수度數가 하나인 것이다. 범주(類)가 다르지 않으면 비록 오래되었다 해도 그 이치가 같다. 따라서 잘못되고 삐뚤어진 것에 대해서도 미혹되지 않고, 뒤섞여 있는 것에 대해서도 어긋나지 않으니, 그러한 (보편적인) 기준으로 헤아리기 때문이다."[10]

순자에 의하면 문화나 예의는 시대에 따라 변하지만 그 이치는 불변하는 것이다. 이렇게 오래되어도 공통되는 이치(雖久同理)로서 다양한 변화에 응용되는 것을 순자는 '통류'라 한다.

순자는 통류의 능력을 중심으로 지식인(儒)을 세 부류로 나누었다. 첫째는 속물적 지식인(俗儒)으로 학문이 부족하여 예의나 법도를 존중할 줄 모르면서도 세태에 따라 이익과 재산을 추구하는 사람들이다. 둘째는 고지식한 지식인(雅儒)으로 학문을 통하여 제도나 예

10 "聖人何以不[可]欺? 曰: 聖人者, 以己度者也. 故以人度人, 以情度情, 以類度類, 以說度功, 以道觀盡, 古今一度也. 類不悖, 雖久同理, 故鄕乎邪曲而不迷, 觀乎雜物而不惑, 以此度之." 『荀子』, 「非相」편.

의를 알며 언행이 법도에 일치하지만, 아직 새로운 상황에 대처하고 응용할 줄 모르는 사람들이다. 셋째는 막힘없는 지식인(大儒)으로 "기이한 사물이나 괴이한 사태가 일어나 들어 본 바도 본 바도 없는 일이 갑자기 발생한다 해도 통류統類로써 대처하여 의심할 바가 없으며, 법으로 미루어 헤아려, 부절이 맞듯이 정확하다면 큰 선비라 한다."[11]

이상에서 살펴본 바와 같이 초기 유가 사상의 틀을 제시한 맹자와 순자에 의해서 류類와 유추가 주요한 추론 방법으로 사용된 것을 알 수 있다. 그런데 류와 유추가 응용된 예는 이뿐만이 아니다. 넓게 보자면 『주역周易』과 한의학에서도 가장 빈번하게 사용된 추론 방법이었다.

『주역』은 본래 길흉吉凶을 점치는 내용으로 되어 있었지만, 10개의 주석(十翼)이 첨부된 전국시대 이후로는 인간과 세계를 두루 설명하는 교과서가 되었다. 그러면 『주역』에서 시비선악是非善惡은 어떻게 판단되는가? 『주역』으로 상황을 판단하고자 하는 사람은 시초점을 통하여 먼저 64괘의 어느 하나를 선택한다. 더 나아가 384개의 효爻 중에서 어디에 해당하는지를 판별한다. 그러니까 현 상황이 어느 경우(case)나 사례(類)에 해당하는지를 정하고 그 내용을 참고하여 판단을 내리게 된다. 그 판단은 결국 정해진 경우들을 택해서 유추하는 것이다.

한의학에서 진단과 치료를 하는 과정도 마찬가지이다. 현재의 병증이 어느 병에 해당하는지를 파악하여 이를 기준으로 환자의 상

11 "倚物怪變, 所未嘗聞也, 所未嘗見也, 卒然起一方, 則擧統類而應之. 無所儗㤰, 張法而度之, 則晻然若合符節, 是大儒者也." 『荀子』, 「儒效」편.

태에 따라 가감하여 병을 파악하고 치료한다. 심지어는 조선시대 예론禮論에서도 비슷한 과정을 거친다 할 수 있다. 가령 왕실제사에 있어서 과거의 모범들에서 선례를 찾아 어느 경우(類)에 해당하는지 서로 따진다. 서양의 판례법의 시행과 비슷하다.

이와 같이 경우와 사례, 즉 류類를 따져서 판단해 나아가는 것이 '유추比類'이다. 거기에는 과거 사례(판례)를 현재에 적용해 보는 단순한 경우도 있고, 전혀 다른 경우이지만 전례를 응용하여 새 영역에 확대해 나아가는 수도 있다.

5. 동서의 사유 패러다임과 그 배경

근래 남경희 교수는 인식에 관해 동양과 서양이 전혀 다른 견해를 갖게 된 배경을 연구했다. 그에 따르면, "고대 중국 또는 동아시아가 인식적 낙관주의의 분위기이었던 것과 달리, 서양에서는 일종의 인식적 비관주의가 지배적"이었다. 인식적 비관주의는 대체적으로 다음과 같이 기술된다. ① 현실적 삶의 세계를 구성하는 현상계는 눈에 보이는 것에 불과하며, 실재 세계의 진정한 모습은 숨겨져 있다. ② 일상적 삶에서의 우리 인식능력은 불완전하고 제한적이며, 따라서 진리를 인식하기 위해서는 비판적 분석이 필요하다. ③ 진리는 특별한 방법에 의해 탐구되어야 하며, 진리탐구가 철학의 목표이다.

그리고 이와 달리 인식적 낙관주의는 대략 다음과 같은 견해를 가지고 있다. ① 일상적 삶이 영위되는 경험계는 실재계이며, 일상의 관념이나 믿음들이 세계의 실재를 구성한다. ② 윤리적 가치나 규범들은 현실세계나 역사 전통 속에서 찾을 수 있다. ③ 대부분의 사람들은 우리 삶을 위한 가치나 규범을 발견할 수 있는 능력이 있다.

그러면 그와 같은 차이의 배경과 원인은 무엇인가? 남 교수는 서구 전통을 중심으로 인식적 비관주의의 배경을 크게 두 분야로 나누어 분석한다. 우선 문화 생태학적 요인들로 희랍을 비롯한 서구사회의 ① 수평적 사회와 비판적 토론문화, ② 희랍 고대에 진리가 일반인에게는 감추어져 있다는 사유 전통, ③ 심신 간의 배타적 이분법 등을 들고 있다. 또한 희랍어의 몇 가지 특징도 여기에 기여하였으며, 그것은 ① 음성문자적 언어관과 의미세계의 전개, ② 관사의 존재와 추상적 실체의 상정, ③ be동사의 기초적 의미로서의 진리 개념 등등이다.[12]

남 교수의 위와 같은 분석에 필자는 전반적으로 동의한다. 특히 남 교수의 규명은 서양철학 전통이 왜 생활세계의 존재성을 무시하고 개념의 세계에 몰두하게 되었는지 하는 의문에 잘 대답해 주고 있다.

그러나 필자는 자연적·경제적 배경에서 동서 사유 방식의 차이를 규명하는 것이 보다 더 근본적이라고 생각한다. 왜냐면 이 글의 서두에서 필자가 전제한 것처럼, 인간의 사유 방식은 결국 생활 방식과 불가분의 관련 속에 있기 때문이다. 그러면 대표적으로 희랍과 중국을 중심으로 그 지리적·경제적·사회적 배경을 살펴보자.

12 남경희, 「진리의 기원 —서양철학의 사유범주 비판1」, 『철학연구』 제102집, 2013, 124~135쪽 참조.

아테네를 비롯한 희랍 지역은 매우 건조하여 농경이 거의 어렵다. 고대로부터 이곳에서 재배되는 것은 올리브 정도이고 대부분 농민은 염소와 양을 길러 생활하였으며, 주곡인 밀은 주로 수입에 의존했다. 그러나 아테네를 비롯한 희랍의 도시국가들은 지중해의 상업에 유리한 지리적 이점을 가지고 있어서 일찍부터 이 지역에서는 상공업이 큰 비중을 차지하고 있었다. 그들의 주된 수출품은 도자기와 올리브 기름 정도였다. 사람들은 빵의 재료인 밀을 수입하기 위해서 도자기를 비롯한 물건들을 만들어 팔지 않을 수 없었다.

위와 같은 맥락에서, 희랍 사상에서 중요한 '제작자', 곧 데미우르고스Demiourgos의 개념이 나온다고 필자는 생각한다. 우주론을 설명하는 플라톤의 『티마이오스』편에서는 데미우르고스가 우주의 창조자로 등장한다. 데미우르고스는 장인匠人을 뜻하며, 토기장이, 조각가, 화가, 선박 건조가, 요리사 등이 그 예이다.

> "제작은 기존의 재료에 형태를 부여하는 일로 이해되었다. 그들의 일은, 있지만 무질서한 상태로 있는 것을 질서 있는 상태로 옮기는 데 있다. 이는 마치 지리멸렬한 병사들을 다시 모아 대형을 갖추는 일과 같다."[13]

가령 희랍의 주요 수출품이었던 도자기 만드는 과정을 생각해 보자. 토기장이는 먼저 설계도를 디자인해야 한다. 이어서 그는 재료

13 이경직, 「초기 기독교와 데미우르고스」, 『역사신학논총』 13집, 339쪽.

가 되는 흙을 준비할 것이다. 그리고 숙련된 기술로 노동을 하여 처음 설계도에 구상한 대로 도자기를 만들어 낼 것이다. 이와 같은 모형이 서양철학에서는 무척 중요하며 아리스토텔레스의 4원인설(형상, 질료, 운동, 목적)도 바로 이러한 모델에서 나온다. 헤겔이나 마르크스의 노동의 개념도 이것을 모델로 한다. 정신 속의 개념이 재료를 가공하는 과정, 곧 노동(Arbeit)을 통하여 산출되는 것이 곧 상품으로 헤겔의 '소외' 개념도 바로 이러한 모델로 설명된다. 또 희랍에서 근대에 이르기까지 서양의 예술론에서 예술작품의 창조에 대한 설명도 바로 이러한 모델을 따르고 있다. 희랍 도시국가들에서는 장인, 곧 '제작자'가 사회에서 중요한 역할을 해 왔으며, 그것이 철학사상에 미친 영향이 그만큼 중요했던 것이다.

이에 비하여 중국에서는 사회를 관리하는 정치인이 성인聖人으로 등장했다. 공자 이전의 성인들(堯, 舜, 禹, 湯, 文武, 周公)은 모두가 정치를 한 제왕들이다. 중국사회는 농업 공동체를 중심으로 사회가 구성되었으며, 상공업의 비중은 매우 적었다. 그런데 농업에 있어서 국가적인 치산치수治山治水는 매우 중요한 일이었다. 따라서 대규모의 치산치수를 비롯하여 전체 사회를 관리하는 일이 중국인에게는 전통적으로 가장 중요한 과제였다. 따라서 중국에서는 정치와 사회 그리고 윤리적 주제가 철학사상의 중심이 되었다.

또한 중국은 고대로부터 농업국가였다. 소수의 관리자가 지배층으로 있었지만, 그들의 삶의 터전도 농촌이었으며, 따라서 그들의 일상적인 체험은 언제나 농작물의 성장이나 수확과 관련이 있었다. 필자는 중국을 비롯한 동아시아의 '유기체적 세계관'은 바로 이러한 일상적 농업생산과 관련이 깊을 것으로 보고 있다. 가령 농부가 곡물을 경작하는 과정을 살펴보자. 그는 어느 곳에 어느 작물을 심을지, 어느 정도 면적으로 재배할지, 자연에 대한 많은 지식을 습득하고 그 자연의 이치를 존중할 필요에 직면한다. 농부가 경작하는 벼나 보리 등은 자연이 주고 길러 주는 것이지 그가 독자적으로 만들(제작) 수 있는 것은 아니다. 도자기를 비롯한 모든 도구들은 '제작'되지만, 농부가 기르는 모든 작물들은 '자란다'. 단지 농부는 그것들을 '관리'할 뿐이다. 따라서 농부의 생활은 계절의 변화 등 자연의 조건들과 맞물려 있으며, 자연의 법칙과 이치를 존중하지 않을 수 없다. 또 농부들이 매양 경험하는 식물과 동물의 성장과 생태는 그들 세계관의 모델을 제공하며, 따라서 유기체적·생태적 세계관이 발달하게 된다. 후대에 동아시아 철학의 주요한 개념들인 음양, 오행, 성리性理 등의 개념은 이러한 유기체적 세계관과 관련이 있을 것이다.

* 이번 장은 『사물의 분류와 지식의 탄생』(이학사, 2014)에 실린 글이다.

4장. 해방 50년, 중국철학의 연구와 과제

1. 머리말

해방 이후 중국철학 분야의 연구사를 정리하는 것이 이번 장의 과제이다. 그러나 이 과제는 하나의 장으로 처리하기에 너무나 버거운 일이기 때문에 우리는 연구범위를 최소한으로 제한해야 할 것이다. 전통적인 '중국철학'의 기본 내용에는 유가, 불교, 도가의 내용이 모두 포함될 수 있지만 우리는 여기서 '중국불교' 부분은 범위에 넣지 않기로 한다. 또 중국철학의 연구에 있어서 학계와 민간의 다양한 층차가 있을 수 있으나 우리는 학계에서 이루어진 업적을 중심으로 논의를 전개하기로 한다.

기존의 연구를 보자면, 해방 50년이 되는 1995년을 전후하여 우리의 주제와 관련된 몇 가지 선행연구들이 나왔다. 그런데 시론적 성격을 가지는 기왕의 연구들은 논문 제목을 기초로 분야별로 통계를 낸다든가 그동안 연구된 주요 업적을 나열하는 등 형식적인 기초 연구에 그쳤다.[01] 이제 우리는 선행연구를 바탕으로 하여 한국에서 연구되어 온 중국철학의 내용을 검토하고, 우리나라의 '중국철학연구'에서 당면한 과제들을 구체적으로 검토하는 데 초점을 맞춤으로써 기왕에 나온 몇 가지 업적들과 차별화하고자 한다.

이 글은 먼저 우리나라에서 전개된 중국철학 연구성과를 시기별로 일별하고, 이어 후반에서 대표적인 논점과 과제를 정리해 보는 순서로 진행된다.

2. 시기별 전개 양상

1) 해방~1950년대 '동양철학'의 위상

철학은 시대의 아들이다. 따라서 희망이 없는 시대에 건실한 철학이 나오기를 기대하는 것은 극히 어려운 일이다. 문화 전통에서 우리와 유사성을 갖는 동아시아 지역에서도 중국이나 일본에 비해 한국은 더욱 기구한 근대사를 경험한 만큼 철학사의 전개 양상도

01 김교빈, 「해방 이후 한국에서의 중국철학 연구동향과 전망」, 『중국학보』 36, 한국중국학회, 1996; 허남진, 「서양철학 수용기의 동양철학 연구현황과 과제」, 『철학사상』 5, 서울대철학사상연구소, 1995; 정상봉, 「한국에서의 주자학 연구성과에 대한 회고와 전망」, 『중국학보』 38, 1998; 이강수, 「한국현대철학100년의 쟁점과 과제」, 1999년 한국철학회 정기학술대회 기조발표문.

그러하다. 따라서 전통의 단절, 혹은 전통철학의 단절도 한국이 가장 심각한 편이다. 우리 역사에서 한 세대의 기간을 차지하는 일제 강점기에는 당연히 '주체적인 전통철학'이 성립하기 어려웠지만, 우리 사상사를 더욱 비극적으로 만든 것은 미 군정기(1945~1948)와 자유당 시기의 교육정책이다. 미국을 비롯한 서구식 교육제도만 공적인 영역에서 인정되었기 때문에 전통적 한문교육 등은 지방에서 급격히 퇴화 과정을 거치고, 이른바 '동양철학' 혹은 민족적 색채가 짙은 종교들은 '계룡산' 등지로 밀려날 수밖에 없었던 것이다.[02]

일제 강점기에 '동양철학'을 배울 수 있는 공적인 기관은 경성제대 철학과의 '지나철학支那哲學' 강좌와 명륜전문학교가 있었지만[03] 그 내용은 초보적인 수준이었다. 경성제대 철학과에서 중국철학을 전공한 한국인으로는 김용배(전 동국대 교수), 조용욱(전 동덕여대 총장), 민태식(전 충남대 총장) 등이 있었다. 이들은 한편으로 동양철학을 전공하면서도 서양철학도 함께 연구하였으며 그들의 중국철학 연구는 개괄적인 것이었다.[04]

02 통일신라 이후 계룡산은 전주 모악산과 더불어 미륵신앙의 중심지였다. 전통의 단절을 위기로 본 사람들은 계룡산이나 모악산에서 '구원의 메시아'를 추구하였던 것이다. 이러한 현상은 우리 민족문화의 단절과 비극의 단면을 보여 준다.

03 갑오경장 이후 신학제 실시에 따라 1895년 성균관에 3년제 경학과(经学科)를 설치하여 성균관은 제향기능을, 경학과는 교육기능을 맡게 되었다. 수업연한은 3년이며, 교육과정은 유학경전을 위주로 하되 역사학, 지리학, 수학 등 근대적인 교과목이 부과되었다. … 1930년에는 경학원에 명륜학원(明伦学院)을 설치하였으며, 그 뒤 명륜전문학원으로, 1939년에 명륜전문학교로 개편되었다가 1944년 일제의 강요로 명륜연성소로 격하되기도 하였다. 광복과 함께 같은 해 9월 명륜전문학교로 재개교하였다. 명륜전문학교는 성균관의 정통을 계승한 것은 아니었지만, 전통적 교육기관에서 근대적 교육기관으로 개편되는 과정에서 그 맥을 함께하고 있다. (『한국민족문화대백과사전』「성균관대학교」 항목.)

04 예를 들어 김용배의 『동양철학사상사대관』(동국대출판부, 1956)의 내용은 「东亚哲学思想史」, 「印度哲学思想史」로 구성되어 있고 부록으로 「동서문화비교론」 등이 첨부되었다.

그나마 이 시기에 중국철학 분야에서 본격적인 연구와 교육을 담당한 사람은 이상은(1905~1975, 전 고려대 교수)과 김경탁(1906~1970, 전 고려대 교수)이었다. 중국에서 북경대 철학과를 졸업한 이상은은 천따치(陳大齊: 1886~1983)의 제자로 유학의 현대적 해석을 시도하였다. 그는 철학과에서 많은 후학들을 교육하였을 뿐만 아니라, '아세아문제연구소'를 설립하여 당시 학문 영역에서 소외되어 있던 아시아 지역의 역사와 문화를 연구하는 데 중요한 역할을 하였다. 이상은은 대표적 저술인 『유학과 동양문화』(1975)에서 공자, 맹자, 순자 등의 사상이 당시 어떠한 시대적·사회적 배경에서 나왔는지 설명하고, 공자를 '영원한 인간의 스승'으로 평가하여 그의 주장이 오늘날 어떠한 의의를 갖는지 밝히고자 하였다. 특히 그는 맹자 성선설의 논리 구조를 분석하고 맹자의 본래 취지와 그 도덕철학적 의의를 드러내고자 하였으며, 전통 유학의 기초인 『대학』과 『중용』을 현대적으로 해석하고자 천착하였다. 그는 전통 유학을 새로이 해석하여 유학의 정신을 비판의식, 가치의식 그리고 문화정신에서 찾고 있다.[05]

이상은이 유학을 전문적으로 연구하고 교육했다면, 비슷한 시기에 김경탁은 노자를 비롯한 도가 사상에 깊은 조예가 있었다. 일본과 중국에서 공부하고 돌아와 1949년 고려대 철학과 교수가 된 김경탁은 『중국철학사상사』, 『율곡의 연구』 등의 저술을 남겼으며 『사서四書』와 『노자老子』, 『장자莊子』, 『열자列子』 등의 고전을 번역하였는데, 특히 『노자』의 번역과 주석은 독창성을 지니고 있었다. 그는 중국철학

05 김병채, 「유학의 현대적 의의－이상은 선생의 견해를 중심으로」, 『해방 50년의 한국철학』, 철학연구회 편, 철학과현실사, 1996, 29쪽.

의 특질을 '생성의 철학'으로 파악하고 이러한 맥락에서 노자의 도道를 해석하였다. 그에 의하면 서양철학은 존재를 생성보다 우위에 두지만은 중국철학에서 보자면 "생성이 실재적이요, 도리어 존재는 그 일면에 불과하다."[06] 중국철학에 대한 그의 이러한 견해는 이후 고려대학교 후학들에게 일정한 영향을 주었다.

2) 1960~1970년대: 전통철학의 회생

해방 후 우리나라 대학의 철학과 커리큘럼은 서양철학에 치중했다. '한국철학사'가 대학의 철학과에 신설된 것은 1961년부터였다.[07] 이 시기에 '한국사상연구회'가 발족되어 『한국사상』이라는 학술지를 발간하기 시작했다.[08] 여기에는 박종홍의 「한국철학사」와 이상은의 「중국철학사」가 연재되었다. 이 시기의 큰 화두는 우리 철학 전통의 본질이 무엇인가라는 문제였고 이 주제는 1970년대까지 이어졌다. 철학자들의 대표적인 모임인 한국철학회는 1970년에는 '도道의 현대적 의의'를 주제로, 또 1973년에는 '한국철학의 새로운 방향'에 관하여 토론회를 개최하였으며 1979년에는 '동양철학의 방법문제'를 주요 주제로 다루었다. "한국의 철학회가 1970년대에 남긴 공적은 '한국철학의 정립 작업'이었다."[09]

06 김경탁, 「老子의 道」, 『신역 노자』, 현암사, 1978, 332쪽.
07 조요한, 「우리의 삶, 우리의 현실; 한국철학 언어로의 모색」, 『월간조선』 82, 3월호, 337쪽.
08 『한국사상』 제1집은 59년에 발간되었다. 원래 한국사상연구회는 58년에 최동희, 신일철 등이 주동이 되어 「한국사상강좌」를 구상한 데서 시작되었다. 조요한, 위의 글, 340쪽.
09 조요한, 위의 글, 343쪽.

이러한 흐름 속에서 중국철학, 혹은 동양철학에 대한 본격적인 연구도 1960년대 이후에 이루어졌다. 이전까지의 연구가 개괄적인 것이었다면 이때부터는 각론적 연구가 본격적으로 전개되기 시작했다. 그 배경으로 우리는 다음 몇 가지 여건을 고려해 볼 수 있다.

첫째, 4·19혁명 이후 지식인 사회에 학문의 '주체성'에 관한 논란이 제기되었다. 4·19혁명은 학생들이 독재에 항거하여 일어난 것이었지만 뜻있는 교수들도 다수 참여했으며, 따라서 한국의 대학 혹은 지성사에 새로운 계기를 마련한다. 대학사회는 보다 능동적으로 사회에 대응하게 되었으며, 이전까지의 막연한 학문론에 대한 반성이 일어나고 초보적이나마 '우리의 문화', '동양적 전통'에 대한 각성이 일어났다. 앞서 언급한 이상은은 3·15부정선거에 항거하는 교수단 시위에 참여하면서 시국선언문을 기초했다. 서울대의 박종홍은 민족 주체성의 각성을 촉구하는 많은 논설을 발표하고 한국사상사 연구에 몰두하는 한편 강의를 통하여 대학사회에 큰 영향을 주었다.

둘째, 5·16 이후 경제개발과 더불어 사회적으로도 민족문화의 정리와 기초교육에 대한 관심이 고조되었다. 1963년에 한학자 임창순은 서울에 연구소를 개설, 일반인을 대상으로 한문강좌를 개시하였으며, 이 연구소는 이후에 '지곡서당(태동고전연구소)'으로 발전되어 동양학 연구에 필요한 기초교육의 중요한 산실이 되었다. 1965년도에는 정부 주도로 '민족문화추진회'가 설립되어 고전의 국역과 편찬, 한학자 양성 사업을 펼치기 시작했다. 이곳에서 한문의 기초를 닦은 학인들은 이후에 중국철학이나 고전연구에 큰 역할을 하게 되었다. 1970년대 후반에는 '한국정신문화연구원'이 개원하여 전통문화에 대한 연구와 교육을 뒷받침하는 사업을 전개해 왔다.

셋째, 대만에서 수학하고 돌아온 신진 학자들이 중국철학을 활성화하는 데 크게 기여했다. '중국철학'은 '중국'이라는 중심 지역을 무시할 수 없다. 그런데 1949년 사회주의 혁명 이후 우리 학계는 중국 대륙과는 교류를 할 수 없었지만 '자유중국'으로 불린 대만과는 학술·문화 교류에 문제가 없었다. 당시 대만에서는 대륙으로부터 건너온 일부 학자들이 나름대로 중국철학의 전통을 이어가고 있었다. 1960년대 중반 이후에는 김충렬(고려대), 이남영(서울대) 등이 대만의 학풍을 이어받아 국내에 중국철학을 본격적으로 소개하고 많은 제자들을 길러 내기 시작했다. 이들은 당시 중국뿐만 아니라 서구에도 이름이 알려진 황똥메이(方東美: 1899~1977)의 제자였다.

> 황똥메이의 철학은 동서철학을 종합, 관통하고 있으며, 그의 사상 내에는 철학뿐 아니라 과학, 종교, 예술의 네 가지 경계가 서로 융합되어 있다. 그의 철학은 한마디로 광대화해廣大和諧의 생명정신을 드러내는 생철학生哲學이라 할 수 있다. 그는 베르그송과 화이트헤드의 생철학 및 유기체의 철학과 중국 전통철학 중 우주론 계통인 주역과 중용의 철학을 중심으로 그의 형이상학적 생철학을 완성하였다.[10]

위와 같은 학풍의 영향으로, 이제 중국철학을 경학經學이나 사

10 황똥메이 저, 『중국인의 인생철학』, 정인재 옮김, 탐구당, 1994, 역자 후기 참조.

상사의 측면에서 연구하는 수준을 넘어서 근대 서구문명의 병폐를 보완할 수 있는 대안으로 검토하는 능동적인 기풍이 생겨났다. 이러한 학풍은 이후 정인재(서강대), 이강수(연세대), 송하경(성균관대) 등에 의해 각각 중국철학사, 노장철학, 양명학 등의 분야에서 확대되었다.

이 시기에 대만철학의 유입은 우리나라 중국철학 연구에 활력을 불어넣는 계기가 되었다. 그러나 대륙이나 일본 및 미국의 중국철학 연구성과는 아직 우리에게 소개되지 못하였고, 따라서 중국철학 연구는 '대만철학'에 편중될 수밖에 없었다. 대만철학은 중국 본토와 대립된 특수 상황에서 나름대로 전통철학을 발전시켰지만 다음과 같은 한계와 문제점을 가지고 있었다.

① 종교적인 경향과 주관주의: 무엇보다 먼저 우리가 현대 대만철학에서 특징으로 들 수 있는 것은 종교적인 경향이다. 대부분의 대만 철학자들은 인간의 내면적 덕성을 매우 강조하며 나아가 도덕성, 인격성, 이른바 탕쥔이(唐君毅: 1909~1978)의 용어로 말한다면 '정신적 가치'를 강조하는 일반적인 경향성을 갖고 있다. 문제는 오늘날도 그 전통을 그대로 고수하려고 하는 데에 그 보수적인 성격이 있다. 철학과 종교를 구분하지 않는 태도는 사상으로 하여금 과학성을 결여하게 만들기 쉽다. 그런 학문은 과학성과 실증성을 상실하기 쉽고 연구에 있어서 객관성을 갖기 힘들다. 주관적 내면성에 대한 지나친 강조는 학문으로 하여금 맹목이 되게 하여 사회에 대한 비판의식을 상실케 하며, 사람들로 하여금 오로지 자기세계로 침닉케 하기 쉽다.

② 중체서용적 이원론: 기본적으로 중체서용中體西用의 관점은 중국이나 한국, 일본에서 동양문화가 서양과 만나면서 가장 일반적

인 대응방법이었다. 그것은 한국에 와서는 동도서기東道西器, 일본에 가서는 화혼양재和魂洋才의 모토로 나타난다. 중체서용은 이론적으로 심신 이원론적 세계관에 기초하고 있다. 그러나 과연 인간에 있어 정신적인 문화양식과 물질적인 양식을 따로 분할하여 진행할 수 있는지는 의문이다. 우리의 삶은 총체적인 것이며 결코 두 가지로 나누어질 수 없다. 현실을 직시해 본다면 사실 우리의 의식주 생활은 거의 이미 서구화 혹은 근대화되었으며 그와 정비례하여 우리 정신적 생활이나 가치관도 변해 가는 것을 우리는 잘 알 수 있다. 따라서 그 두 범주를 엄격히 나눈다는 것은 거의 불가능하다.

③ '동양적인 것'의 절대화: 대부분의 대만 학자들은 중국인의 세계관은 서구, 특히 근대 서구적 세계관과는 전혀 다르며 바로 이 점에서 현대문명에 중국철학의 공헌과 역할이 요구되는 것으로 본다. 즉 근대 서구의 세계관은 기계적이고 대립·적대적이며 따라서 동양의 총합적이며 조화적인 세계관이 보완하지 않으면 안 된다는 것이다. 그런데 그런 입장에서는 서양의 세계관은 이분법적이고 대립적·적대적이며 반대로 동양의 경우는 총체적 조화와 생명력으로 충만해 있는 것으로 '새로운 이분법'을 도식화하는 데 문제가 있다. 한편 황똥메이는 주역과 서경, 노자와 장자, 공자·맹자·순자, 심지어는 화엄가와 선가禪家 등 수많은 사상가들을 빈번히 등장시키는데, 도대체 그런 여러 종류의 '동양' 사상들은 아무 모순 없이 정합적으로 만날 수 있는지 의심하지 않을 수 없다. 오히려 공자가 화엄가와 갖는 공통점보다는 소크라테스와의 유사성이 더 많다고는 할 수 없는 것인가? 그들의 입장은 '동양적인 것'을 무조건 선善으로 절대화하는 것은 아닌

가? 이러한 태도는 결국 '중화 사상'의 연속이라고 하지 않을 수 없다.

3) 1980~1990년대: 다양화와 대중화

1980년대 이후 한국사회는 큰 변화를 겪는다. 철학 분야에 있어서 변화의 특징을 몇 가지 언급하자면 ① 철학의 대중성 획득, ② 외국철학의 소개를 넘어서 철학의 주체성을 확보하고자 함, ③ 학인의 증가로 인하여 각 분야별로 학회가 성립되고 관점이 다양화된 점 등을 들 수 있다. 당시 진보적인 소장 학자를 중심으로 형성된 '한국철학사상연구회'의 기관지인 『시대와 철학』 창간호는 1980년대를 다음과 같이 인식하고 있다.

> "80년대에 들어와서 한국철학계는 일대 전환의 움직임이 일어나기 시작했다. 과거 한국철학계가 주로 소수의 강단 철학자들에 의해서 지배되고 있었으며, 이들의 문제의식이 거의 세계를 어떻게 해석해야 하는가에 집중되어 있었다. 그런데 80년대에 들어와서는 철학에 대한 관심은 광범위한 대중들에게까지 파급되었으며, 철학에 대한 이들의 문제의식도 세계의 해석이 아니라 세계를 어떻게 변혁시킬 것인가 하는 사상적인 문제를 지향하게 되었다."[11]

11 한국철학사상연구회, 『시대와 철학』 제1호, 1989, 41쪽.

물론 이러한 분위기에 민감하게 반응한 분야는 서양철학, 특히 사회철학 분야였지만 동양철학도 그와 같은 영향에서 제외될 수 없었다. 당시까지의 형이상학적이고 관념적인 관점에서 벗어나 좀 더 사회적 현실과 관련하여 접근하는 실천적인 태도가 크게 부각되기 시작했다.[12] 따라서 일부 학인들은 대만에서 출판되는 저술들에 집중하던 관심을 지양하고 대륙의 유물론적 관점에서 정리한 저술들에 큰 관심을 갖게 되었다.

사실 우리나라에서는 '중국철학'을 연구하면서도 중국 본토와 아무 관계도 가질 수 없는 기이한 상황이 한 세대 이상 이어졌다. 우리가 정식으로 중국과 수교를 한 것은 1992년이며, 그 이전에는 공식적으로 중국과의 학술·문화 교류는 성립할 수 없었다. 단지 중국의 주요 철학 저작들은 부분적으로 일부 전문가들에게만 입수되었다. 그러나 1980년대에 들어서면서 당시의 사회 분위기와 복사 기술의 발달에 힘입어 대륙의 철학 저술들이 한국에 유포되기 시작했으며 오히려 젊은 학도들에게 필독서로 자리잡기 시작했다. 대표적인 저작이 유물론적 관점에서 전체 중국철학사를 정리한 『중국사상통사中國思想通史』(候外廬 외 편, 1961)이다. 아울러 마오쩌둥毛澤東의 저술을 비롯한 현대의 사회주의적 관점의 저술들이 크게 유포되었다.

한편 개혁 개방(1978) 이래 중국 본토에서는 오히려 문화혁명기간(1966~1976)의 극좌적 태도를 지양하고 다양한 세계철학 조류에 대

12 이 시기에 독일에서 연구하고 돌아온 송영배(1982년 입국), 양재혁(1983년 입국)은 지금까지의 대만 철학의 관점과 달리 사회철학적 관점에서 전통 사상을 해석하는 입장으로 학계에 자극을 주면서 위와 같은 분위기에 합류하였다. 특히 송영배의 『중국사회사상사』(한길사, 1986)는 유교의 본질을 중국의 사회 구조와 역사적 관점에서 새롭게 해석함으로써 신선한 충격을 주었다.

응하여 ‘백화제방’, ‘백가쟁명’의 다양성을 표출하고 있었다. 특히 중국이 나아갈 진로를 모색함에 있어서 전통문화를 어떻게 처리할 것인가 하는 주제가 다시 주요한 쟁점이 되었으니 이러한 토론 열기를 그들의 용어로 ‘문화열(文化熱: 문화연구 붐)’이라 한다. 우리나라에서 ‘문화열’을 중심으로 당시 중국 학계를 본격적으로 소개한 최초의 책이 중국과 수교가 이루어지던 1992년에 출간되었다. 한국철학사상연구회 동양철학 분야 소장 학자들에 의해 『현대중국의 모색』(동녘, 1992)이라는 이름으로 간행되었다. 이 책은 ‘문화열’에 관심을 가진 중국 학자들을 ‘유학부흥론’, ‘비판계승론’, ‘서체중용론’, ‘철저재건론’ 등 네 가지 범주로 나누고 각 입장을 소개하고 대표적인 논문들을 번역하여 편집한 것이다. 중국과의 교류가 막 시작되어 아직 우리 사회에 익숙하지 않았던 중국의 지식인들의 문제를 우리 사회에 소개하는 데 이 책은 중요한 역할을 담당하였다.

이 시기에 또 하나의 큰 변화는 중국철학을 전공하는 학인의 수가 급격히 증가하였다는 점이다. 가령 유학 사상(중국, 한국) 분야의 박사학위 논문을 중심으로 살펴보자면 1950~1960년대에 4편, 1970년대에 14편, 1980년대에 33편으로 증가했고, 1990년대에 들어서는 매년 20편 내외의 논문이 발표되고 있다.[13]

학인들의 급격한 증가는 다양한 관점을 가능케 하였고 마침내 다양한 분야별 학회의 성립을 가져올 수 있었다. 전국 규모 학회는 한국동양철학회와 동양철학연구회를 대표적으로 들 수가 있다.

13 최영진, 「철학계의 유교사상 연구성과」, 『유교사상의 본질과 현재성』, 유교문화연구소, 2002, 255쪽.

두 학회를 중심으로 학술활동(연 1회 혹은 춘계 및 추계학술대회, 월례발표회)과 논문집 발간이 이루어졌다.[14] 1980년 이후 꾸준한 연구자들의 증가와 연구영역의 세분화에 힘입어 학회와 연구소가 생겨났다(아래 도표 참조). 그 밖에 특정 사상가를 중심으로 퇴계학, 율곡학, 남명학 관련 연구원(소)이 활동하고 있다.

학회명	창립 시기	간행물
한국공자학회	1980년	『공자학』
한국유교학회	1985년	『유교사상연구』
한중철학회	1993년	『한중철학』
한국양명학회	1995년	『양명학』
한국주역학회	1996년	『주역연구』
한국도가철학회	1997년	『도가철학』

또 이 시기에는 중국철학 혹은 동양철학에 관하여 대중의 관심이 비약적으로 많아졌다. 위에서 살펴본 바와 같이 우리 사회에서는 1960년대 이래로 '우리 것', '우리 문화'에 관심이 생겼으며 1980년대에는 학문의 '주체성'이 주요한 관심의 대상이 되었다. 그러나 동양고전의 경우 아직 번역에 있어서 한자투에서 벗어나지 못해 '한글세대'와 여전히 거리가 있고, 또 그 내용에 있어서도 그것을 오늘에 되살려 재해석하는 작업이 축적되지 않아 대중이 오히려 우리 것에 낯

14 한국동양철학회는 『동양철학』을, 한국동양철학연구회는 『동양철학연구』를 간행하고 있다.

설어 하는 기이한 상황이었다. 그런데 이런 점에서 일거에 위의 문제점을 돌파하고 대중의 흥미를 불러일으킨 사람이 김용옥(전 고려대 교수)이었다. 『동양학 어떻게 할 것인가』(민음사, 1986) 등 초기 저서에서 그는 '완전 번역'을 주장하며 안이한 태도의 현실 학계를 질타하고, 그가 깨달은 바 '동양적인 것의 본질'을 쉬운 말로 설파하였다. 구어체와 문어체의 경계까지 헐어 버린 그의 거침없는 언설은 이후 폭발적으로 대중의 주목을 받았다. 이후로 그는 불교와 한의학까지도 설명하고 심지어는 연극, 무용, 미술, 음악, 태권도, 시나리오 등 엄청나게 넓은 분야에까지 관심을 갖고 저술과 강연을 해 왔다. 특히 『노자』나 『논어』에 대하여 TV강연(1999, 2000)을 하여 중국철학에 대한 대중의 관심을 불러일으키는 데 결정적인 역할을 하였다. 그에 관한 평가는 크게 두 가지로 나뉘어졌는데, 일반인들은 대체로 "어려운 동양철학을 너무나 쉽게 설명해 주는 학자"로 보아 열광하는 사람이 많았지만 중국철학 전공자들은 체계적 이론이 결여된 '학문의 상업화'에 불과하다고 보는 경향도 있었다.

3. 논점과 과제

1) '아시아적 가치' 문제

1990년대 후반에 들어와서 이른바 '아시아적 가치'에 대한 논쟁은 단순히 철학계뿐만 아니라 우리 사회 전체에서 관심거리였다.

먼저 그 요점을 말하자면, 이전에 급속한 경제성장을 이끌어 온 아시아 신흥공업국들(NICs)에 있어서 공통적 요소인 유교 윤리 중심의 '아시아적 가치'는 과연 유효한 것인가, 오히려 그 역작용으로 IMF를 가져온 것이 아닌가, 이러한 문제였다.

그러나 '현대에도 유교적 가치관은 유효한가'라는 문제는 백년 전부터 제기된 진부한 주제이다. 중국에서는 신해혁명(1911) 이후 전개된 신문화운동에서 이미 그 유효성이 상실된 것으로 단죄되었지만 우리는 전통을 정리할 적절한 기회를 갖지 못한 채 일제 강점기에 들어갔기 때문에 주체적으로 자기 전통에 대한 평가와 정리를 못한 역사를 가지고 있다.

1970년대 초 아시아 국가들의 고도 경제성장 요인으로 가족주의(가부장적 권위), 공동체 의식, 교육열, 근면성, 근검절약 등을 거론하며 유교적 가치를 긍정적으로 평가하는 사람들이 나왔다. 미국에서 활동했던 화교학자로 위잉스余英時,[15] 청쫑잉成中英, 뚜웨이밍杜維明 등은 막스 베버가 『프로테스탄트 윤리와 자본주의 정신』에서 말했던 가설을 정면으로 부정하고, 기독교 문화에서만 자본주의가 나올 수 있는 것은 아니며 오히려 유교적 사상요소 중에도 자본주의 발전을 추동하는 요소들이 있음을 주장하였다. 후에 이른바 '유교자본주의론'이라고 불린 이러한 주장은 우리나라에서도 80년대에 드물지 않게 매스컴에 등장하였다.[16] 1980년대부터 한국을 비롯한 대만, 홍콩, 싱가포르에서 눈부신 경제성장이 이루어지자 이들 나라를 가리켜 '아시

15 대표적으로, 余英時 저, 『중국근세종교윤리와 상인정신』, 정인재 옮김, 대한교과서, 1993.
16 대표적으로, 김일곤, 『유교문화권의 질서와 경제』, 한국경제신문사, 1985.

아의 네 마리 용'이라고 흔히 부르고, 세계 경제성장의 중심축이 아시아·태평양 지역으로 옮겨지고 있다는 주장도 심심치 않게 매스컴에 등장했다.

그러나 1997년 동아시아 일부 국가에서 외환 보유고가 바닥을 드러내어 IMF의 긴급 구제금융을 받지 않을 수 없게 되자, 서방의 학자들과 매스컴들은 종래와는 전혀 다른 평가를 하기 시작했다. 심지어 이들은 '아시아적 가치'가 아시아의 경제위기를 불러 일으켰다고 종래와는 정반대의 견해를 피력하기 시작했다. 아울러 국내 철학계에서도 이 문제를 적극적으로 검토하기 시작했다. 철학연구회는 1998년 가을 학회 주제를 '아시아적 가치는 있는가'로 택하여 토론을 벌였고, 유네스코 한국위원회도 '보편 윤리와 아시아 가치에 관한 국제회의'(1999.10)를 개최하였다.

당시 이 주제를 집중적으로 다룬 함재봉은 '아시아적 가치' 문제를 이렇게 요약하고 있다.

> 아시아적 가치론을 간략히 요약하자면 경제발전을 정치발전에 우선하는 가치로 두는 국가주도형 경제발전모델이 지난 30년간 동아시아가 경험한 경이적인 경제발전의 근본요인이었다는 것이다. 개발국가론(Developmental State theory)으로도 대표되는 국가주도형 개발모델은 경제개발에 있어서 강력한 정부의 역할을 긍정하면서 동시에 사회질서와 안정, 그리고 안보를 국가의 최우선적인 과제로 설정한다. … 그런데 이러한 모델이 성공하기 위해서는 몇 가지 필수 조건이 있다. 우

선 절대적으로 부족한 자원을 몇몇 전략산업에 집중적으로 배분할 수 있는 강력한 권력을 가진 정부가 필요하다. 두 번째로는 부족한 자원과 기술, 노동력을 동원할 수 있는 힘을 가졌을 뿐만 아니라 그것을 효율적으로, 그리고 전략적으로 투입할 수 있는 지식과 식견, 판단력을 가진 정치지도자와 관료가 필수적이다. 세 번째 요소는 국가의 강력한 경제개발정책에 따르고자 할 뿐만 아니라 농업중심에서 산업중심 사회로의 급격한 전환을 소화해 낼 수 있는 규율과 근면성, 기강과 교육열을 갖고 있는 국민이다. 20세기 세계경제 발전사가 보여 주는 것은 이 세 가지 요소를 동시에 갖추고 그것을 발전의 원동력으로 승화시키는 일이 얼마나 힘들고 드문가를 보여 준다. 아직까지도 이러한 모델을 바탕으로 성공한 경우는 일본과 한국, 대만, 싱가포르 등에 불과하다.[17]

'유교민주주의론'을 주장하는 함재봉에 의하면 아시아적 가치론은 민주주의를 부정하기보다는 서구식 자유민주주의가 가져오는 사회적 병폐와 도덕적 해이를 지적하고 보다 공동체주의적이고 따라서 비자유주의적인 민주주의의 건설을 목표로 한다. 서구사회는 도덕적인 차원과 사회질서의 차원에서 많은 문제를 안고 있다. 그리고 서구의 과도한 자유개인주의가 이러한 결과를 가져오는 데 일조를 했다는 점에 있어서도 대부분 동감하고 있다. 그런데 "한국이나 대

17 함재봉, 「아시아적 가치 논쟁의 정치학과 인식론」, 『아시아적 가치』, 전통과 현대, 1999, 198~199쪽.

만, 그리고 일본과 같은 나라들은 이미 민주주의를 실현하고 있으면서도 과도한 개인주의, 가족의 해체, 사회윤리의 붕괴 등의 현상은 아직 상대적으로 적게 경험하고 있다. 따라서 건설적이고 긍정적인 의미의 아시아적 가치론은 오히려 그것을 가장 강력하게 주장하는 싱가포르, 말레이시아, 중국 등보다는 이미 민주주의를 실현하고 있는 한국, 대만, 일본 등에 적합한 이론이다."[18] 위와 같은 배경에서 함재봉은 '아시아적 가치'를 옹호하는 입장에 선다.

한편 이승환은 '아시아적 가치'에 대하여 비판적으로 수용하는 입장에 가깝다. 그에 의하면 '아시아적 가치'라는 개념은 중립적인 개념이 아니다.

> "헌팅턴은 서구와 미국의 전 지구적 헤게모니를 유지하기 위하여 동서양의 문명 충돌을 의도적으로 왜곡하여 과장함으로써 서구인들에게 위기의식과 견제심리를 조장한다. '아시아적 가치'라는 개념은 이렇게 '세계권력의 주도권 유지'라는 담론적 공간 안에서 조작되고 유포되고 선전된다."[19]

> "'아시아적 가치'라는 개념은 미국을 비롯한 서구가 자기 이외 지역에 대한 정치·경제·문화적 지배를 합리화하기 위해 동원하는 형이상학적 수사이며, 다른 한편으로는 개발독재국의 정치가들이 기득권을 고수하기 위해 동원하는 이데올로

18 함재봉, 「아시아적 가치와 민주주의」, 『철학연구』 44집, 1999, 봄호, 19쪽.
19 이승환, 「'아시아적 가치'의 담론학적 분석」, 『아시아적 가치』, 전통과 현대, 1999, 317쪽.

기적 장치임을 알 수 있다."[20]

예를 들면 서구의 언론은 미국이 경제침체의 늪에 빠져 있던 80년대에는 아시아의 강력한 리더십과 가족적인 경영 방식을 모델로 삼자고 외치다가 IMF 이후로는 아시아적 경영 방식이 창의성과 유연성을 억누르는 가부장적 모델이며, 정실주의와 연고주의로 얼룩진 '패거리주의'에 불과하다고 비판하는 것이다. 이러한 담론은 '오리엔탈리즘'과 마찬가지로 서양인들의 의도와 목적에 따라 모습을 달리하는 '허구적 구성'일 따름이다.[21]

이승환은 우리의 전통에 연고주의와 정실주의를 방지하기 위한 '상피相避' 제도가 엄연히 자리 잡고 있었으며, 심지어 군주의 독주를 방지하기 위한 대간臺諫 제도와 상소 제도가 정착되어 있었음을 상기시킨다. 따라서 부패와 정실은 아시아만의 고유한 것이 아니라 "인류 역사 어디서나 발견되는 '인간의 조건'에 수반된 그림자이다."[22] 따라서 그들이 말하는 '아시아적 가치'라는 개념은 서구의 아시아에 대한 경제적 지배의 정당화 논리로 활용될 뿐 아니라, 나아가서 정치적 지배의 기제로도 활용된다. 예를 들어 미국의 '인권외교' 뒷면에는 자국 이기주의와 전 지구적 헤게모니의 장악이라는 야심이 도사리고 있음을 우리는 파악해야 한다.

이러한 논의에 대하여 장은주는 반대의 입장에 선다. 위의 두

20 이승환, 위의 논문, 327쪽.
21 이승환, 위의 논문, 320쪽.
22 이승환, 위의 논문, 322쪽.

사람을 비판하여 그는 "함재봉의 입론이 말하자면 우파적으로 아시아적 가치를 옹호한다면 이승환은 좌파적으로 아시아적 가치를 문제 삼고 있다"라고 주장한다. 장은주는 이들이 현대의 민주주의와 전통적 유교가 사이좋게 양립할 수 있다고 너무 쉽게 생각했다고 본다. 함재봉의 유교민주주의론에서 진정한 인권과 민주주의를 실현할 수 있을지 장은주는 극히 의심의 눈으로 바라본다. 이승환의 주장에 대해서도, 자유주의와 유가라는 "두 가지 지향이 서로 갈등할 경우 어떻게 할 것인지에 대하여는 어떤 설득력 있는 답을 찾을 수 있을 것처럼 보이지 않는다"[23]라는 점에서 반대하고 있다. 장은주는 이들의 입장을 '신판 동도서기론'이라 비판한다.

한편 송영배는 이 주제를 보다 큰 시야에서 바라볼 것을 제안한다. 송영배는 오늘날 지구 전체가 하나의 체재 속에 통일되는 '세계화'의 물결 속에 휩싸여 있음을 먼저 상기시킨다. 그는 "전통적인 '문화적 정체성'의 다양한 모습들과 이런 다양성을 하나의 '보편적' 양식으로 묶으려는 '세계화'로의 체재 통합 사이에는 갈등과 긴장 관계가 나타날 수밖에 없다"[24]라고 보고, '아시아적 가치'의 문제도 실은 위와 같은 맥락에서 발생한 것으로 파악한다. 그런데 오늘날 빠르게 전개되는 '세계화'의 밑바닥에는 근대성이 자리 잡고 있다. 여기서 그는 근대 과학주의의 팽창과 '도구적' 이성의 비극을 다시 검토하며 이러한 배경에서 유교적 가치와 덕론, 그리고 신유가의 유기체적 세계관을 재음미하고자 한다.

23 장은주, 「문화적 차이와 인권」, 『철학연구』 49집, 2000, 여름호, 160~163쪽.
24 송영배, 「세계화 시대의 유교적 윤리관의 의미」, 『철학』 62집, 2000, 봄호, 6~30쪽.

> 순전한 개개인들의 사적인 이해관계를 일차적으로 고려하면서 계약사회를 유지하려는 서구적인 현대사회의 자유주의적인 개인주의와는 달리, 개개인들의 타산적 이해관계의 고려보다는 오히려 공동체 전체의 화합과 안녕을 이루어 내기 위하여, 한편으로 '지도자' 엘리트들의 '배움'과 '반성적 사유'를 강조하면서, 또 다른 한편으로 하나의 공동체 안에서 서로 각기 다른 역할을 하면서도, '자기'가 관계하고 있는 주위의 '다른 사람들'에게 각별한 "배려"(恕)를 강조하는 유교의 덕의 윤리는 결국 개인을 공동체 안에서의 자기가 실현해 내야 할 역할을 통해서 규정해 내는 일종의 유기체론적인 세계관에 그 뿌리를 두고 있음에 틀림이 없다. 따라서 유교의 덕의 윤리에 대한 비판이나 공격의 대상은 일차적으로—그것이 안고 있는 시대적인 한계—말하자면, 혈연을 중시하는 가족중심주의, 또는 가부장적인 불평등한 인간관계 등등이 아니라, 차라리 근원적으로 보자면 바로 유교적 세계관이 갖고 있는 도덕형이상학의 유기체론적인 특성에 대한 비판이나 공격이 되어야 할 것이다.[25]

이러한 배경에서 송영배는 고립적으로 존재하는 서구 근대의 자유주의적 인간관의 지양과 유교적 윤리관의 비판적 계승을 제안한다.

25 송영배, 위의 논문.

2) 노장과 해체주의

우리는 전통문화와 서양 근대문화의 혼효 속에서 살고 있다. 따라서 이 시대의 철학은 동서가 만날 수밖에 없을 것이다. 그러나 오랜 역사 속에서 형성된 동서의 문화배경이 다르기 때문에 두 가지를 종합하여 하나의 일관된 체계를 형성하는 일은 결코 쉬운 일이 아니다. 전통 사상을 서양 사상과 접목하고자 하는 시도는 70년대부터 있어 왔지만 아직 뚜렷한 업적은 적은 편이다. 이 분야에 일찍이 큰 관심을 가진 학자는 김형효(한국정신문화연구원 교수)였다. 그는 『데리다의 해체철학』(1993, 1999), 『데리다와 노장의 독법』(1994), 『노장사상의 해체적 독법』(1999)이라는 저서와 몇 가지 논문을 통하여 전통적 노장사상을 데리다의 해체철학과 접목을 시도하여 주목받게 되었다. 또 이광세(미국 켄트주립대 교수)는 「로티와 장자」(『철학과 현실』, 1995), 『동양과 서양 두 지평선의 융합』(1998) 등에서 로티의 철학을 장자와 비교하고자 시도하였다. 한편 한국도가학회에서는 1999년도 가을 발표회에서 '도가철학과 서양철학'이라는 주제로 발표회를 갖고 이와 관련된 논문들을 보강하여 『노자에서 데리다까지』(2001)를 발행하였다. 이 논문집에 실린 「노장과 해체론」이라는 글을 공동집필한 김상환(서양 현대철학), 최진석(노장철학)은 이렇게 본다.

> 동아시아의 사상사적 표면이 유가 사상이라면, 서양에서 그것은 플라톤 주의이다. 유가적 전통에 대한 대안적 사유가 노장이라면, 플라톤 주의에 대한 총체적 대안은 해체론이다. 이

> 런 위상학적 유사성은 내용적 유사성으로 이어진다. 비판과 극복의 대상인 유가 사상과 플라톤 주의는 일견 같은 것을 추구하고 있는 것처럼 보이므로 이 점은 더욱 두드러진다. 分(구분, 분석)의 절대화, 정명론正名論, 동일성의 사유, 본질주의, 목적론, 반생성론적 정태주의, 위계의 중시 등에서 동서양의 사상사적 표면이 서로 일치한다. 때문에 노장과 해체론에서 다 같이 제일齊一 사상, 무명자無名者의 체험, 차이의 사유, 반본질주의와 반목적론, 생성론과 변화의 중시 등을 발견할 수 있다는 것은 놀라운 일이 아니다.[26]

이러한 관점은 김형효 교수의 주장에도 연속된다. 김형효 교수에 따르면 "하이데거와 데리다와 후기의 메를로퐁티를 아우르는 포스트모더니즘의 사상과 도가 사상, 불교의 교학적인 사유 등이 모두 하나의 유사한 계열을 형성하고 있다."[27]

이제 구체적으로 김형효의 분석의 일부를 살펴보자. 그는 노자 사상에서 핵심적 내용을 담고 있는 1장[28]은 유有의 계열과 무無의 계열이 새끼줄과 같은 교차 반복법으로 엮여 있다고 본다.

26 김상환, 최진석, 「노장과 해체론」, 『노자에서 데리다까지』, 예문서원, 2001, 324~325쪽.

27 김형효, 「프롤로그」, 『노자에서 데리다까지』, 예문서원, 2001, 25쪽.

28 말할 수 있는 道는 常道가 아니고, 命名할 수 있는 名은 常名이 아니다. 無名은 천지의 시작이고, 有名은 만물의 어머니다. 고로 항상 無欲으로써 그 妙를 보고, 항상 有欲으로써 그 徼를 본다. 이 둘은 같은 것에서 나왔지만 그 이름을 달리한다. 이것을 같이 말하자면 玄이라 한다. 현하고 또 현한데 이것이 衆妙의 門이다. (道可道, 非常道. 名可名, 非常名. 無名, 天地之始. 有名, 萬物之母. 故常無, 欲以觀其妙, 常有, 欲以觀其. 此兩者, 同出而異名. 同謂之玄. 玄之又玄, 衆妙之門. 해석은 김형효)

"우리는 노자의 도가 무엇인가 라고 물을 수 없다. 그런 종류의 질문 자체가 노자의 도를 이해하는 적절한 질문이 될 수 없기 때문이다. 노자의 도는 개념상 복잡하고 비단의적非單義的이어서 개념적 정의가 불가능하기 때문이다. 데리다는 개념상의 복잡다단함은 이미 개념이 될 수 없다고 하여 그것을 반 개념적 '산종(散種, la dissemination)'이라고 지칭하였다. … 노자의 도는 개념화는 물론이려니와 실체화, 본질화, 존재화로 수렴될 수 없다. 여기서 도의 불가 개념화를 우리가 지적하였다고 해서 도가 형이상학적인 황홀이기에 신비스러워서 개념화나 정의화가 불가능하다고 말하는 것은 결코 아니다. 그러므로 도가 무엇인가 하는 물음보다 도가 어떻게 작용하고 있는가 하고 묻는 것이 사실상 더 타당한 질문법이 된다."[29]

또 김형효의 설명에 따르면, 노자의 도는 무의 계열과 유의 계열이 서로 비스듬히 서 있는 모양에 비유될 수 있다. 이것은 서로 다르지만 동시에 타자를 맞이할 준비가 되어 있음을 뜻한다. 데리다의 표현으로 "산종은 정면으로 응시하지 않고 자신의 고유한 신체가 없는 접목의 이론과 실천을 일반화한 것이다." 데리다의 용어를 빌리자면 노자의 도는 무의 계열과 유의 계열 간에 '보충대리(la supplementarite)'의 관계를 지니고 있다.[30]

이러한 김형효의 노장 해석에 대하여 『오늘의 동양사상』(2002,

29 김형효, 「데리다를 통해 본 노장의 사유 문법」, 위의 책, 275~276쪽.
30 김형효, 위의 책, 280쪽.

여름호)이 마련한 반론의 공간에서 이승종은 다음과 같은 세 가지 반론을 제기하였다. ① 노자와 장자의 차이점은 인정되고 부각되면서도 데리다의 텍스트는 노자와 장자의 텍스트와 무차별적으로 일치를 보고 있다. ② 데리다에서 빌려 온 보충대리의 논리를 적용하여 김형효 교수는 "같은 것을 안이라 하고 다른 것을 바깥이라고 해 보자. 같은 것은 다른 것의 다른 것이니 다른 것이 같은 것 속에 이미 스며들어 있다. 즉 다른 것이 같은 것에 접목되고 상감되고 있다. 그래서 바깥은 안과 다르지만 같다"라고 주장하였는데 이는 논리적 비약이다. ③ 김형효 교수는 "노장은 귀납적 사유에 반대하는 선험주의자들"이라고 보았는데 이는 잘못이다. 데리다와 노장을 선험주의자로 규정하는 데 수반하는 위험성은 그들의 사유가 노정하는 다양성의 국면들을 사상捨象하고 그들의 철학을 단일화시키는 데서 발견된다.

이러한 비판에 대한 답변으로 작성한 「도구적 세상보기와 초탈적 세상보기」라는 글에서 김형효는 근본적으로 두 사람 사이에 철학적 작업을 하는 입장과 수위가 다름을 먼저 지적한다. 이승종의 작업이 '유위적 진리의 영역'이라면 자기의 작업은 '무위적인 초탈의 도를 밝히는 영역'이라는 것이다. 아울러 김형효는 비교철학적 작업의 성격을 다음과 같이 말한다.

> 유사한 사유 구조들이 몇 개로 분류된다는 것은 다른 사유 구조들과는 다르다는 것을 전제로 한다. 이 점에서 동서고금의 철학적 사유는 별로 차이가 없는 것 같다. 흔히 동양철학은 서양철학과 다르다고들 말하는데, 내가 보기에는 동서고

금의 차이를 넘어서 철학은 서로 유사한 것들과 다른 것들이 늘 반복적으로 나타날 뿐이다. 그러므로 철학적 사유 구조의 결에서 이런 유사성의 구조와 또 다른 저런 유사성의 구조들이 있을 뿐이지, 지역과 시대와 사람들이 다르다고 해서 다른 철학들이 인과적으로 혼란스럽게 발생하지는 않는다는 것이다. 많은 철학 이론들과 학설들이 혼란스럽게 부침하지만, 이 세상을 읽고 보는 근원적 방식에서 본다면 다만 몇 개의 것들이 유사성들을 지니며 모일 수 있기에, 결국 철학은 유한한 몇 개의 철학소(哲學素, philosophemes)로 그려진 세상보기의 몇 가지 퍼즐 짜기와 비슷하다.[31]

김형효의 관점에 따르면, "도가 사상은 모든 것을 하나의 가치로 환원시키려는 근현대(modernity) 사상의 독성을 일깨워 줄 정신적 각성제이자 21세기적 사유의 기본 틀을 놓을 수 있게 해 줄 설계도라고 할 수 있다."[32] 김 교수는 나아가 "도가 사상은 이런 20세기의 문명의 흐름을 넘어서 새로운 21세기의 문명을 창조하려는 우리의 철학적인 견분見分에 하나의 획기적인 전회의 계기를 마련해 줄 수 있을 것"으로 큰 기대를 숨기지 않는다.

31 김형효, 「도구적 세상보기와 초탈적 세상보기」, 『오늘의 동양사상』, 2002, 봄호, 34쪽.
32 김형효, 「프롤로그」, 『노자에서 데리다까지』, 예문서원, 2001, 35쪽.

3) 생태 환경문제와 전통 사상

오늘날 환경오염 등에서 비롯되는 생태 위기는 우리의 삶을 직접적으로 위협하는 지경에 이르렀다. 먼 지구의 역사에서 본다면, 인간이라는 종이 안정적으로 장기간 존속한 기원전 5만 년에서 1만 년에 이르는 시기에 인류는 지구 전체를 통틀어 대략 400만 정도의 인구를 유지해 왔다고 한다. 만일 이를 지구에 생존하는 적정 인구로 본다면 오늘날 60억의 인구는 그 1,500배에 달하는 셈이다.

근대문명에 대한 비판과 더불어 동양사상에서 새로운 세계관을 찾고자 하는 노력은 오래전부터 있어 왔지만 근래에 미국에서 출간된 『유교와 생태학*Confucianism and Ecology*』(Harvard Univ. Press, 1998)은 우리에게 신선한 충격을 주었다. 여기에는 하버드대학교 세계종교연구소 주최의 심포지엄에 참석한 미국과 동아시아 유학자들의 발표 논문 16개가 실려 있다. 아이반호(P.J. Ivanhoe)는 「초기유교와 환경윤리」라는 논문에서 유교 생태학의 기본 설정을 모색한다. 그는 지금까지 거론되는 환경 윤리학을 ① 지구 전체를 하나의 유기체로 바라보는 가이아 가설, ② 인간을 비롯한 모든 유기체와 생태계가 동등한 가치를 가지며 따라서 모두가 보호되고 보존되어야 된다고 보는 심층 생태학(Deep Ecology), ③ 자연의 모든 존재들의 균형과 조화를 강조하면서도 인간의 특별한 역할(prominent role)을 강조하는 지구 윤리(Land Ethic), ④ 성性, 인종, 계급 등에 대한 왜곡에 더욱 주목하는 사회 생태학(Social Ecology) 등 네 가지 범주로 분류하고, 유교적 관점에서 거론하는 생태 윤리는 세 번째 영역에 포함된다고 본다(pp. 61~62). 초기유교를 중심으로 고찰한 이 글에서 아이반호는 공자나 맹자도 생태 문제에 깊은 함축을 가지고 있지만 특히 순자의 사상은 매우 훌륭한 '지구윤리'의 토대를 제공한다고 본다.

한편 같은 책에 실린 「신유학 전통의 확장」이라는 글에서 칼튼(M.C. Kalton)은 오늘의 문제의식에서 신유교 전통을 응용·확장해 볼 필요가 있다고 본다. 그에 의하면 신유학의 전통은 21세기에 제기될 문제들을 성찰하는 데 중요한 영감을 줄 수 있는 사상적 보고이다. 그에 의하면 신유교의 기氣 사상은 오늘날의 생태학적 위기에 답을 줄 수 있는 강점이 있다. 신유학에서 기는 변화 속에 있는 생명력 자체로 아주 영묘한 기는 정신 작용을 일으키고, 탁한 기는 액체와 고체를 이룬다. 이러한 기는 현대물리학적으로 보자면 에너지 개념에 해당한다. 신유학의 기 사상에서 보자면 물질은 생명이 없고 의식도 없다는 물질적 환원 관점을 배제하며, 따라서 정신과 물질의 이분법을 극복할 수 있다. 신유교에 의하면 각종 존재들은 자기의 고유한 본성을 가지고 있지만 동시에 그것들은 하나의 전체로 묶인다(理一分殊). 이와 같은 신유학의 이일분수 사상은 관계적 그물망의 윤리학인 생태윤리를 발전시킬 수 있을 것이다.

한국동양철학회는 2000년 2월에 '새천년의 동양철학과 환경윤리'라는 주제로 발표회를 가졌다. 기조 발표에서 최근덕 교수는 새 시대의 바람직한 환경윤리의 항목들로 ① 생명존중 사상, ② 천인합일, 물아일체 사상, ③ 우환의식憂患意識, ④ 건전한 가치관의 확립 등 네 가지를 제시하고 이에는 동양사상이 기여할 바가 있을 것이라고 주장했다.

최영진은 「주역에서 보는 인간과 자연의 관계」에서 생태계 위기의 근본 요인은 인간중심주의이며, 인간중심주의는 도구적 자연관과 동전의 양면과 같이 표리 관계에 있다고 본다. 인간만이 이성(또는 도덕성)을 소유하고 있으므로 목적으로 대해야 하며 그 이외의 존재는 이성이 결여되어 있기 때문에 수단적 가치밖에 지니지 못한다는 서구(기독교 문화)의 주장은 제국주의적 발상으로 전락할 위험을 갖는다. 『주역』에서 보자면 존재하는 것들은 유기적으로 연결되고 착종하여 상호작용함으로써 생명을 생성한다.

> (『주역』에서 보자면) 하늘, 땅, 산, 연못, 우레, 바람, 물, 불, 여덟 가지 사물이 자연을 구성하는 기본 존재로서 이들의 상호 관계에 의하여 자연계가 구성된다. 위 문장이 그리고 있는 자연계의 모습은 하늘과 땅이 위아래에서 자리를 잡아 그 덕을 합하고, 그 사이에서 연못의 물기운은 산 위로 올라가 구름과 비가 되며 산의 천맥泉脈이 연못으로 흘러가서 샘이 되고 물이 되며, 우레와 바람이 서로 부딪혀 감응하고 물과 불은 본래 상극 관계이지만 도리어 서로 조화되어 해치지 않는 조화로운 세계이다. 우레는 잠들어 있는 만물을 일깨워 생명력을 고동시키고, 바람은 생명 에너지를 만물에게 흩어 주며, 비는 시들어 가는 생명에게 물을 주어 윤택하게 하고, 태양은 빛을 주고 산은 만물을 이루어 주고 연못은 기쁘게 하고 하늘은 만물을 주재하고 땅은 만물을 잉태하여 길러 주며 갈무리한다. 이와 같이 천지산택수화는 각각 자기의 역할을 하면서도 유

기적으로 연결되고 착종되어 상호작용함으로써 생명을 생성 시킨다.[33]

가령 『주역』의 64괘는 각각이 64괘 모두가 될 수 있다. 『주역』의 서법에 의하면, 동효가 있을 경우 다른 괘로 변한다.[34] 이와 같이 "하나의 괘는 64괘 전체를 함유한다. 즉 64괘 각 괘가 서로를 그 안에 머금고 있는 것이다. 그러므로 하나가 전체이며 전체가 곧 하나이다. 이것은 세계가 바로 물의 유기적 그물망임을 상징적으로 보여 주고 있는 것이다."[35]

한편 김교빈은 「양명학과 생명사상」이라는 발표문에서 '만물일체萬物一體' 개념을 중심으로 양명학의 생태 사상을 조명한다. 양명은 만물을 '인간—동물—식물—무생물'의 계층구조로 나누고 그 각각에 측은지심惻隱之心-불인인지심不忍人之心-민휼지심憫恤之心-고석지심顧惜之心을 차등적으로 대응시켰다. 그러나 이것은 방법론적 차등에 불과하다. 오히려 양명의 만물일체론이 '생명의 파괴에 대한 아픔'이라고 하는 생명적 연대감에 근거하고 있다는 사실에 주목해야 할 것이다. 왕양명王陽明은 이렇게 말한다.

대인大人이란 천지만물을 한 몸으로 여기는 자이다. … 어린 아이가 우물에 빠지려 하는 것을 보면 우리는 반드시 뭉클하

33 한국동양철학회, 제34차 정기학술발표, 『새천년의 동양철학과 환경윤리』, 2002. 10. 23쪽.
34 예를 든다면 건괘(乾卦) 초효가 동하면 천풍구괘(天風姤卦)가 되며 2효가 동할 경우는 천하동인괘(天火同人卦)가 된다.
35 위의 책, 24쪽.

면서 불쌍히 여기는 마음이 있게 되니 이것은 자신의 인仁이 어린아이와 하나가 되기 때문이다. 어린아이는 오히려 나와 같은 류類라 그렇다고 하겠지만, 날짐승이나 길짐승이 슬피 우는 소리를 들으면 우리는 반드시 안타까운 마음이 있게 되니 이것은 자신의 인이 날짐승이나 길짐승과 하나가 되기 때문이다. 날짐승이나 길짐승은 오히려 지각이 있는 존재라서 그렇다고 하겠지만, 풀이나 나무가 꺾어지고 부러진 것을 보고서도 우리는 반드시 연민의 마음이 있게 되니 이것은 자신의 인이 풀이나 나무와 하나가 되기 때문이다. 풀이나 나무는 오히려 살려는 의지가 있는 존재라서 그렇다고 하겠지만, 기와나 돌이 무너진 것을 보고서도 우리는 반드시 애석한 마음이 있게 되니 이것은 자신의 인이 기와나 돌과 하나가 되기 때문이다.[36]

김교빈은 왕양명의 '만물일체론'이 파토스에 기초한 생명적 연대감을 그 근거로 하고 있다고 본다. 위의 인용문에서 우리는 나로부터 만물에 이르기까지 생명적 연대감이 확산되는 과정을 볼 수 있다. 김교빈은 "양명적 세계관은 오늘 우리가 처한 환경문제를 해결하기 위한 대안적 세계관"이 될 수 있다고 본다. 양명학에서는 모든 존재

36 "大人者, 以天地萬物爲一體者也. … 是故見孺子之入井, 而必有怵惕惻隱之心焉, 是其仁之與孺子而爲一體也. 孺子猶同類者也, 見鳥獸之哀鳴觳觫, 而必有不忍之心焉, 是其仁之與鳥獸而爲一體也. 鳥獸猶有知覺者也, 見草木之摧折而必有憫恤之心焉, 是其仁之與草木而爲一體也. 草木猶有生意者也, 見瓦石之毁壞而必有顧惜之心焉, 是其仁之與瓦石而爲一體也." 王陽明, 「大學問」.

와 공생하는 생명의 원리를 인간의 본성으로 확신하고 있으며, 그러한 확신을 토대로 사적인 욕심이 움직이지 않도록 끝없는 자기 반성을 통해 사물과 자신의 관계를 바로잡아 가고 있기 때문이다.[37]

4. 맺는말

지난 반세기 중국철학 분야 연구를 되돌아보면서 우선 느껴지는 것은 과거는 불행했지만 미래에는 희망이 있다는 것이다. 그것은 우리의 근대사를 반영하며 우리의 현실을 그대로 반영한다. 오랜 역사를 가진 나라가 갑자기 일제 강점기에 들어서고 이어서 미군정기를 거치면서 우리의 정신적 전통도 단절과 굴절의 경험을 피할 수 없었다. '학문'이라 하면 무조건 서구 근대의 것을 모델로 삼는 시대를 맞아 전통철학은 우리의 생활세계에서 추방되어 깊은 산속으로 숨고 말았던 것이다. 그러나 60년대 이후 경제 부흥을 바탕으로 우리는 다시 '우리 것', '우리 문화'에 대한 관심을 회복하고 80년대 이후로는 우리의 정체성에 대하여 진지하게 논의를 전개할 수 있었다. 이 맥락에서 우리가 가장 불행했던 점은 주체적으로 전통 혹은 동양철학을 비판하고 반성하는 기회를 제대로 갖기도 전에 서구 근대 문화가 강요된 점이다.

그런데 '근대화', '산업화'의 물결 속에서 점차 퇴색되던 동양

37 한국동양철학회, 제34차 정기학술발표, 『새천년의 동양철학과 환경윤리』, 2002, 46쪽 참조.

철학 혹은 중국철학이 정작 '조국 근대화'의 과업이 어느 정도 달성된 즈음에서는 다시 그 필요성이 일반적으로 인식되어 제자리를 잡게 된 점은 역설적이다. 그 대신 80년대 이후 활발해진 중국철학 연구는 그 이전의 것과는 성질상 크게 달라졌다. 대중적 관심이 높아지면서 학인의 수가 폭발적으로 증가하고 따라서 관심이나 주제도 그만큼 다양해졌다. 이에 따라 중국철학 연구도 분야별로 전문화되고 이제 그 현실에의 응용이나 적용도 활성화되기 시작했다. 이러한 배경에서 지난 10년 이래 유교적 윤리관, 가치관에 대한 반성과 재음미에서 나오는 '아시아적 가치 논쟁'이 전개되었다. 이 논쟁은 우리나라에서 큰 비중을 차지하는 '유교전통'에 대한 최초의 본격적인 논쟁이었다는 점에서 의의가 크다. 대체로 우리가 받아들인 근대과학과 사회제도에 비판적인 학자들은 '아시아적 가치'를 재음미해야 한다는 입장이었고, 인권문제를 비롯한 전통사상의 비민주성을 우선 염두에 둔 사람들은 그러한 입장의 문제점을 지적하였다. 학자들이 '아시아적 가치'를 부정적 혹은 긍정적으로 평가하는 논쟁을 하는 동안 민간에서는 '공자가 죽어야 나라가 산다', '아니다'로 논란을 벌였다. 한편 근래 서구철학의 영향으로 포스트모더니즘 계열의 학풍이 유행하면서 일부 학자들은 그 내용이 우리 전통의 노장철학과 유사함에 깊은 인상을 받았다. 이에 따라 데리다의 해체론 등을 『노자』나 『장자』와 비교해서 연구하는 작업들이 나왔고 이에 대한 반론들이 아울러 등장했다. 이 논쟁은 우리의 근대 철학사에서 어느 정도 진지한 '비교철학적' 작업이었다는 점에서 의미가 있다. 위의 두 논쟁은 김용옥 씨의 텔레비전 강연과 맞물려 "동양 사상은 대안이 될 수 있는가" 하는 논

쟁으로 확대되었다.[38]

이제 중국철학 혹은 동양철학은 우리 시대의 최대의 화두인 생태 환경 문제에 대한 대응에 주목하지 않으면 안 된다. 이미 많은 문명론자들은 서구 근대문명의 패러다임으로는 이 문제를 해결하기에 너무나 벅차기 때문에 동양에서 대안을 모색해야 한다는 주장을 오래전부터 거론해 왔다. 이 주제를 중국철학 전공자들이 본격적으로 다루기 시작한 것은 90년대 들어와서부터다. 먼저 미국 등에서 발표회를 거쳐 연구결과가 나왔고, 우리나라에서도 초보적이지만 이 주제로 논문과 세미나가 이어지고 있다. 이러한 배경에서 중국철학은 과거보다 더욱 무거운 짐을 지게 되었다고 하겠다. 그런데 내용적으로 보자면 이 주제는 이미 앞에서 다룬 유교, 노장에 대한 재음미와 맞물려 있다고 할 것이다. 중국철학은 이제 문헌적 연구를 넘어서 현실에 대안을 모색하는 작업에 적극적으로 참여하지 않으면 안 될 것이다.

* 이번 장은 『철학연구 50년』(혜안, 2003)에 실린 글이다.

38 '동양' 담론에 대한 열기는 직접적으로는 김용옥 씨의 텔레비전 강의에 의해 촉발되었다. 철학의 대중화에 대한 긍/부정론, 품위론 등 이른바 '도올 논란'은 동양 담론의 현재적 의미에 대한 깊이 있는 논의로 확대되지는 못했다. 그 즈음, 김진석 인하대 철학과 교수가 연세대 대학원 학생회 주최의 강연에서 '동양 담론의 공허함'이라는 주제로 발표를 했다. 그의 주장은 21세기의 대안 담론으로 떠오른 '동양 담론'을 문제 삼은 것으로 그 비판의 강도나 내용은 신랄했다. 그는 노자는 해체의 주체라기보다, 해체의 대상이라고 주장했다. 『교수신문』은 김진석의 글을 요약하여 게재했다. 동양철학계의 반응은 "충분히 예상될 수 있는 비판", "논쟁할 가치가 없는 글"에서부터 "동양 대안론에 대한 근본적 문제 제기를 담고 있다"라는 평가에 이르기까지 다양했다. 이후 노자철학을 전공한 김성환 군산대 교수의 반론이 그다음 호에 게재됐다. 그의 비판도 격렬했다. 그는 "학문의 서구적 패권을 유지하려는 독단, 철학의 살집에 끼어든 '동양'이라는 가시를 견디지 못해 내지르는 투정, 동양이 조금이라도 주목받는 것을 참지 못하는 질투"라고 못 박았다. '동양 개념'의 허구성 주장에 대해 그는 "하나의 문화적 정체로서 동아시아의 실체를 부인하는 근거가 되지는 못한다"라고 비판했다. 이후로 이들을 중심으로 찬반 논쟁은 2001년 전반기에 몇 개월 지속되었다. (이상은, 『교수신문』 207호, 2001년, 7월 참조.)

저자 후기

이 책은 두 부분으로 구성되어 있다. 1부는 필자가 오랫동안 강의해 온 〈중국철학사〉 내용을 요약한 것이다. 2부는 필자가 그동안 작성한 논문 가운데 입문자들이 재음미할 만한 것들을 모은 것이다. 전자가 사상가 중심으로 다양한 철학적 관점을 소개한 것이라면, 후자는 전통적 중국철학에서 제기된 몇 가지 주제를 오늘의 관점에서 정리한 것이다.

나는 본래 내성적인 성격이라 여러 사람 앞에서 발표하는 일에 서투르다. 그런데 해마다 반복되는 〈중국철학사〉 강의는 인기가 있었다. 강의가 개설될 때마다 거의 매번 수강신청 인원이 정원을 초과하였으며, 학기 말에 학생들이 익명으로 제출하는 〈강의평가〉에서 대부분의 수강생들이 '매우 좋다'는 의견을 주었다. 자칫 지루하기 쉬운 동양의 고전 사상 강의에서 학생들의 흥미를 이끌어 낸 것은 아래와 같은 필자의 몇 가지 관점이 주효했을 것으로 생각한다.

우선 나는 어떤 철학이나 사상이 발생한 배경을 파악해야 그 사상을 제대로 이해할 수 있다고 믿는다. 그래서 먼저 서론에서 중국철학의 지리적 배경을 다루었다. 서양의 그리스 로마 고전 사상은 지중해를 중심으로 한 해양문명에서 나왔고, 중국 고전 사상은 아시아 중앙부의 대륙문명에서 발생하였다. 희랍의 도시국가들은 일찍부터 활발하게 교역을 하며 상업을 발전시켰다. 그러한 환경에서는 계산적이고 이성적이며 개인주의적인 문화나 사상이 나오기 쉽다. 그에 비하여 일정 지역에서 대대로 농경에 종사했던 중국에서는 대가족 제도를 형성하기 쉽고 가족이나 혈연 공동체의 문화와 사상이 발생하였다.

그런데 중국은 워낙 넓은 지역을 포괄하기 때문에 황하 중심의 북방 문화와 양자강 유역의 남방 문화로 또다시 나뉜다. 한랭건조하여 밭농사 중심으로 살았던 북방에서는 근면, 성실 등 인간의 노력을 강조하는 유가 사상이 주류가 되었고, 고온다습하여 논농사가 중심이었던 남방에서는 무위자연의 도가 사상이 발생하였다. 이런 내용을 나는 8장 '노자' 부분에서 설명하였다.

어떤 철학이나 사상을 깊이 파악하기 위한 두 번째 조건은 역사적 배경을 염두에 두어야 한다는 것이다. 나는 중국 고전 사상이 형성된 삼대의 사회구조와 문화적 특징을 2장에서 일별하였다. 은나라 사회는 종교와 제사문화가 발전하였다. 이에 비하면 주나라는 인본주의적 사유가 성장하였다. 특히 춘추전국시대에는 철기문화가 널리 보급되어 도시와 교통, 그리고 농업생산이 크게 발전함에 따라 보편적인 사유, 곧 다양한 입장의 철학 사상이 등장한 것이다. 이 시기는 야스퍼스 용어로 말하자면 중국의 기축시대(Axial Age)라 할 수 있다.

역사적 배경과 더불어 때로는 인류학적 접근방식도 나는 수용하였다. 가령 공자 사상을 논하는 중에 유가의 기원이 고대의 샤머니즘에 뿌리를 두고 있다는 현대 중국학자들의 관점을 받아들였다. 주나라 시대부터 조선 후기에 이르기까지 유학에서는 언제나 '예악'의 전통을 존중해 왔는데, 어찌 보면 거기에는 종교적인 의미도 함축되어 있었다. 단지 초기에는 제사나 종교적 의식 중심이었던 예악이 주나라 시대에는 전장(典章) 제도 쪽으로 비중이 옮겨 가고, 다시 공자 이후에는 윤리도덕과 결합하여 계승되어 왔다고 하겠다.

이 책의 2부는 필자의 몇 가지 논문들로 구성되어 있다. 사회주의 중국에서 유물사관의 관점으로 사상사를 설명하던 중국의 지식인들은 1978년 개혁개방 이후 다양한 서구 사상들을 수용하여 새로운 방법론들을 모색하였다. 특히 '전통문화의 정수'로 여기던 중의학을 많은 중국학자들이 시스템 이론이나 사이버네틱스 이론을 동원하여 해석하였다. 나는 2부 1장에서 이러한 관점을 주역과 중용, 곧 전통적인 역용(易庸) 사상에 적용해 보고자 시도하였다.

유가 사상가들이 가장 관심을 기울여 온 분야가 윤리도덕 이론일 것이다. 나는 오래전부터 유가의 덕목들과 윤리적 원리들이 가지고 있는 내재적 구조를 파악해 보고 싶었다. 그 결과로 작성한 논문이 2부 2장 「유가의 덕목들과 도덕원리」이다.

2012년 정부출연기관인 〈고등과학원〉에서는 수많은 분야로 나누어진 학문들 사이에서 학제적 기초연구가 필요하다고 보아 '동서 학문에 고유한 분류의 논리를 추적하고 서로 비교한다'는 취지로 초학제 프로젝트를 진행하였다. 여기서 필자는 '동서 사유에서 범주와 분류의 문제' 주제로 동양 쪽을 대표하는 발표를 하였다. 2부 3장이 그 발표문인데, 중국의 유기체적 세계관 속에서 서양의 범주에 상응하는 음양, 오행, 성리(性理) 등의 개념을 검토하고 이와 관련된 동서양의 사유 패러다임을 추론해 보았다.

2000년대 초에 한국 철학계에서는 해방 이후 반세기 동안 철학계가 걸어온 자취를 성찰해 보고자 하였다. 〈철학연구회〉에서는 10개 분야로 나누어 연구를 진행하였는데, 필자는 중국철학 분야를 담당하였다. 2부 4장이 그 결과이다. 시론적인 성과이지만 중국철학 입문자들에게는 작은 이정표가 될 수 있을 듯하여 책의 마지막에 실었다.

2부에서는 전통적인 중국철학 주제들을 서양철학이나 현대사상의 개념들까지 동원하여 설명하고 있다. 이러한 태도에 비판적인 사람들은 자칫 우리 전통의 관념들이 왜곡되지 않을까 염려할 수도 있다. 그러나 세계가 하나로 연결되고, 동서문화를 종합하고 아우르는 우리 사회의 추세에서 볼 때 이러한 시도들이 반드시 필요하다고 나는 생각한다. 전혀 다른 두 언어 사이에서도 번역이 어느 정도 가능한 것은 그 심층에 언어적 보편성이 존재하기 때문일 것이다. 더욱이 철학은 인문학의 여러 분야 중에서도 가장 이성적이고 이론적인 분야이기 때문에, 동서고금의 철학적 사유들이 그 심층구조에서는 최소한의 보편성을 공유하고 있지 않을까.

"가르침과 배움이 서로 돕는다(教學相長)" 했던가. 그동안 내 강의를 수강한 학생들에게 감사한다. 그리고 대부분의 시간을 연구실에 틀어박혀 보냈던 나의 생활을 이해하여 준 가족들에게 감사한다. 끝으로 강의 내용을 저술로 펴내도록 권하고 오랜 세월 기다려 준 세창출판사 김명희 선생과 편집진에 감사의 말씀을 전한다.

2022. 2. 2.

동두천에서 김수중